유단자가 되는 지름길 **프로바둑강좌/고급이상** 6

잡으려 하지말고 위협하라

9단 大竹英雄 지음/프로바둑연구회 편

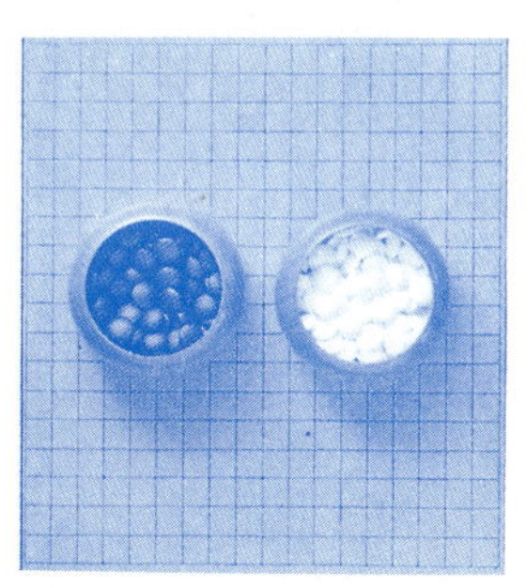

도서출판 眞華堂

프로바둑강좌 · 고급이상 ⑥

잡으려 하지말고 위협하라

9단 大竹英雄 지음
프로바둑연구회 편

도서출판 眞華堂

머리말

바둑의 도면(図面)은 그대로 인생(人生)의 축도(縮図)라고 할 수 있다. 쫓고 쫓기는 긴박한 상황 속에서의 삶의 애환이 바둑의 국면(局面)에는 잘 나타나 있다.

삶의 오묘한 섭리가 바둑의 반상(盤上)에서는 그대로 재현된다. 그래서 모든 바둑 애호가들이 인생의 철학자 못지않게 고뇌하며 기리(棋理)를 터득하고자 노력하는 것이다.

삶이 무궁무진한 수수께끼를 지니고 있듯이, 바둑의 수수(手数)속에는 신비하리만치 비상한 묘수와 묘법(妙法)이 숨어 있다.

쫓고 쫓기는 국면(局面)의 전개 속에서 발휘되는 전략과 술수는 인생의 그것과 흡사하다.

상대방(라이벌)의 세력권을 약화시키는 일이 바로 자기 자신의 세력권을 강화시키는 일면이 된다.

바둑은 분명한 승패(勝敗)의 선(線)을 가지고 있다. 따라서 자기 자신이 승자(勝者)가 되지 못하면 상대방이 승자가 된다. 상대방이 승자로 군림하면 자기 자신은 분명히 패자(敗者)의 멍에를 쓰지 않으면 안된다.

이러한 '승패(勝敗)의 논리(論理)' 앞에서 사고(思考)를 전개한다면 어느 정도 기리(棋理)에 접근하기가 쉬워질 것이다.

이 책은 고급(高級)을 향해 달리는 바둑 애호가를 위하여 만들어진 문제응용 바둑 가이드이다.

문제도(問題図)와 함께 상세한 풀이를 곁들였으므로 독자 여러분의 기력(棋力)향상에 많은 도움이 될 것으로 확신한다.

저자 씀.

차 례 *

● 머리말 …… 3
제 1 문 …… 7
제11문 …… 27
제21문 …… 47
제31문 …… 67
제41문 …… 87
제51문 …… 107
제61문 …… 127
제71문 …… 147
제81문 …… 167
제91문 …… 187
제100문 …… 205

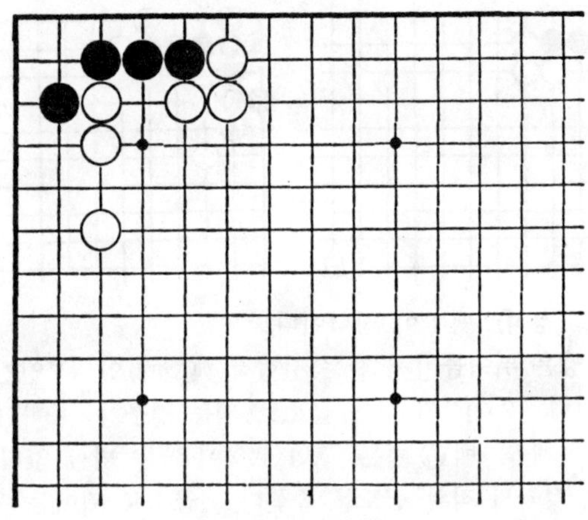

제 1 문

백이 먼저 둘 때

속담에 '아는 길도 물어서 가라', '돌다리도 두들겨 보고 건너라', '급할수록 돌아서 가라' 라는 말이 있다. 이러한 속담들은 바둑을 둘 때에도 어김없이 적용된다.

바둑을 둘 때 성급한 마음가짐은 금물이다. 차분한 마음가짐으로 끝까지 물고 늘어져서 결과를 역전시키는 사례는 얼마든지 많다.

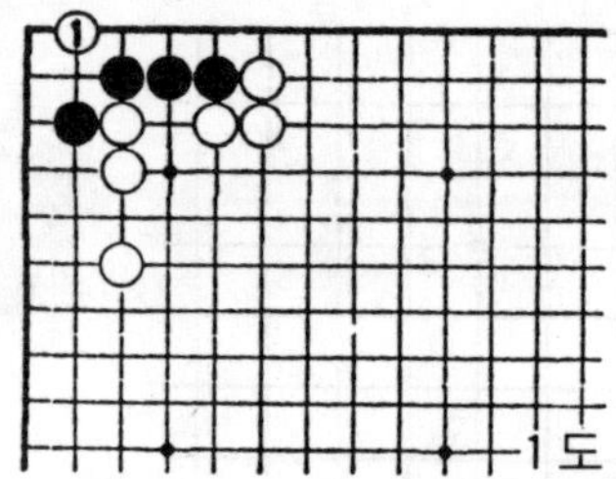

1 도

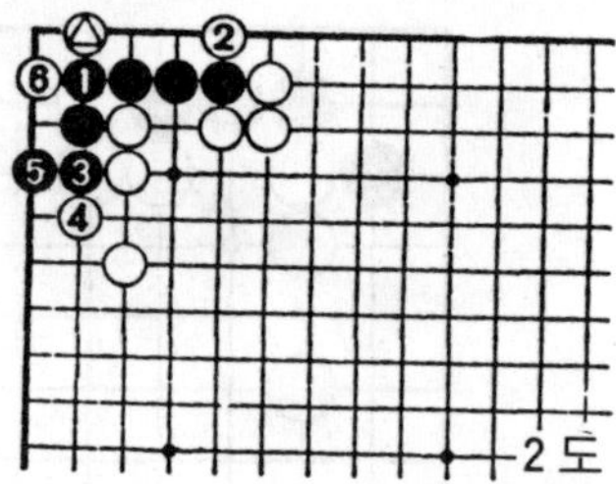

2 도

1 도 (정석) 백 **1** 이 정석이다.

이모양은 뛰어들어서 잡는 전형적(典型的)인, 모양인데 귀는 이처럼 '2·1'의 맥이 급소로 되는 경우가 흔하다.

2 도 (계속) 백△에는 흑 **1** 로 이을 수 밖에 없다. 다음 백 **2** 로 젖혀서 적의 궁도를 좁힌다. 급소로 뛰어든 수와 궁도를 좁히는 젖힘수의 연속타에 의해서 흑을 잡아버린다.

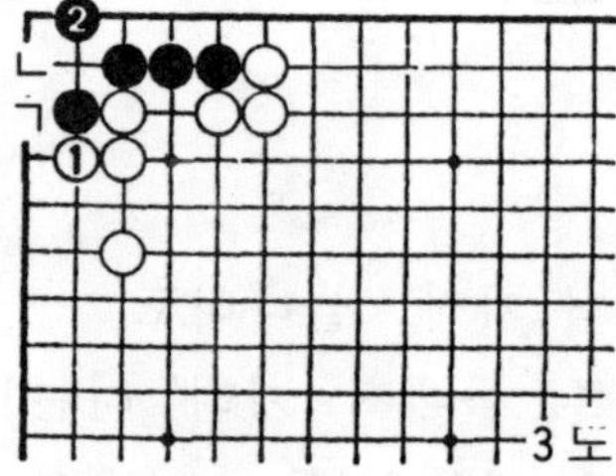

3 도

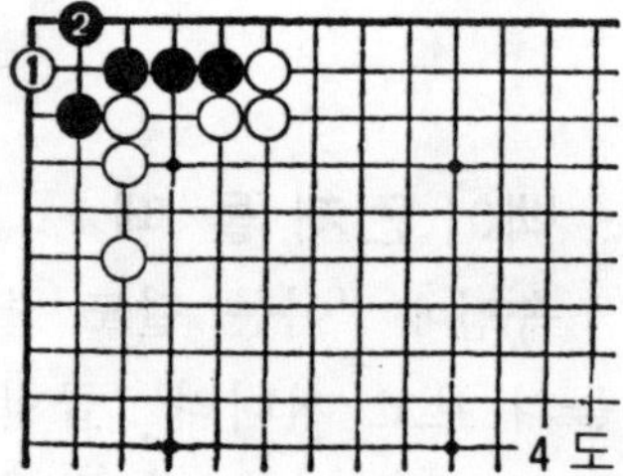

4 도

3 도 (패) 백 **1** 로 밀면 흑이 잇게 되므로 잡을수 있다고 생각해서는 안된다. 그러면 흑 **2** 로 호구 벌려 백ㄱ, 흑ㄴ으로 패가 되어 버린다.

4 도 (실패) 같은 '2·1'의 맥이라도 이렇게 백 **1** 에 두는 것은 경솔한 수여서 흑을 살려주게 된다. 흑은 **2** 로 두어 산다.

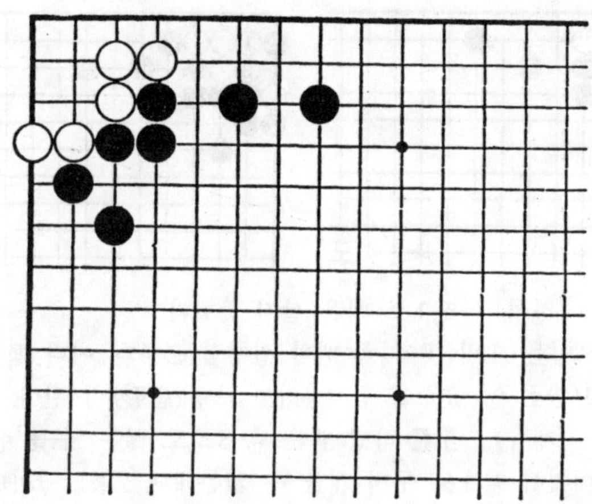

제 2 문

흑이 먼저 둘 때

흑선으로 귀의 백을 잡을 수 있느냐 없느냐 하는 것을 주안점으로 하고 있는 문제이다.

이 문제는 수순만 정확하면 금방 해결이 될 수 있는 문제이다. 말하자면 맥을 정확하게 짚어야 한다는 말이다.

맥에 관한 지식이 없으면 바둑을 올바로 둘 수가 없다. 그러므로 맥에 관한 공부도 틈틈히 하여두자.

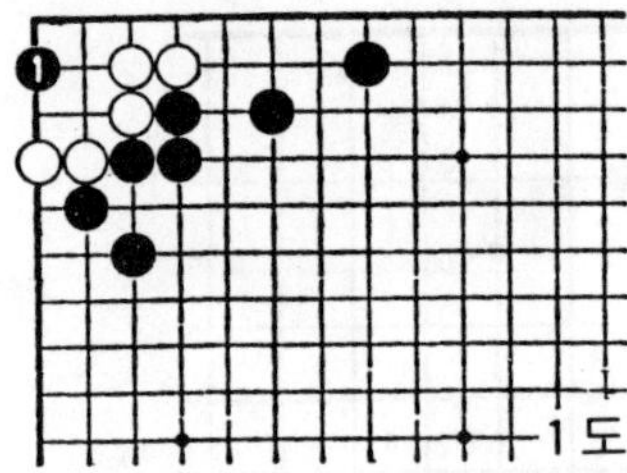

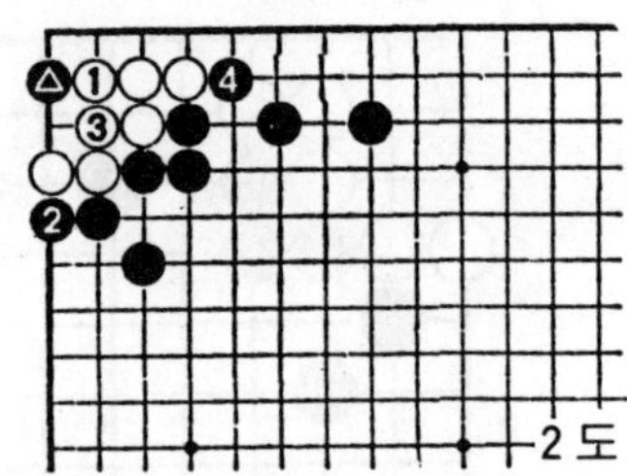

1도 (정석) 흑 1로 백은 살지 못한다.

이 모양은 1의 곳이 흑·백의 필쟁점(必爭點)이다. 백이 내려선 모습은 이 급소를 공격당하면 우형(愚形)이 된다.

2도 (계속) 흑 ▲ 하면 백은 흑 3으로 끊는 수를 방지하는 의미에서 백 1로 두지 않을 수 없는데 흑 2를 당하면 백 3 역시 필연적인 수가 된다. 그래서 흑 4로 백은 전부 죽게 된다.

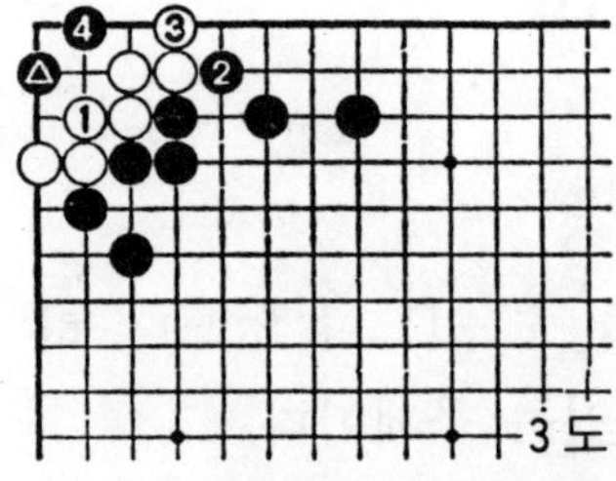

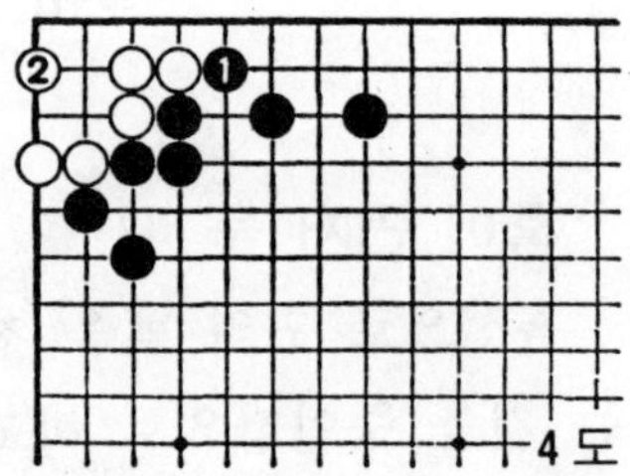

3도 (변화) 흑 ▲에 대해 백 1일 경우 흑 2로 막히면 궁도가 좁아 두집을 확보하지 못한다. 백 3하면 흑 4로 되어 좋다. 결국 흑 ▲와 백 1의 교환이 치명적인 타격이라는 것을 알 수 있을 것이다.

4도 (실패) 흑 1로 막아 백 2로 살리는 것은 바람직하지 못한다. 그럼에도 불구하고 초보자들은 실전에서 생각 외로 흑 1로 두는 경우가 많이 있다.

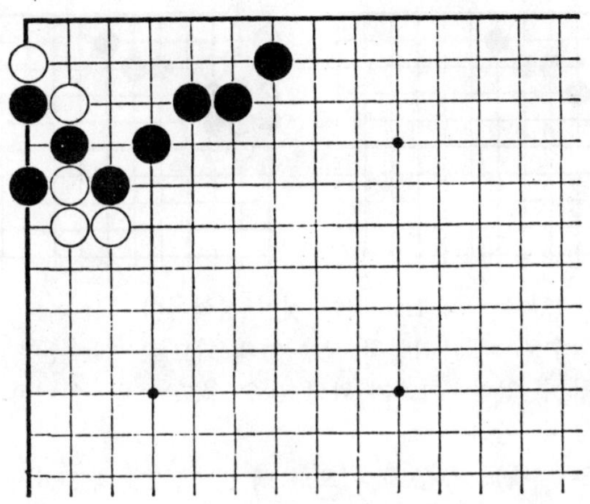

제3문

흑이 먼저 둘 때

흑선으로 과연 귀의 백을 잡을 수 있는가 하는 점이 이 문제의 주요 포인트이다.

귀의 백은 모두 두 점 밖에 없으므로 언뜻 생각하면 대단히 쉬운 문제처럼 오인하기 쉽다. 사실은 상당히 어려운 문제 중의 하나이다.

여기에서 당장 결정해야 할 문제는 단수되어 있는 흑을 이어야 하느냐, 아니면 잇지 않고 진행하느냐 하는 것이다.

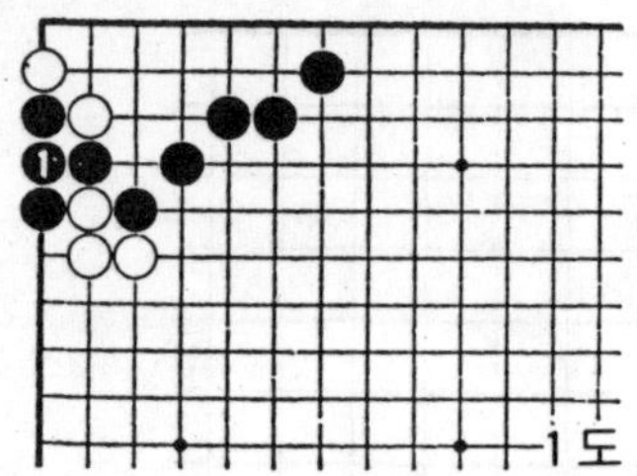

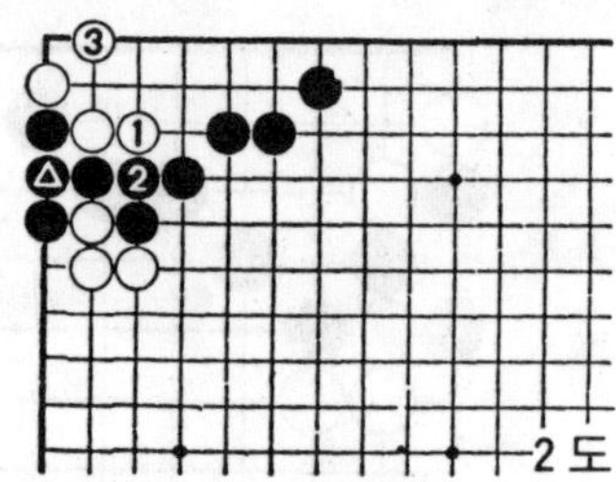

1도 (정석) 흑 **1**로 잇는 것이 정석이다.

이 한수로 백은 귀에서 살수 없게 되므로 귀는 전부 흑집이라 할 수 있다. 그러기 위해 9수 정도 앞을 읽어야만 이렇게 할 수 있다.

2도 (계속) 흑▲로 이으면 백 **1**, 흑 **2**, 백 **3**까지 백은 필연적인 것이다. 이에 대해서 흑이 이 상태대로 백을 살려주어서는 ▲의 곳을 이은 보람이 없다.

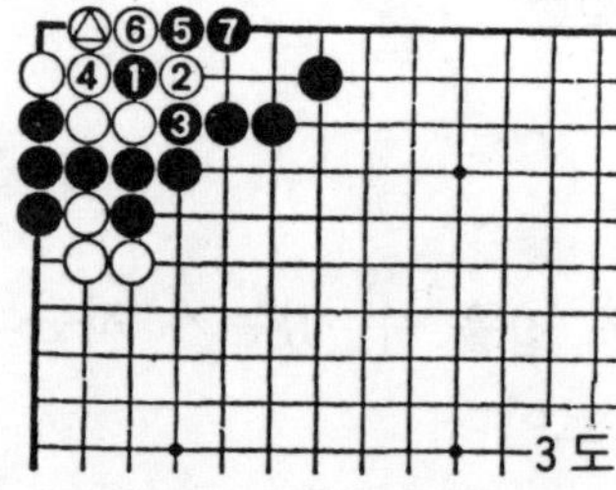

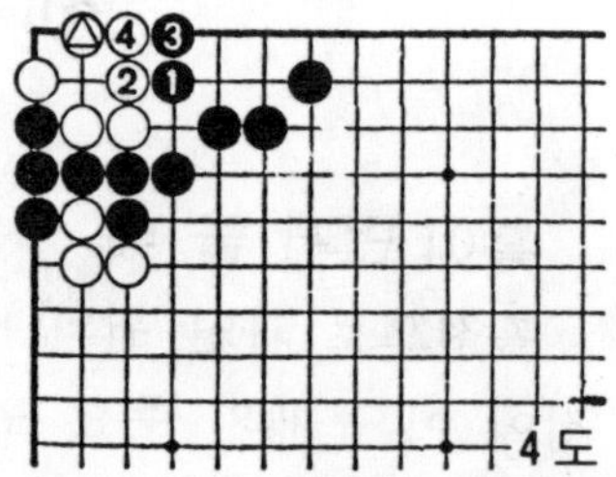

3도 (계속) 백△에 두면 일반적으로 살지만 여기서는 오른쪽위에 마늘모 붙임수한 흑이 효과를 발휘한다. 즉 이것은 흑 **1**부터 **3**, **5**, **7**의 수단이 있어서 백이 빵때린 자리가 '옥집'이 되어 전부 죽는다.

4도 (나쁨) 백△일 때 소극적으로 흑 **1**에 두면 백 **2**, 흑 **3**에 내려서도 백 **4**로 살아버리므로 가장 좋지않은 방법이라 할 수 있다.

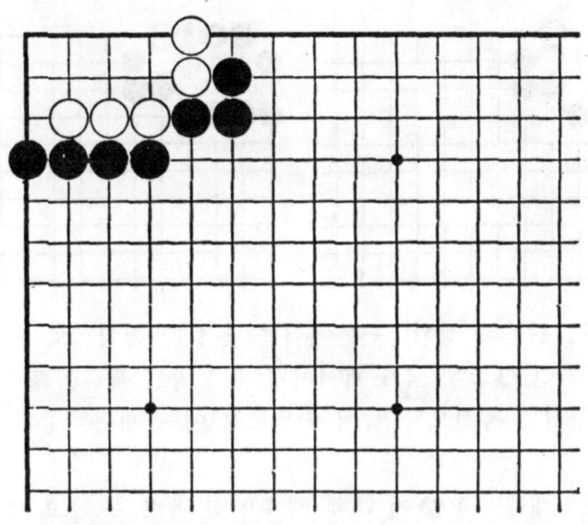

제 4 문

흑이 먼저 둘 때

흑선으로 백을 잡는 방법은?

이 문제는 상당히 쉬운 문제이다. 흑선으로 백을 잡을 수 있는 방법도 두세가지가 있다. 그 방법을 모두 찾아 보도록 하자.

수읽기를 하지 않으면 금방 수를 찾아낼 수 없을 것이다.

쉬운 문제일수록 소홀히 하다가 낭패를 하는 경우가 많으므로 각별히 주의하기 바란다.

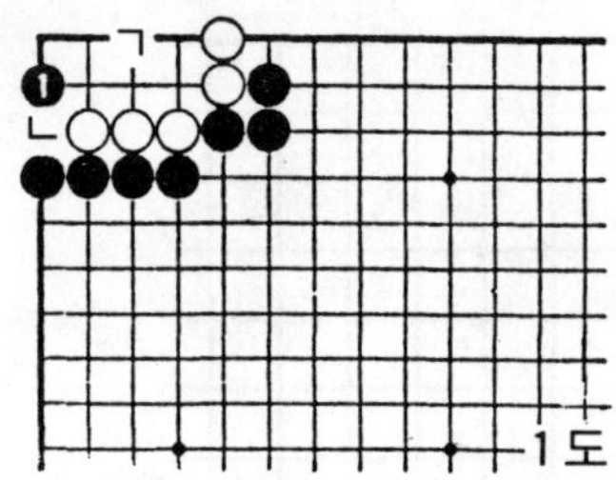

1도

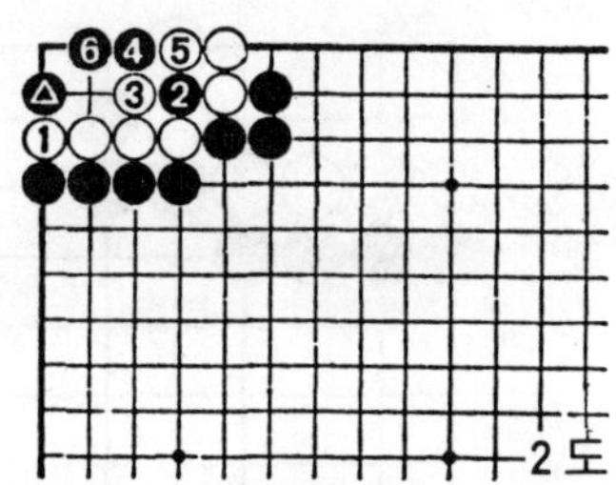

2도

1도 (원본의 정석) 원본에서는 흑 1을 정석으로 보고 있다. 하지만 3도와 4도에서처럼 흑 1 대신 흑ㄱ, 또는 흑ㄴ으로 두어도 흑선으로 백이 죽으므로 이 문제는 좋지가 않다.

2도 (계속) 흑▲에 대해 백 1이면 흑 2로 끊고 백 3, 흑 4, 백 5, 흑 6까지, 백은 자충수가 되어 죽는다는 것이다.

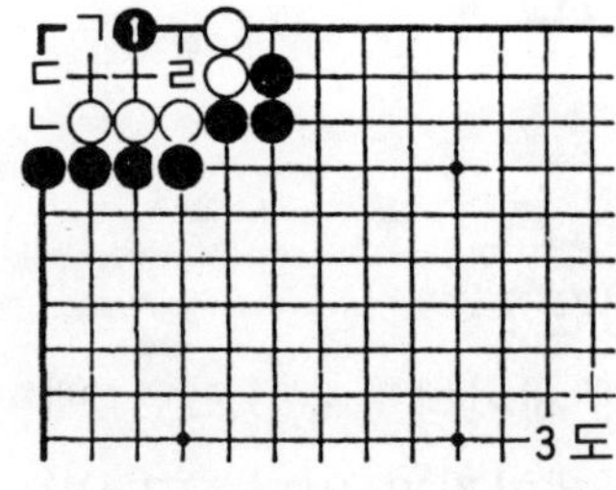

3도

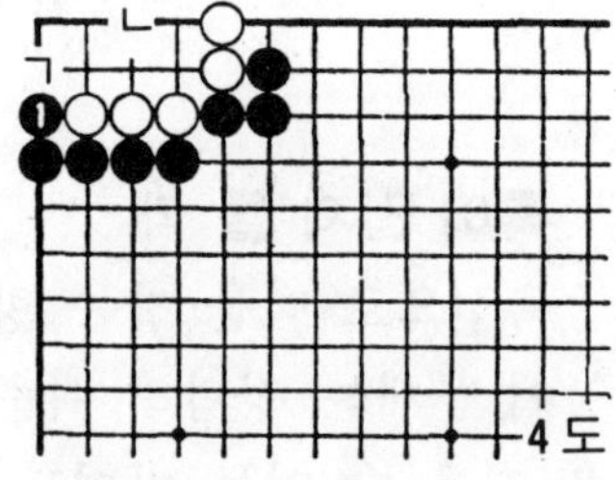

4도

3도 (다른 정석)하지만 흑 1로 두면 백은 어떻게도 살아나지 못한다.

백ㄱ에 붙여두면 흑ㄴ으로 진출한다. 백ㄷ으로 두지 않을 수 없으므로 흑ㄹ까지다.

4도 (또다른 정석) 흑 1로 두어도 백은 죽는다. 백ㄱ으으로 뛰어들면 이것도 자충수가 되기 때문에 백은 저항하지 못한다.

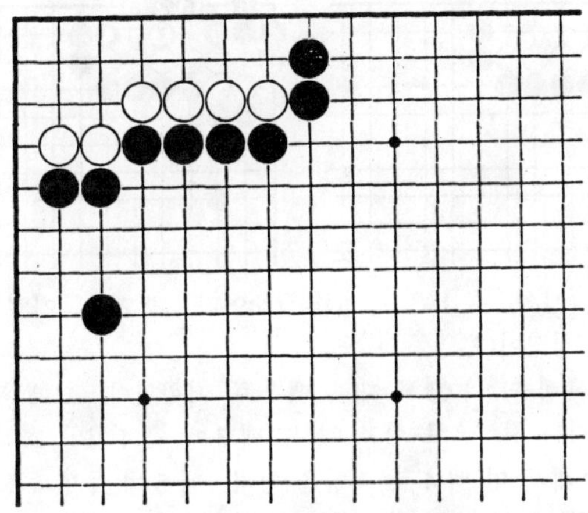

제 5 문

흑이 먼저 둘 때

이 문제는 상당히 어려운 수순이지만, 수읽기에 어느 정도 자신이 있는 사람이라면 충분히 문제의 해답을 구할 수가 있을 것이다.

흑은 무엇보다도 백의 약점을 찾아서 맹공격을 퍼붓지 않으면 안될 것이다. 백의 진영으로 특공대를 투하해 보는 것도 하나의 방법이 될 것이다.

백의 궁도가 상당히 넓기 때문에, 흑은우선 백의 궁도를 쓸모없는 땅으로 만들어야 한다.

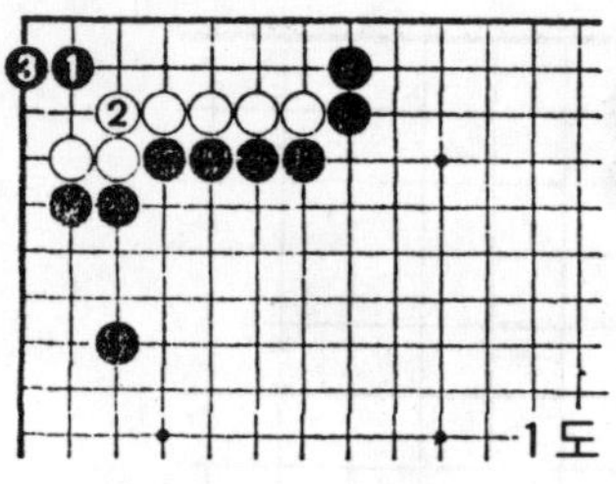

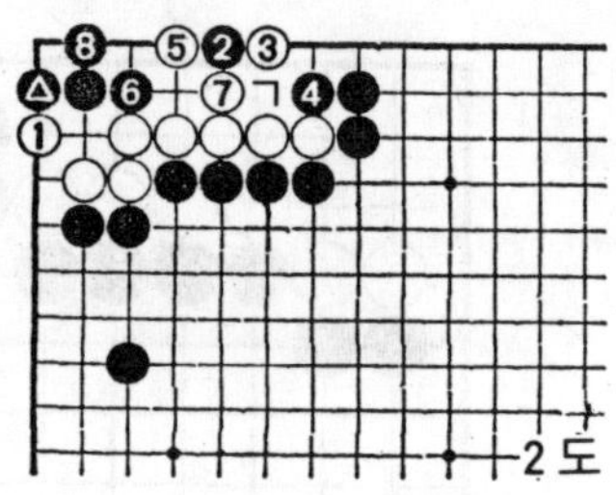

1 도 (정석) 흑 1 은 당연한 급소이다. 백 2 로 이었을 때 흑 3 이 정석이다.

2 도 (계속) 흑▲에 대해 백 1 로 저항한다. 그때 흑 2 를 원본에서는 정석으로 삼고 있다. 백 3 에 흑 4 가 호착인데, 4 로 ㄱ에 두면 백 4 로 저항을 한다. 백 5 에 두면 흑 6, 8 로 집하나를 확보하여 '유가무가'가 되므로 백은 모두 죽는다.

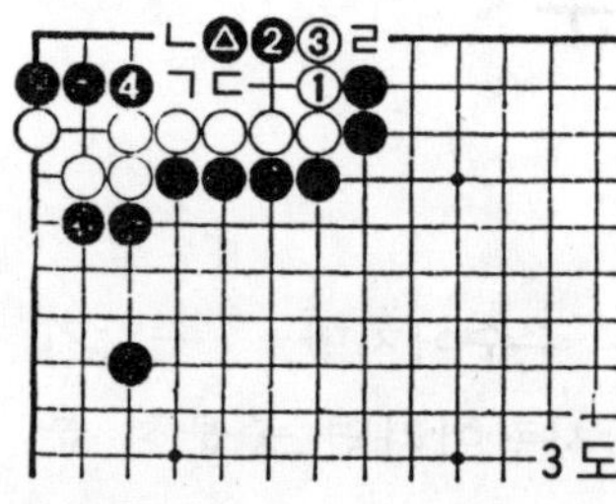

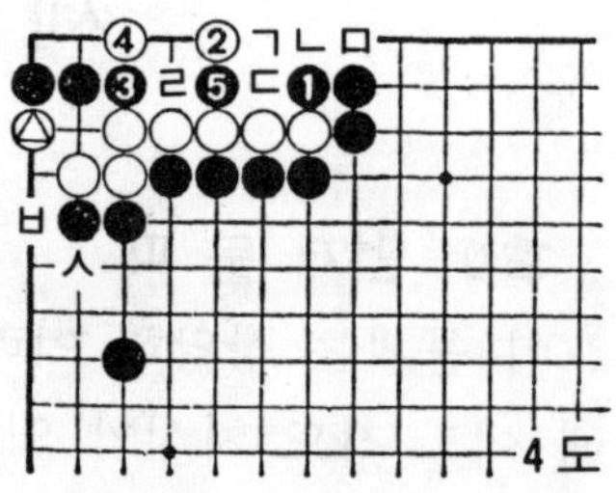

3 도 (변화) 흑▲에 백 1 이면 흑 2 가 좋은 착수이다. 백 3 에 대하여 흑 4 로 받으면 백은 자충수가 되어 패하게 된다. 백ㄱ 이하 흑ㄹ이 된다.

4 도 (올바른수) 백△일때 흑 1 이 좋을것 같다. 백 2 에 두어도 흑 3, 백 4, 흑 5 가 된다. 또 흑 1 대신 3 에 두면 백 1, 흑ㄱ, 백 2, 흑ㄴ, 백ㄷ, 흑ㄹ, 백ㅁ, 흑ㄴ, 백ㅂ, 흑ㅅ으로 패가 만들어진다.

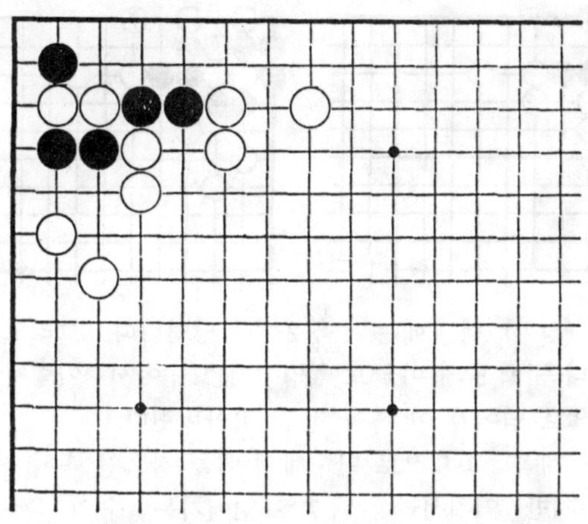

제 6 문

백이 먼저 둘 때

백선으로 귀의 흑을 소탕할 수 있느냐 하는 것이 이 문제의 주요 포인트이다. 현재 흑의 품안에는 백 두 점이 파견되어 있는 상태이다.

언뜻 보면 쉽게 흑을 잡을 수 있을 것처럼 생각되지만, 사실은 그렇지만도 않다. 여기에서 만약 수순이 잘못되면 흑은 그냥 삶을 도모하고 만다. 그러므로 백은 신중을 기하여 흑의 급소를 찌르지 않으면 안된다. 정확한 수순이 필요하다.

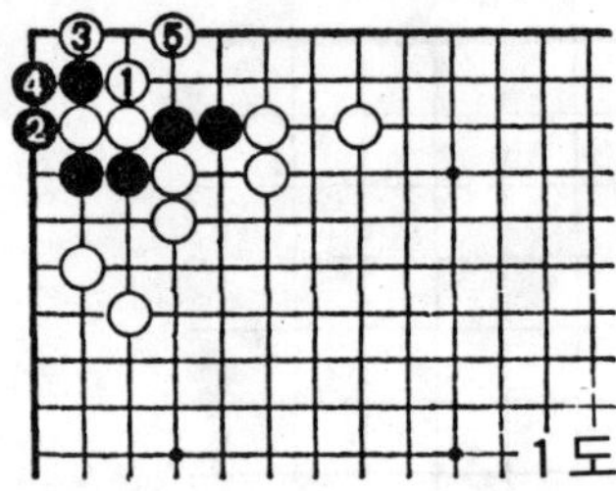

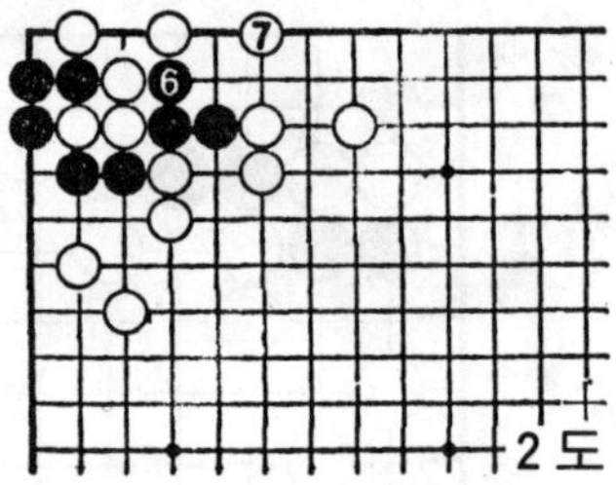

1 도 (정석) 백 **1** 에는 흑 **2** 가 당연하다. 그리고 백 **3**, 흑 **4**, 다음 백 **5** 의 마늘모 붙임수가 묘수여서 이렇게 되어 오른쪽으로 넘어가 이 흑을 전부 잡아버린다.

2 도 (계속) 흑 **6** 으로 단수해서 백을 잡으면 흑이 산 것같이 보이지만 여기서는 백 **7** 로 넘어가는 수가 처음부터 생각하고 있었던 '맥' 인 것이다.

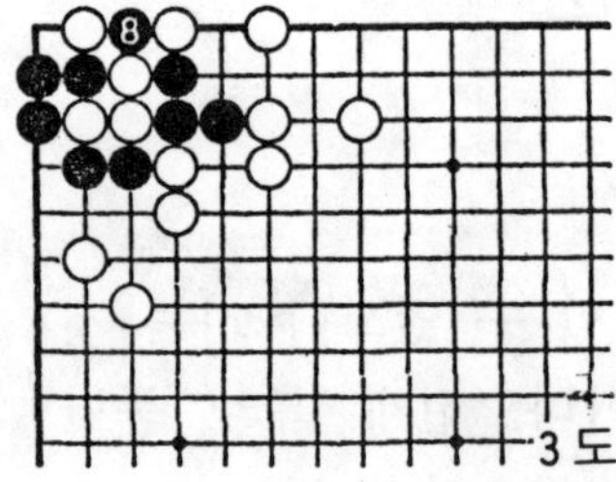

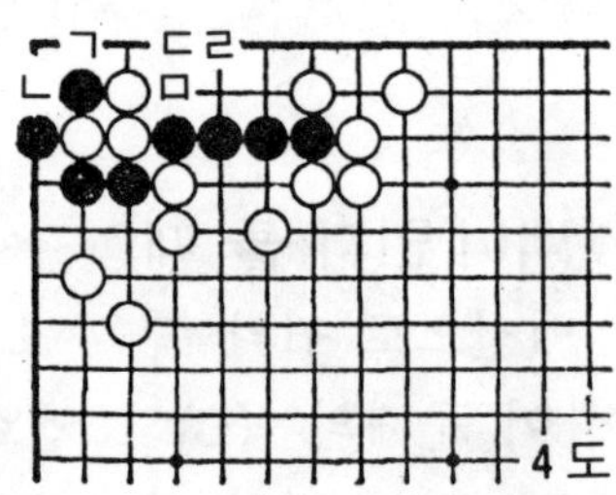

3 도 (계속) 흑 **8** 하여 백 석점을 때릴 수 있지만 백은 즉시 흑 **8** 로 한점을 되때린다. 그러면 백은 오른쪽과 연결이 되는데 흑은 석점을 때려도 한 집 이므로 살지못한다.

4 도 (현현기경) 현현기경에 삼호출협(三虎出峡)이라는 이름으로 출제된 문제이다.

4 도의 경우는 백ㄱ, 흑ㄴ, 백ㄷ, 흑ㄹ, 백ㅁ으로 진행된다.

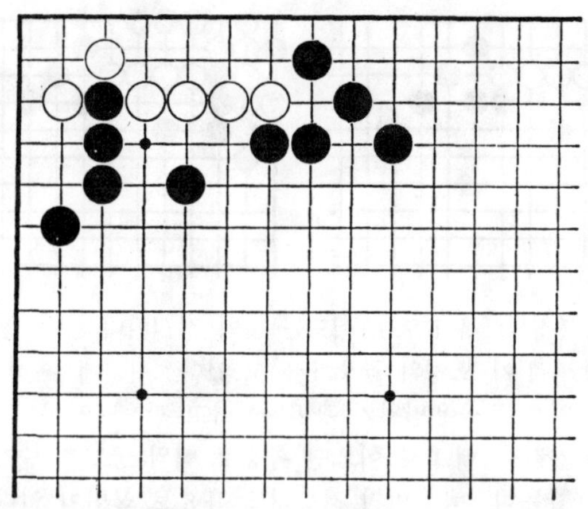

제 7 문

흑이 먼저 둘 때

흑선으로 귀의 백을 제압할 수 있을까?

백의 궁도는 상당히 넓은 편이지만, 헛점도 가지고 있기 때문에 흑은 백의 헛점을 노려서 공격을 퍼부어야 한다.

여기에서 평범한 공격으로는 흑이 성공을 거두지 못한다는 사실을 알아야 한다. 상대방의 급소를 날카롭게 찔러야 한다. 그 길만이 흑이 백을 제압하는데 도움을 주기 때문이다.

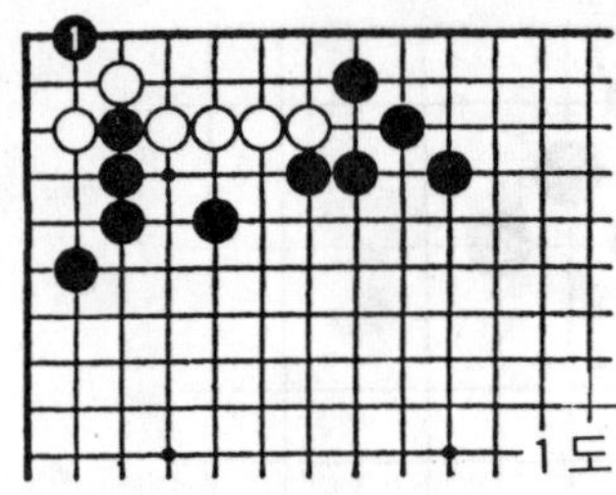

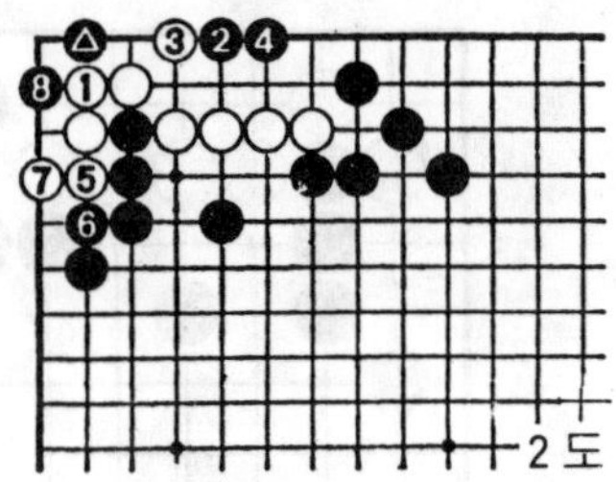

1 도 (정석) 흑 **1** 로 뛰어드는 것이 정석이다.

바로 흑 **1** 이 모양의 급소가 되고 있다. 실전에 흔히 나타나는 모양으로 응용범위가 광범위하다고 할 수 있다.

2 도 (계속) 백 **1** 로 이으면 흑 **2** 로 백의 궁도를 순식간에 좁혀서 잡는다. 백 **7** 까지 저항해도 흑 **8** 로 불만이 없다.

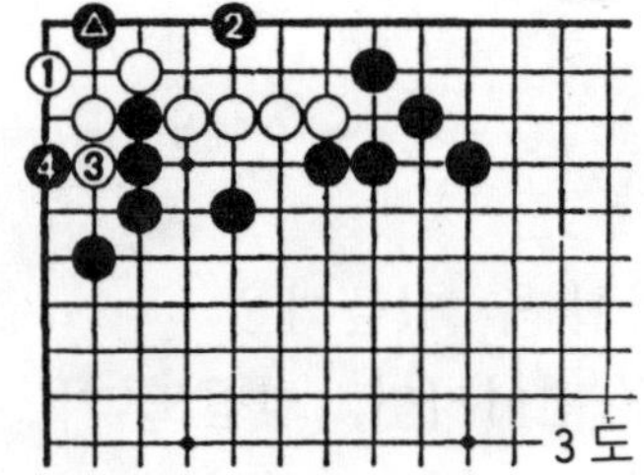

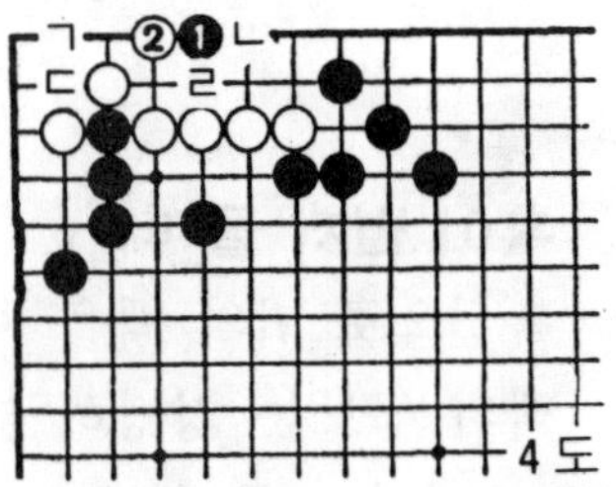

3 도 (변화) 흑 ▲ 에 백 **1** 이면 역시 흑 **2** 로 응수하고 백 **3** 에는 흑 **4** 로 막아 역시 백은 두집을 갖추지 못한다.

4 도 (실패) 잘못해서 흑 **1** 로 먼저 착수하면 백 **2**, 흑ㄱ, 백ㄴ이 되어 도저히 잡기는 힘들다. 계속해서 흑ㄷ에 두어도 백ㄹ로 실패이다.

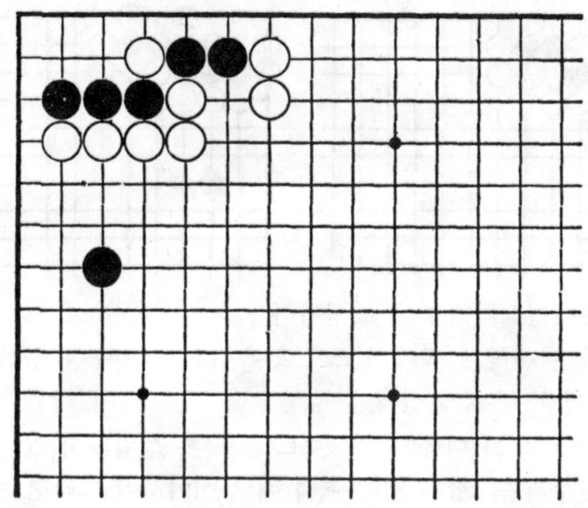

제 8 문

백이 먼저 둘 때

이 그림은 상당히 어려운 수준급의 문제이다.

백이 귀의 흑을 제압하기 위해서는 수읽기를 한 다음 보다 효과적인 착수를 감행하지 않으면 안된다. 왼쪽 변에 놓여진 흑 한 점이 의미심장하다. 이 한 점에 대하여 백은 주의하지 않으면 안된다.

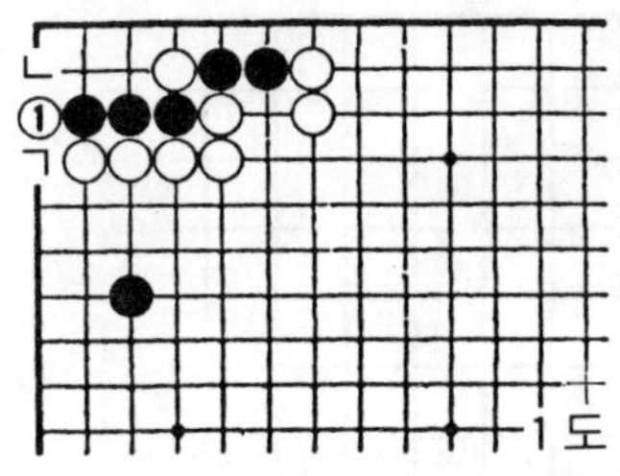
1도

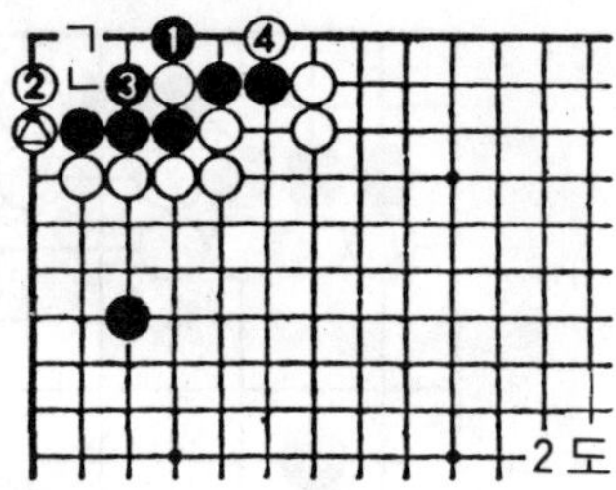
2도

1도 (정석) 백 1이 정석이다.

왼쪽 아래쪽에 흑이 있으므로 흑ㄱ의 젖힘수를 당하면 흑이 넘어갈 우려가 있다.

하지만 백 1 다음이라면 흑ㄴ은 수가 성립되지 않는다.

2도 (계속) 할수 없이 흑 1 에 두어야하며 그러면 백 2 로 흑 3 을 강요하고 백 4 로 집을 파괴한다. 이 다음, 흑ㄱ은 백ㄴ, 흑ㄴ이면 백ㄱ이므로 이곳에서는 집을 확보할 수가 없다.

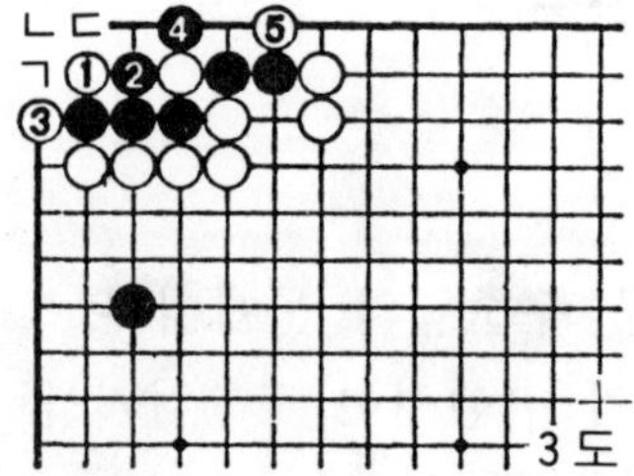
3도

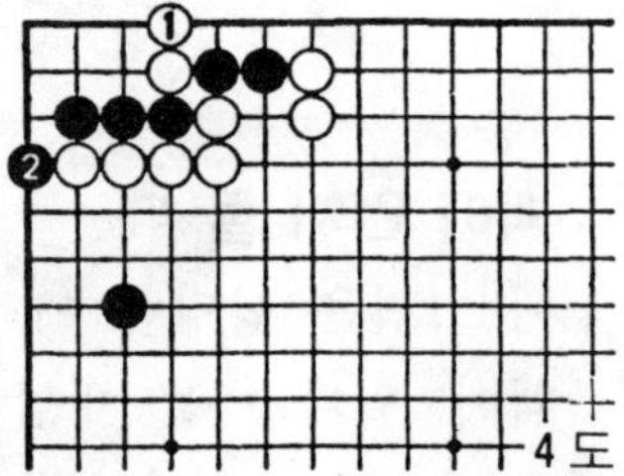
4도

3도 (패싸움) 백 1, 3 으로 둔다음 5 로 젖혀 흑을 잡았다고 하는 것은 잘못된 생각이다. 그러면 흑ㄱ으로 먹여쳐 백ㄴ이면 흑ㄷ으로 패가 되어버린다. 백 1 로는 평범하게 3 으로 젖혀두어야만 한다.

4도 (실패) 백 1 이 훌륭한 수 같지만, 그러면 흑 2 로 젖혀오므로 백의 실패로 끝나고 만다.

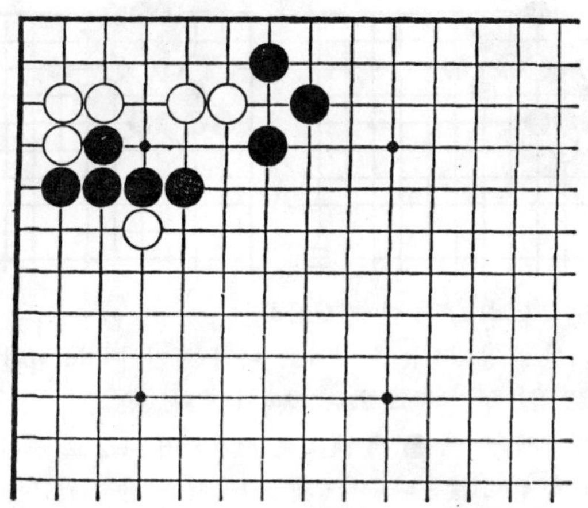

제 9 문

흑이 먼저 둘 때

흑선으로 백을 공략하여 무너뜨릴 수 있느냐 하는 것이 이 문제의 주요 안건이다.

이 문제는 상당히 어려운 문제이지만, 수읽기의 능력이 있는 사람이라면 무난히 해답을 구할 수 있을 것이다.

흑은 첫수를 어디에다가 두어야 할까? 만약 수순이 잘못되면 흑은 실패할 수도 있다.

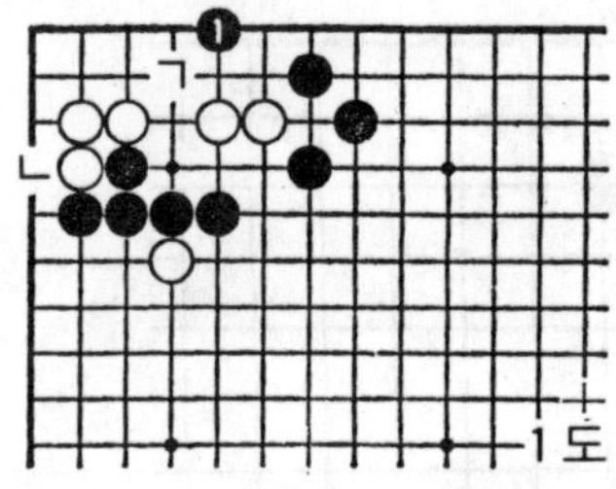

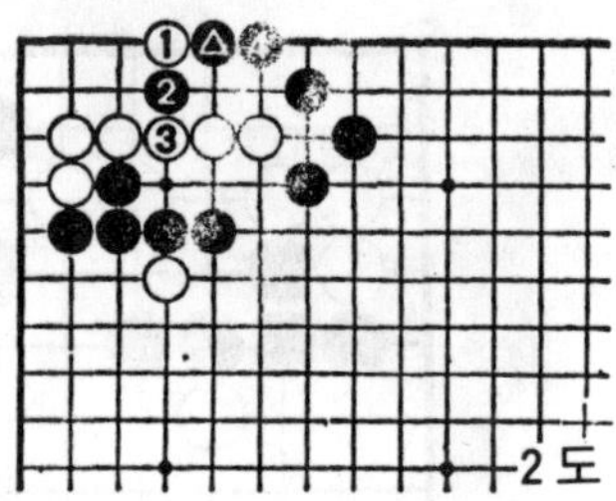

1 도 (정석) 흑 1 이 정석이다.

이러한 모양에서는 날일자로 나가는 것이 정석이된다. 백 ㄱ으로 응수하면 흑ㄴ으로 젖혀서 좋다.

2 도 (계속) 흑△에 백 1 로 저항하면 흑 2 로 둔다. 백 3 일 때 흑 4 로 끊는다. 이렇게 되면 백은 왼쪽 윗귀에서 어떠한 방법으로도 두집을 확보하지 못한다.

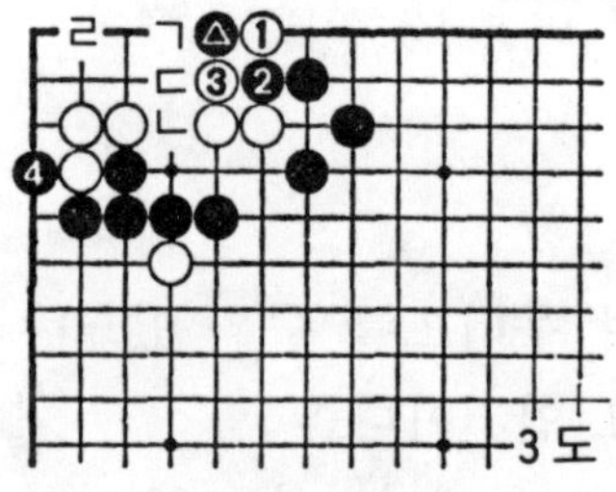

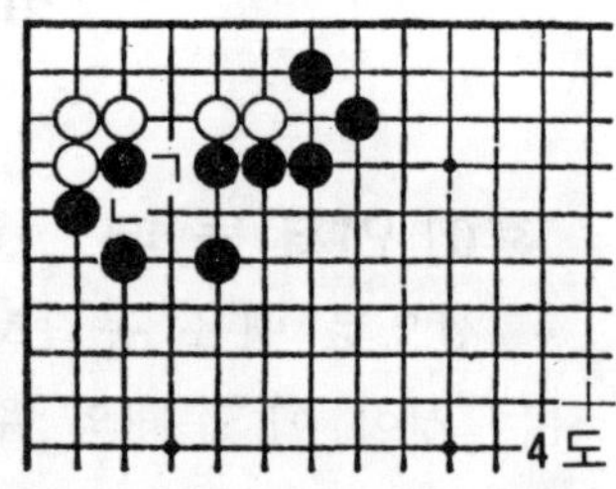

3 도 (변화) 바깥쪽에서 백 1 로 끊으면 흑 2, 백 3 을 교환한 다음 흑 4 로 젖혀 백의 궁도를 좁혀서 잡는다. 백ㄱ에 두어도 흑ㄴ, 백ㄷ, 흑ㄹ이 된다.

4 도 (발양론) 발양론에 출제된 문제인데 여기서는 백ㄱ의 단수, 흑ㄴ의 이음이 필연적이므로 이문제 보다 더욱 어려울 것이다.

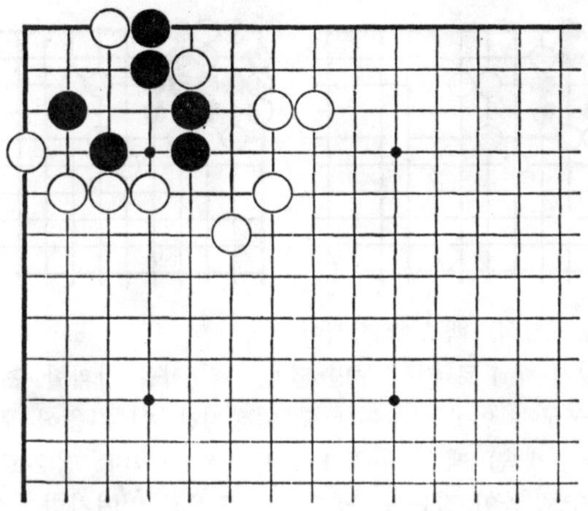

제10 문

백이 먼저 둘 때

상당히 복잡한 그림이다. 초보자로서는 약간 벅찬 문제임에 틀림없다.

백은 현재 흑의 세력권 안에 들어있는 백 한 점을 잘 이용해야 한다.

여기에서는 수순이 중요하다.

백은 묘수를 찾아야 한다. 흑집에 뛰어들어서 흑의 두 집 확보를 강력하게 저지하여야 한다.

자, 그러면 수를 찾아 보자.

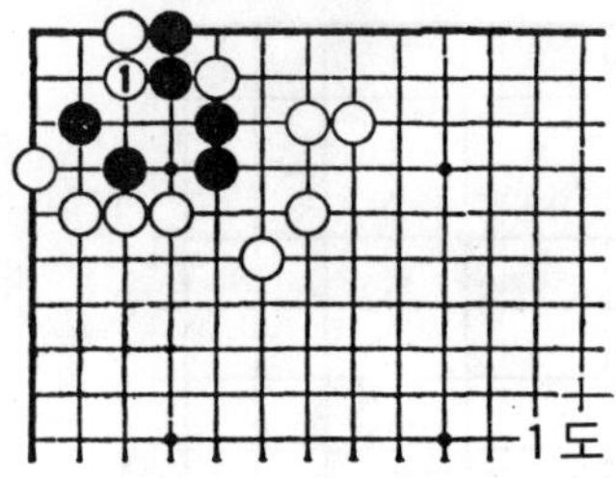
1 도

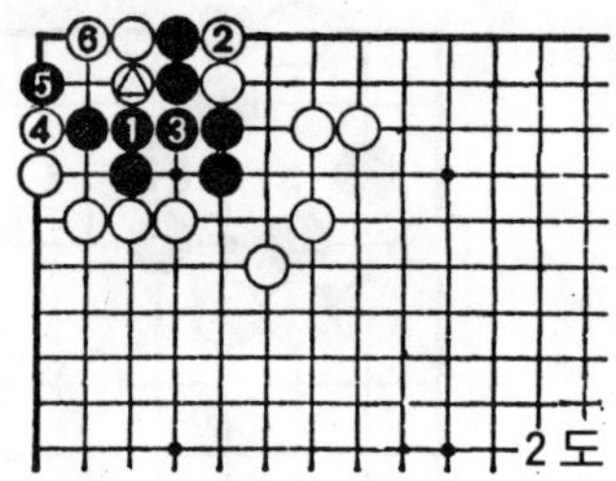
2 도

1 도 (정석) 백 1 이 정석이다.

이렇게 백 1 로 먼저 두면 쉽게 흑의 집을 파괴할 수 있으므로 누구나 이곳을 찾아낼 수 있겠지만 이 다음이 문제다.

2 도 (계속) 백 ◬에 흑 1 은 당연한 것이다. 백 2 로 잡자코 단수로 몰아 잡는다. 백 2 대신 3 으로 먹여치면 실패로 끝난다. 다음의 백 6 이 흑을 잡는 묘수(妙手)이다.

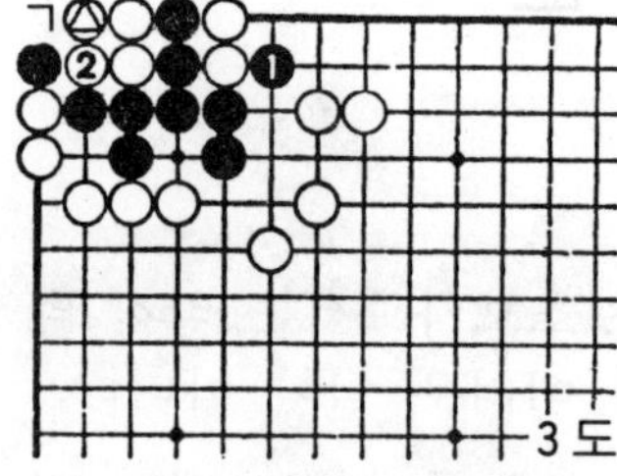
3 도

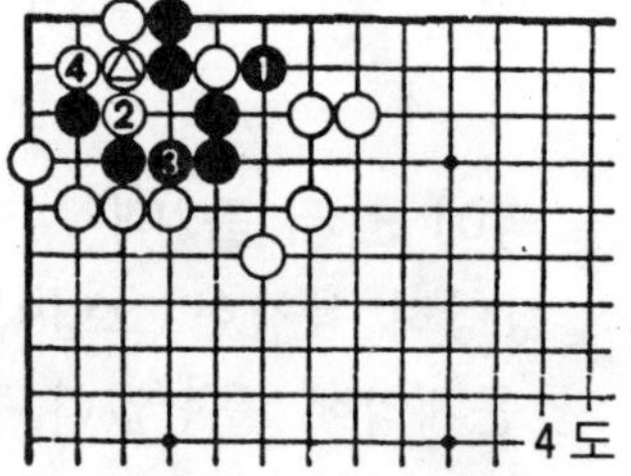
4 도

3 도 (계속) 계속해서 흑 1 이면 백 2 로 뻗는다.

마지막에 흑은 ㄱ으로 잡을수 밖에 없어서 백은 따낸 자리를 2 로 다시 끊어 왼쪽 윗귀에서는 한집도 확보하지 못한다.

4 도 (변화) 백 ◬ 일 때 흑 1 하면, 백 2 로 백 석점은 살아나게 된다. 흑 3 해도 백 4 가 되어 그만이다.

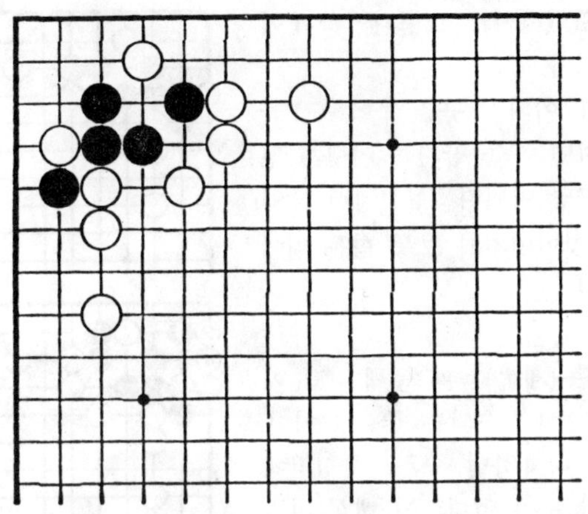

제11문

백이 먼저 둘 때

상당히 재미있는 그림이다. 백선으로 귀의 흑을 잡는다는 것은 그다지 어려운 일이 아니다.

백은 흑의 세력권으로 파고 들어가 있는 위·아래의 백 두 점을 잘 이용하여 흑을 섬멸할 수 있는 묘수를 만들어야 한다.

여기에서 백은 위·아래의 어느 쪽부터 움직일 것인가 하는 기로에 서게 된다. 보다 효과적인 쪽부터 공격하도록 한다.

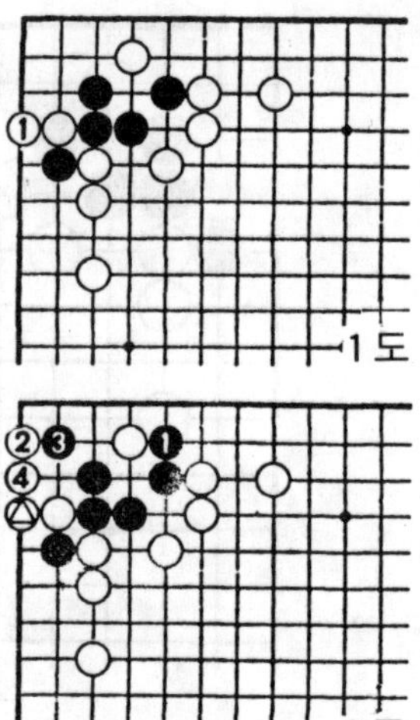

1도 (정석) 그림의 백1이 정석이다.

백1 이외의 곳을 두어 흑1을 허용하면 흑을 잡기는 어렵게 된다. 뿐만 아니라 실전에서는 이 수를 찾아내기가 보통 힘든 일이 아니다.

2도 (계속) 백◬에 흑1이면 백2가 계속되는 좋은 수이다. 흑3, 백4하면 흑은 한집밖에 확보할 수가 없다. 이 백◬와 백2가 흑을 잡는 수순이다.

3도 (변화) 백◬일 때 흑1이면 백2로 넘어간다. 그 다음 흑3에 백4이므로 역시 흑은 두집을 만들지 못한다. 흑3으로 4에 두면 흑ㄱ으로 두점이 살아난다.

4도 (실패) 평범하게 백1로 넘으면 흑2를 당해 실패한다. 이 흑2 대신 흑ㄱ에 두면 백2로 내려서서 3도와 같이 된다. 흑2 다음은 백ㄴ, 흑ㄱ, 백ㄷ, 흑ㄹ로 패가 되어버린다.

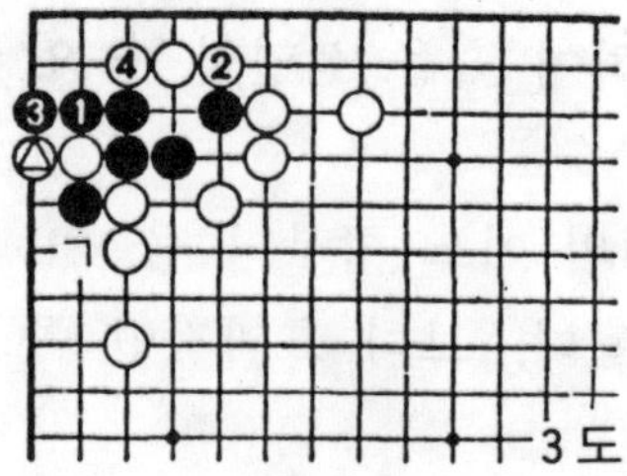

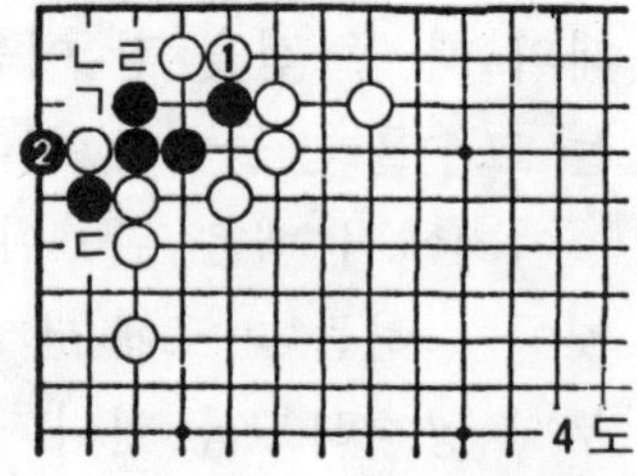

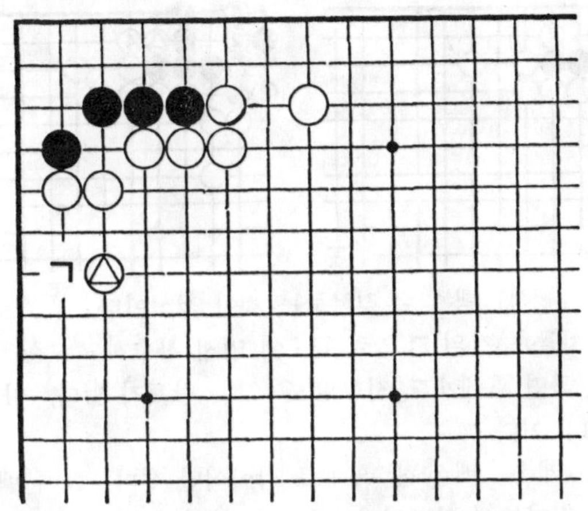

제12문

백이 먼저 둘 때

이 그림은 상당히 어려운 문제이다. 흑은 궁도가 의외로 넓다. 백선으로 과연 귀의 흑을 붕괴시킬 수가 있을까?

물론 수는 있다. 다만 그것을 어떻게 찾아내느냐 하는 것만이 과제로 남아있다. 백의 입장에서는 어떻게 해서든지 흑의 궁도를 좁히도록 해야 한다.

그렇다면 어떤 수순을 밟아야 할까?

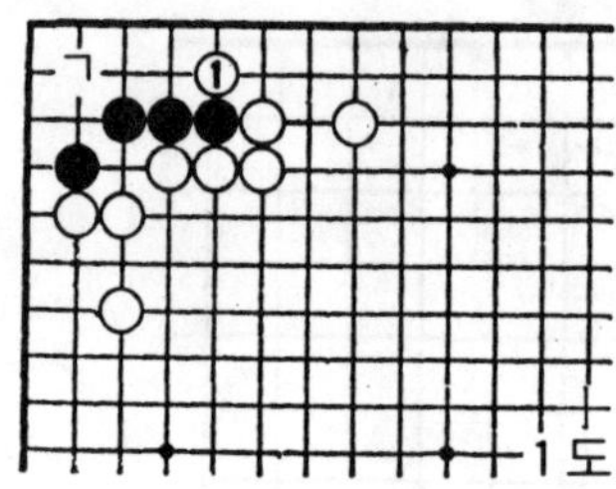

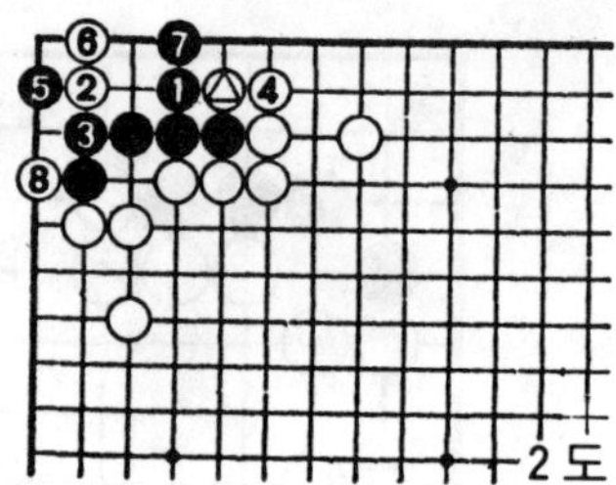

1도 (정석) 백 1로 젖혀두는 것이 정석이다.

초보자들은 거의 ㄱ으로 급소에 먼저 착수하고 싶겠지만, 그렇게 하면 흑에게도 저항할 수 있는 방도가 있다. 바로 그것은 3도이다.

2도 (계속) 백◬에 흑 1로 막아야만 한다. 그때 백 2로 급소에 뛰어들어 잡게된다. 흑 3으로 넘지 못하게 막으면 백 4로 잇고 8까지가 된다.

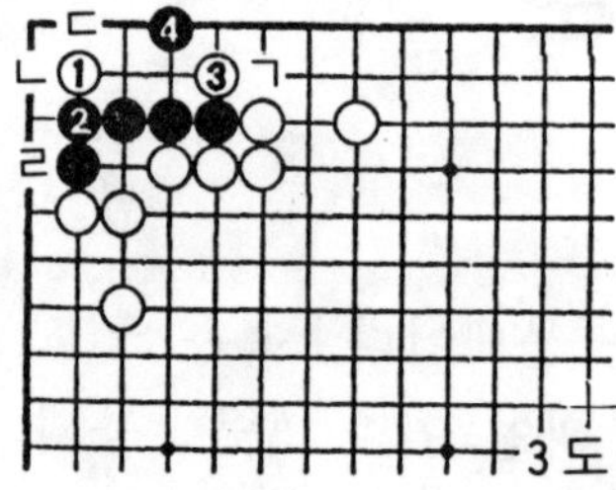

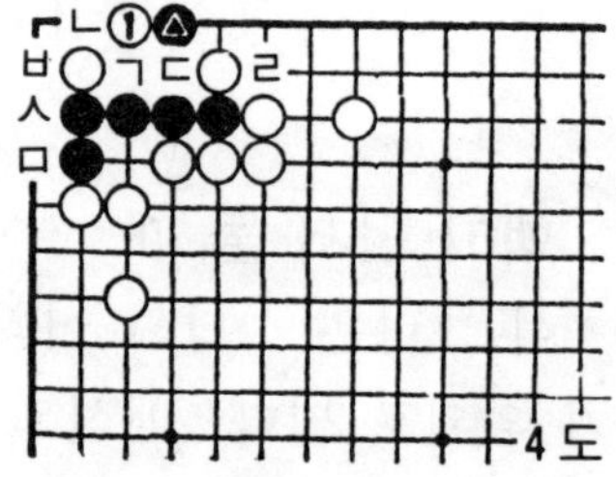

3도 (실패) 먼저 백 1로 뛰어들면 흑 2로 잇고 백 3에는 흑 4로 반발한다. 백ㄱ으로 이으면 흑ㄴ, 백ㄷ, 흑ㄹ로 가볍게 살아난다.

4도 (변화) 흑▲에 대해 백 1로 저항해도 흑ㄱ으로 단수하는 것이 좋은 수여서 백ㄴ, 흑ㄷ, 백ㄹ, 흑ㅁ, 백ㅂ, 흑ㅅ으로 잡고 따낸 자리에 두어도 흑은 가볍게 살아난다.

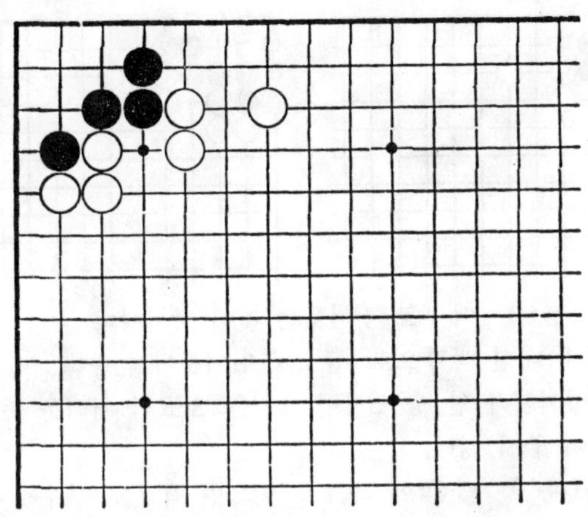

제13 문

백이 먼저 둘 때

흑의 궁도가 사실상 넓은 편이다. 백이 자칫 잘못하다간 흑을 살려 주고 만다.

이 문제는 실전에서도 자주 나타나는데, 의외로 실전의 대국에서는 흑을 살려주고 마는 경우가 많다. 이는 수읽기의 힘이 부족한 때문이다.

먼저 수읽기를 하여본 후에 상대방의 급소가 어느 곳인가를 충분히 고려하여 한 수 한 수를 두어 나가도록 해야 한다.

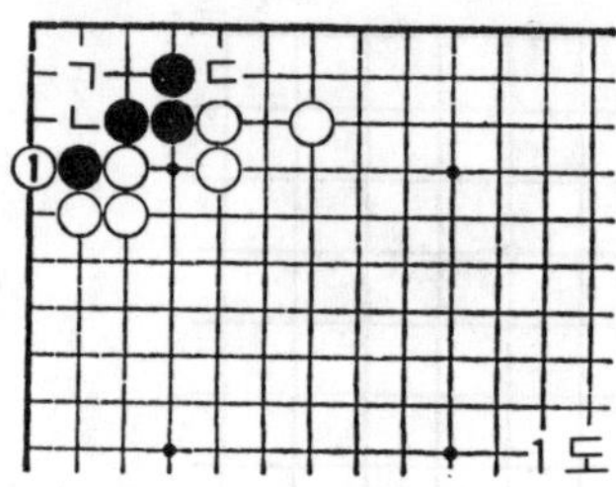

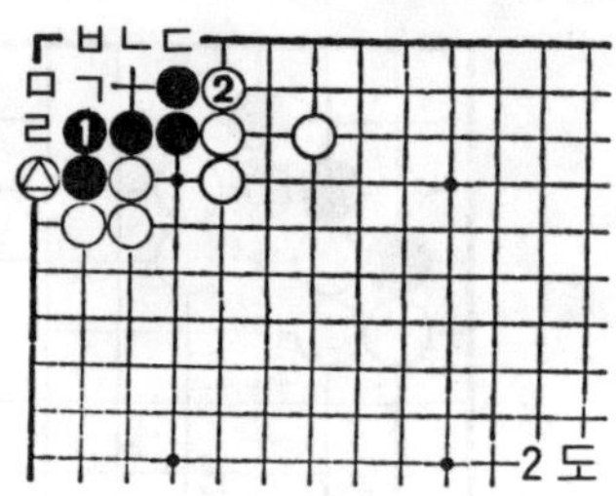

1도 (정석) 백 1로 젖혀두는 것이 정석이다.

또 백 1 대신 백ㄱ으로 급소에 뛰어들어서 흑ㄴ, 백ㄷ 의 진행도 정석이라 할 수 있지만 그것은 3도의 어려운 변화가 있게 되어 좋지 않다.

2도 (계속) 백△에 흑 1로 이으면 백 2로 단수해서 두 집을 갖추지 못한다. 흑ㄱ이하 백ㅂ이다. 또 흑 1로 ㅁ에 두어도 백 2로 그만이다.

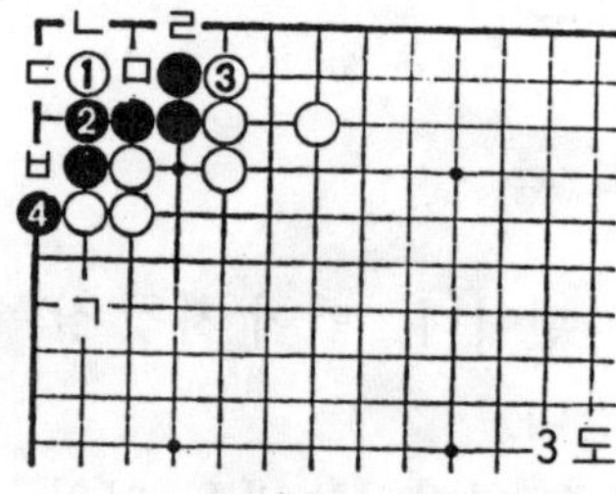

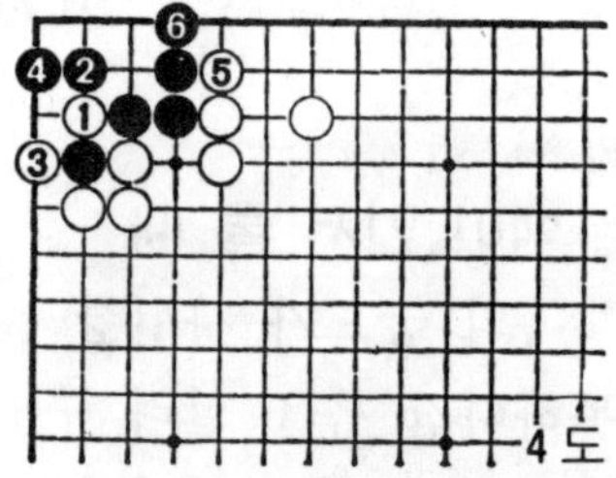

3도 (어려운 변화) 백 1, 3이면 흑 4로 젖혀 백ㄱ이면 흑ㄴ이다. 다음 패가 불만이어 백ㄷ에 두면 흑ㄹ, 백ㅁ, 흑ㅂ의 '빅수'를 노린다. 여기서 흑 4일 때 백ㅂ에 두면 죽어 버린다.

4도 (실패) 초보자들은 백 1, 3으로 흑 한점을 때리는 정도로 만족하기 쉬운데 그러면 흑 6까지 흑을 가볍게 살려 주는 결과가 되고 만다.

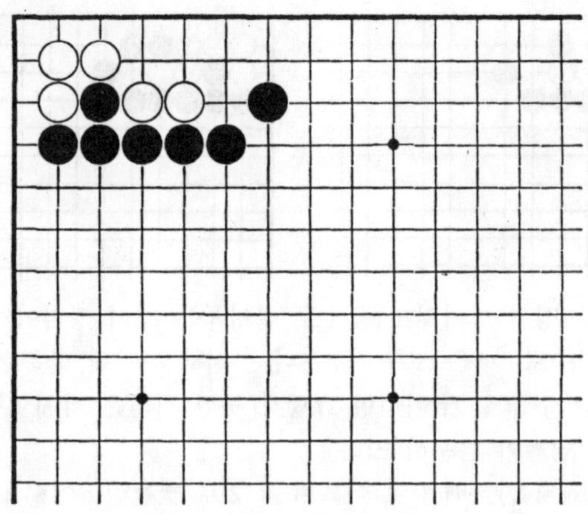

제14문

흑이 먼저 둘 때

이러한 모양도 실전의 대국에서 곧잘 나타나는 문제 중의 하나이다.

이 모양에서는, 만약 백이 선수로 둔다면 충분히 살 수가 있다. 물론 흑이 선수로 둔다고 해도 그 수순이 잘못되면 백은 살아버릴 수 있는 소지를 충분히 가지고 있다.

따라서 흑은 먼저 백의 맥을 짚어서 두 집을 만들 수 있는 소지를 제거하지 않으면 안된다.

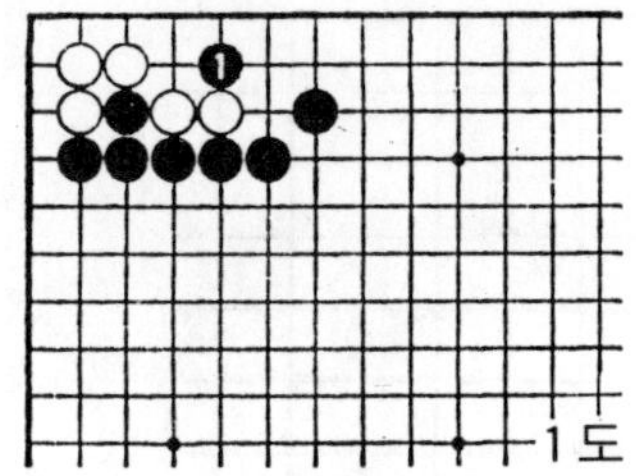

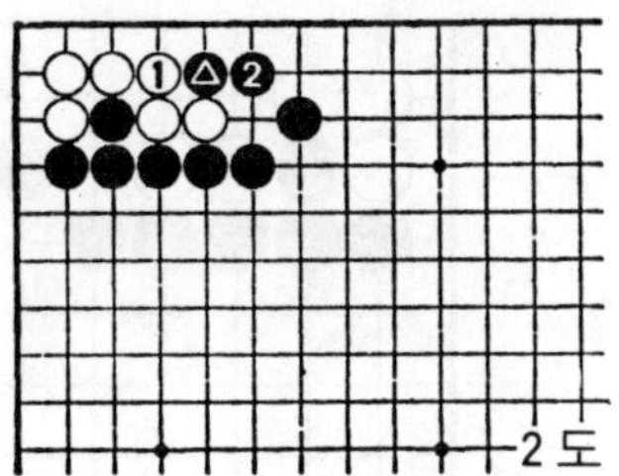

1도 (정석) 이렇게 흑 1로 붙여두는 것이 정석이다.

이 한수로 백은 모두 죽는다. '사활문제'에 밝은 사람은 금방 알 수 있는 수이지만 그렇지 못한 사람은 잡지 못하고 살려줄 염려가 다분히 있다.

2도 (계속) 백 1로 이으면 흑 2로 뻗는다. 이렇게 되면 백은 귀에서는 두 집을 확보하지 못한다. 그렇다고 백 1로 2의 곳에 젖혀두면 흑 1로 끊어와 그대로 백은 잡혀 버린다.

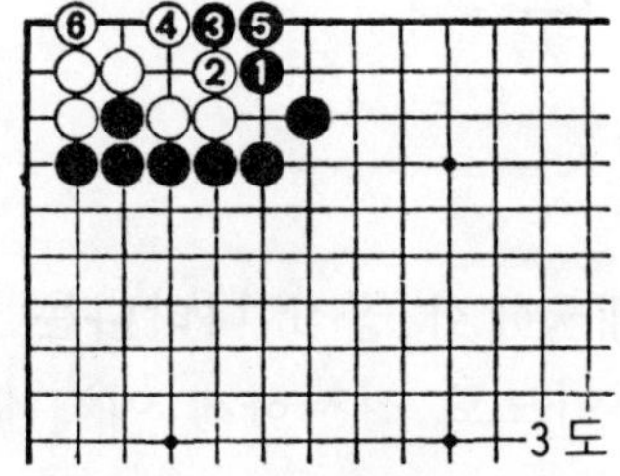

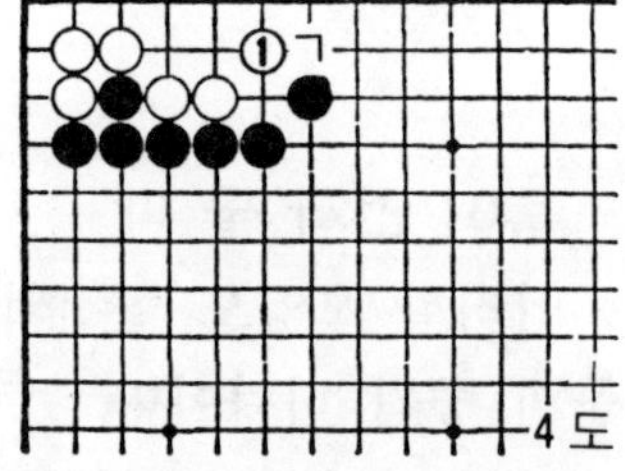

3도 (실패) 흑 1, 3, 5 젖혀잇는 것이 선수로 삭감(削減)하여 이익이 된다고 생각하기 쉬운데 이것은 상대방을 살려준 결과밖에 되지 않아 실패인 것이다.

4도 (큰 수) 이상의 설명에서 알 수 있는 바와같이 흑 1의 한수에 의해 백은 죽는 것이므로 여기서 백 1의 마늘모붙임수는 중요한 수다. 흑ㄱ에 두어도 백은 살아날 수 있다.

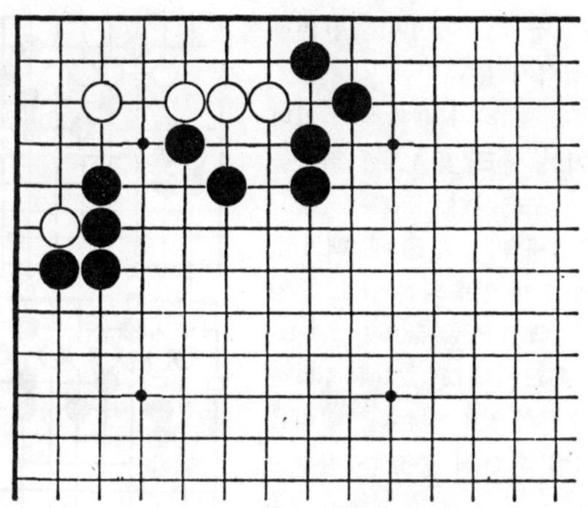

제15문

흑이 먼저 둘 때

이 그림은 상당히 수준높은 문제이다. 실전에서도 곧잘 응용되는 문제이므로 철저하게 이해해 두면 기력(棋力) 향상에 많은 도움이 될 것이다.

현재 그림에서 보는 바와 같이 백의 궁도가 매우 넓은 편이다.

따라서 흑은 백의 궁도를 최대한으로 좁혀 들어갈 수 있도록 노력하지 않으면 안된다.

여기에서는 첫 착수가 무엇보다도 중요하다.

1도 (정석) 흑1이 원본에서의 정석이다.

그러나 또 하나의 정석이 있다. 흑ㄱ 이하 백ㄹ, 흑1로 뛰어들어 잡는 수순이다.

2도 (계속) 흑▲에 백1일 경우 흑2가 연속되는 급소의 일착이다. 백ㄱ으로 끊으면 흑ㄴ, 백ㄷ, 흑ㄹ, 백ㅁ, 그때 흑ㅂ에 두어 오른쪽으로 넘는다. 다음 백ㅅ이면 흑ㅇ이 중요한 착수인 것이다.

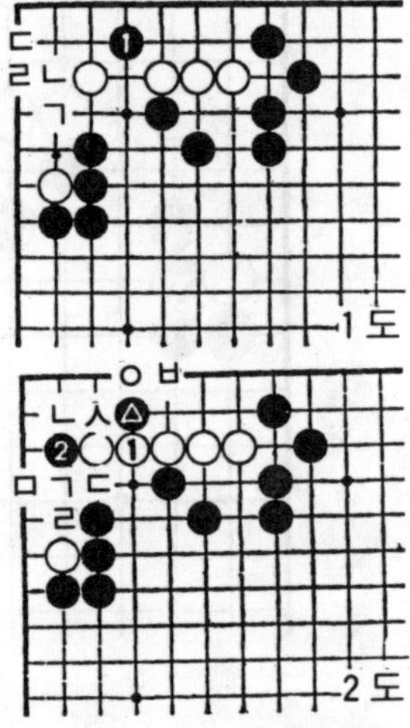
1도

2도

3도 (변화) 흑▲를 백1로 막으면 흑2의 응수는 당연한 것이다. 백3에 흑4, 백5가 되고 흑6은 '파호'하는 중요한 수이다. 이하 흑10까지면 백의 실패다. 백3으로 4에 두면 흑8까지이다.

4도 (변화) 흑▲일 때 백1 하면 흑2는 당연한 것이다. 백3, 흑4는 필연적이며 백5 하면 흑6 이하로 젖혀서 잡는다. 흑8로 젖혀두고 흑10으로 급소에 뛰어드는 것이 바람직하다.

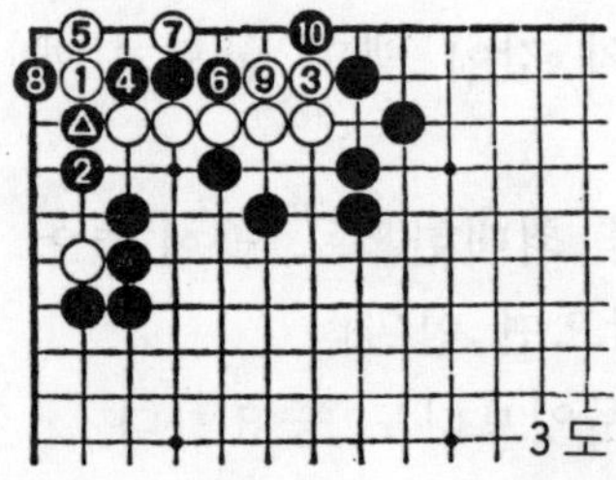
3도

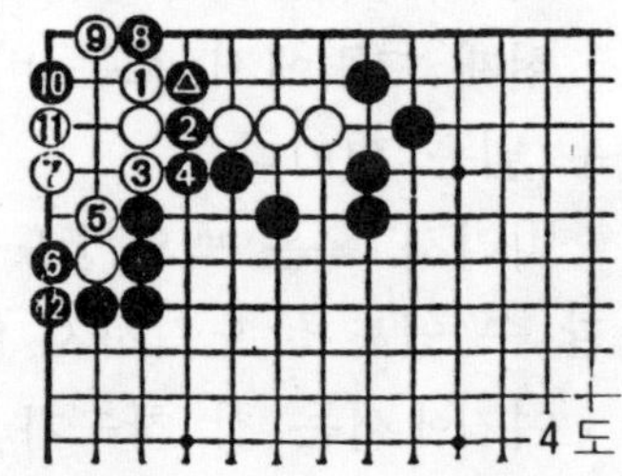
4도

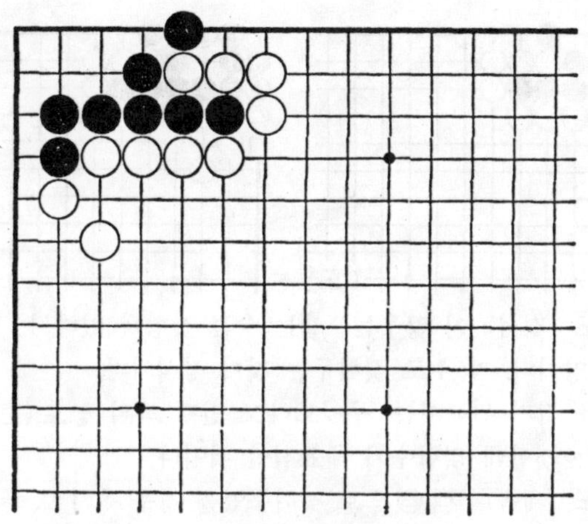

제16문

백이 먼저 둘 때

이 모양은 실전에서 자주 나타나는 문제 중의 하나이다.

백선으로 귀의 흑을 잡을 수 있느냐 하는 것이 이 문제의 주요 안건이다.

언뜻 보면 귀의 흑이 삶을 도모할 수 있을 것 같은 느낌이 든다. 물론 수순에 따라서는 흑이 귀에서 충분히 삶을 도모할 수가 있다.

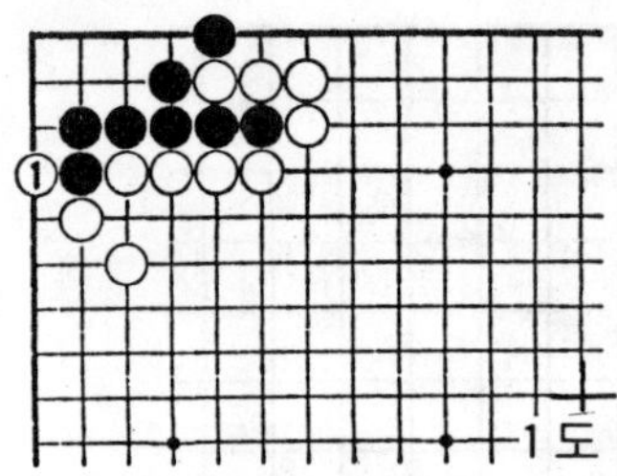

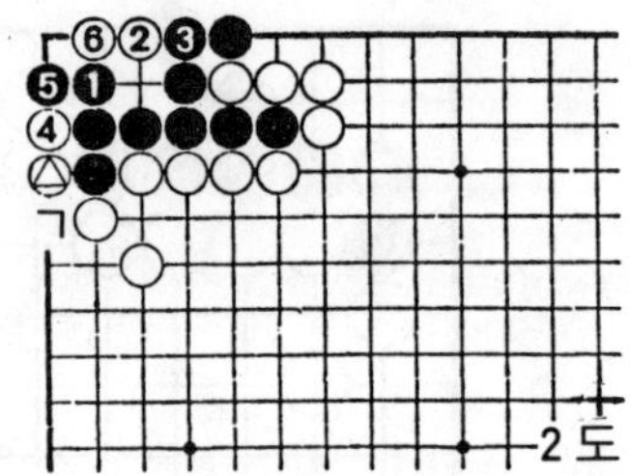

1 도 (정석) 이 경우는 '잡는 수는 젖힘에 있다'는 전형적인 모양이다. 백 1 로 젖혀두는 것이 정석이다.

적을 잡기 위해서는 무엇보다도 먼저 적의 궁도(宮圖)를 좁히는 것인데 젖힘수가 대표적인 것이다.

2 도 (계속) 백 ◬으로 젖혀두었을 경우 흑 1 로 구부려도 백 2 로 눈을 파괴하고 흑 3, 백 4, 흑 5, 백 6 이 된다. 흑ㄱ에 두어 백 두점을 잡아도 백 ◬로 계속해서 집을 파괴한다.

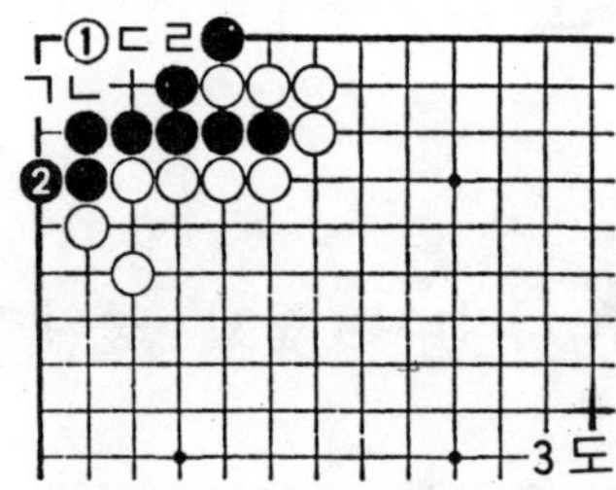

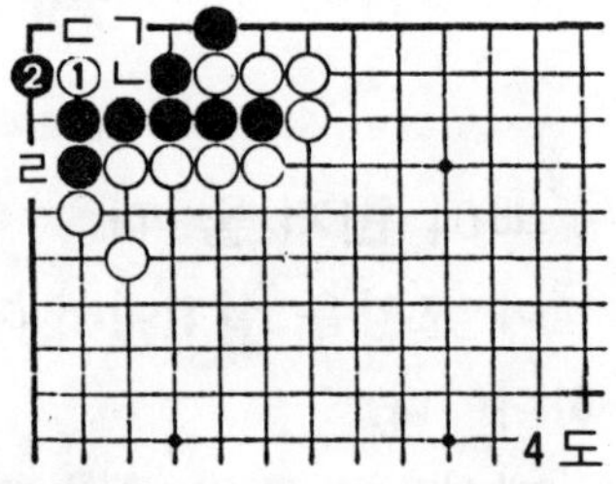

3 도 (나쁨) 백 1 로 두는 것은 나쁘다. 흑 2 로 궁도를 넓혀서 백ㄱ, 흑ㄴ, 백ㄷ, 흑ㄹ이 되어 빅수의 삶 이다.

4 도 (나쁨) 그림의 백 1 도 나쁘다. 흑 2 가 있으므로 다음 백ㄱ에 두어도 흑ㄴ, 백ㄷ, 흑ㄹ이 되므로 흑은 일곱집으로 완전히 살아버리고 만다.

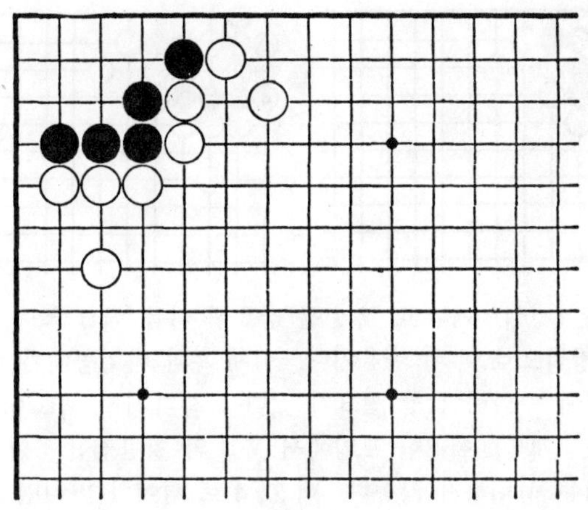

제17문

백이 먼저 둘 때

백선으로 귀의 흑을 밟을 수 있는 방법은 없을까?

귀의 흑은 의외로 궁도가 넓다. 따라서 백은 흑의 급소를 찌르지 않으면 안된다.

그렇다면 첫 착수는 어디에다가 두어야 할까?

수읽기를 하여 정확한 수순을 찾아내어 보자.

묘수는 항상 가까운데 있는 것이다. 문제는 그것을 얼마나 날카롭게 찾아내느냐에 달려 있다.

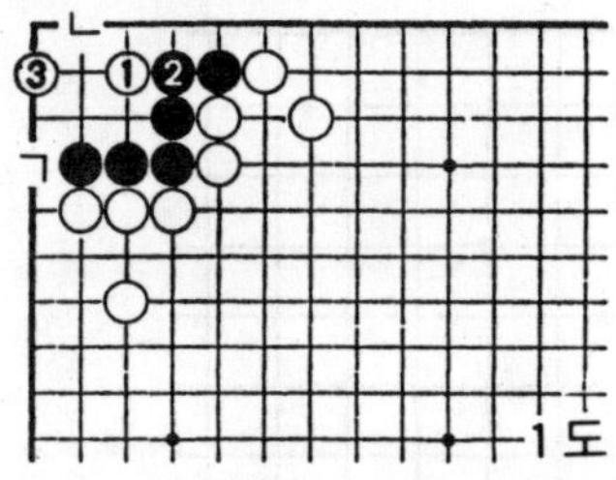

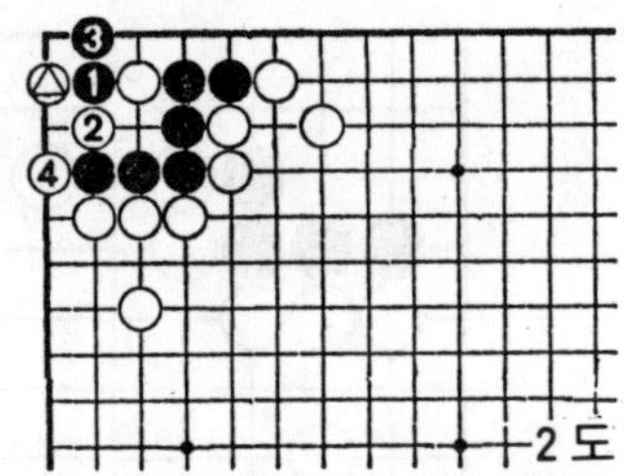

1도 (정석) 백 1로 흑 2를 강요한 다음 백 3으로 뛰는 것이 정석으로 흑의 죽음이다. 이때 흑의 바깥공배가 메워져 있는것에 주의해야 할 필요가 있다. 흑ㄱ이면 백ㄴ이다.

2도 (계속) 이러한 모양에서 흑 1의 일반적인 끼움수도 여기서는 성립하지 않는다. 백 2, 4로 넘어가 버리면 그대로 흑은 꼼짝 못하고 죽는다.

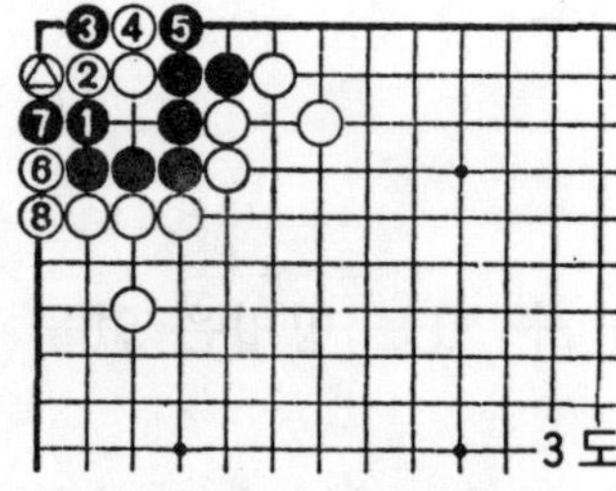

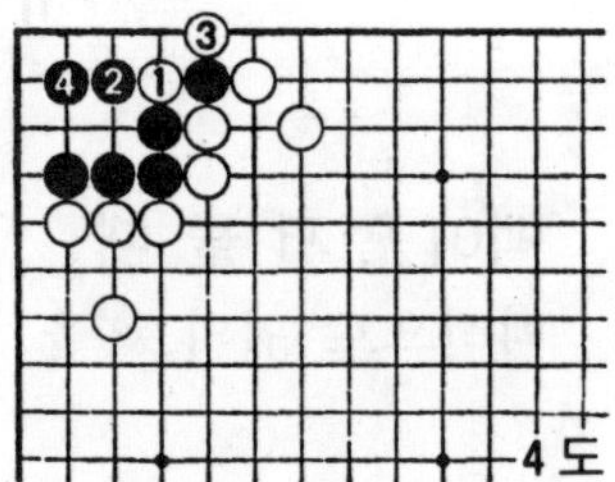

3도(변화) 백◬일때 백이 넘지 못하도록 흑 1로 방해하면 백 2로 이어버린다. 흑 3이면 백은 4 이하 8까지 '유가무가'를 만들어 수 싸움에서 한수 이긴다.

4도 (실패) 백 1, 3으로 겨우 흑 한점을 때리는 것은 오히려 적을 유리하게 도와준 것이 된다. 이렇게 되면 흑은 4로 늘어 6집으로 살아 난다.

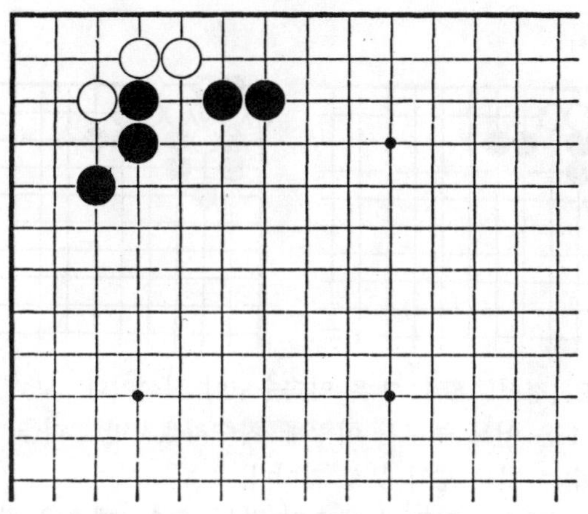

제18문

흑이 먼저 둘 때

이 그림 역시 실전의 대국에서 자주 나타나는 문제 중의 하나이다. 접바둑에서 이러한 유형의 문제들이 곧잘 생긴다.

귀의 백이 아직 완전한 모양을 갖추고 있지 못하다고 해서 흑으로서 방심해서는 결코 안된다.

여기에서는 보다 효과적인 공략을 하지 않으면 안된다. 급소를 찔러야 한다. 일격에 공략하는것이 보다 효과적이다.

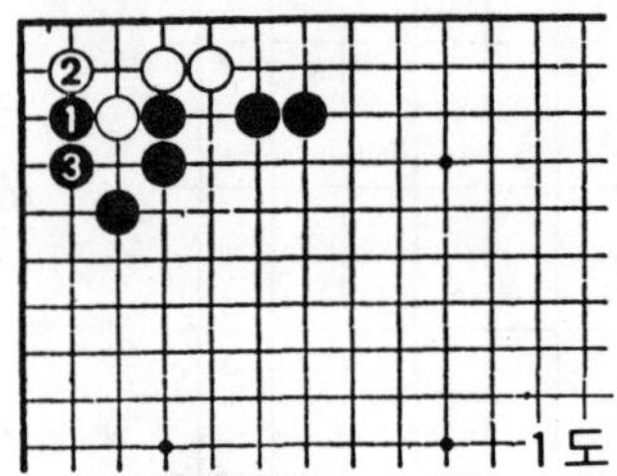

1도

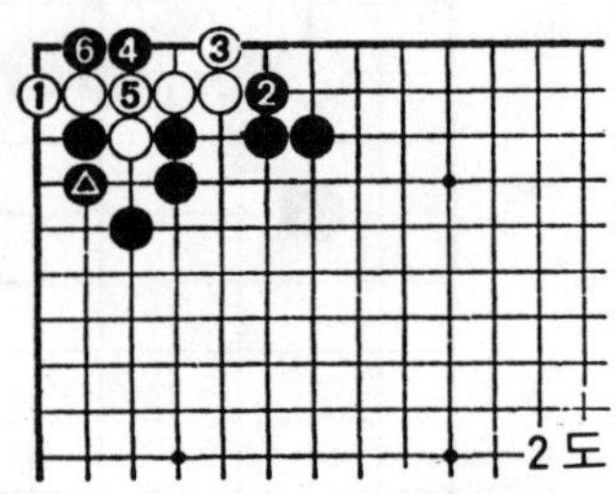

2도

1도 (정석) 흑 **1**, **3** 의 연속수단이 정석이다. 실전일 경우 이 흑 **1** 은 어느 누구든 이렇게 착수하겠지만 다음 **3** 으로 뻗는 수는 얼른 생각 못할 것이다.

2 도 (계속) 흑△에 백 **1** 일 경우 흑 **2**, 백 **3** 은 필연적이다. 여기서 흑 **4** 로 뛰어들어 집을 파괴하는 상투수단이 있어서 백 **5**, 흑 **6**을 교환하면 백은 두 집을 확보할 수가 없다.

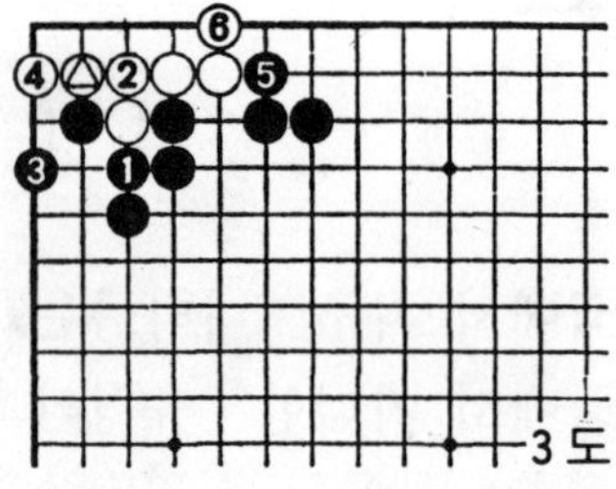

3도

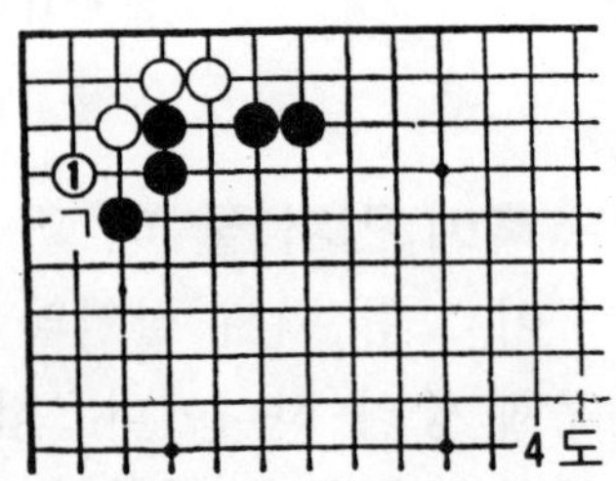

4도

3 도 (실패) 백△일 때 성급하게 흑 **1** 로 단수하기 쉬운데 그러면 백 **6** 까지가 되어 백은 4 집으로 살게 된다.

4 도 (크다) 이와 같이 흑에게 선수를 당하면 순식간에 모두 죽게 되므로 백이 **1** 로 먼저 착수하는 수는 큰 것이다. 흑ㄱ으로 응수해도 백이 무조건 잡히지는 않는다.

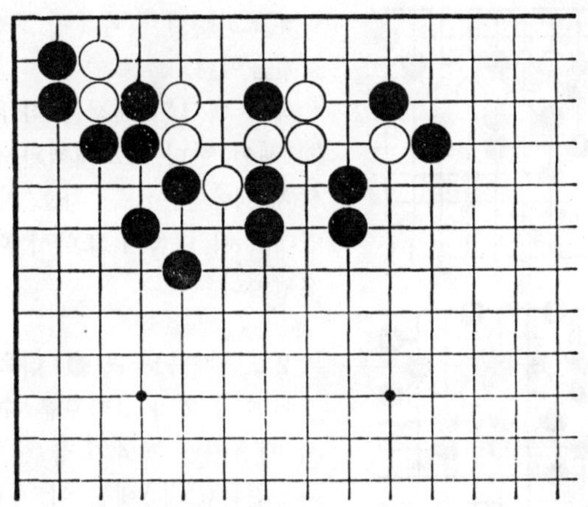

제19문

흑이 먼저 둘 때

흑선으로 백의 세력을 공략하여 잡을 수 있을까?

백의 궁도는, 언뜻 보기에는 넓은 것 같지만 사실은 그렇지가 못한다. 백의 세력은 상당히 헛점이 많다. 이 헛점을 흑은 최대한으로 이용하여야 한다. 백의 급소를 찔러야 한다.

여기에서는 수순이 중요하다. 수읽기로 올바른 수순을 찾아 보자.

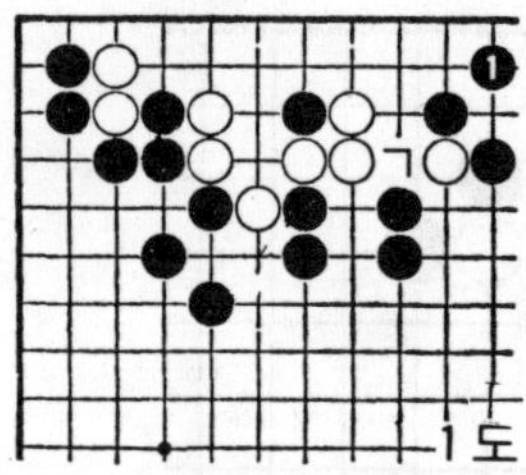

1도 (정석) 흑 1이 정석의 첫걸음이다.

흑은 백ㄱ의 대책을 타개(打開)해야 한다. 그 대책과 동시에 왼쪽 백을 흑 1로 '파호'치는 것인데, 이 다음이 또다시 어려운 진행이다.

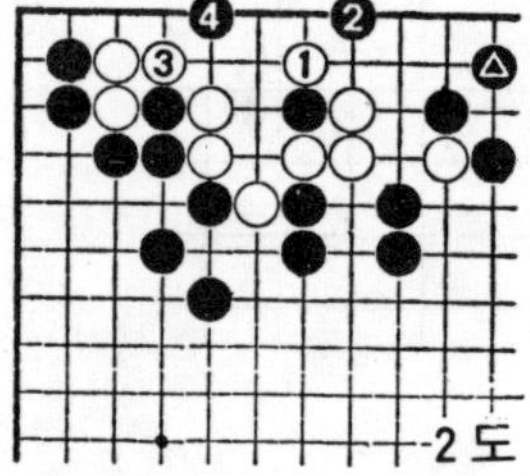

2도 (계속) 흑▲ 다음, 백 1이면 흑 2가 날카로운 수다. 다시 백 3이면 흑 4가 좋은 착수이다. 원본(原本)에는 이 흑▲와 2, 4를 묘수라고 하고 있다.

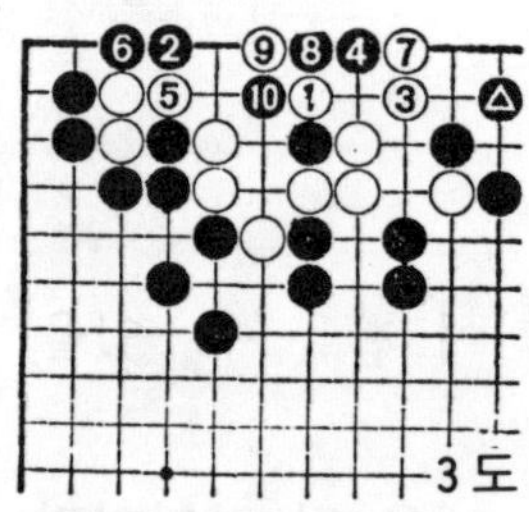

3도 (변화) 원본에서는 2도를 정석으로 보았지만 그림의 흑 2에 두어도 백은 죽는다. 이것은 후지사와·히데유끼(藤澤秀行) 9단이 지적한 수순인데 흑 2는 두점을 끊어잡는 수와 4로 집을 파괴하는 수를 맞본다.

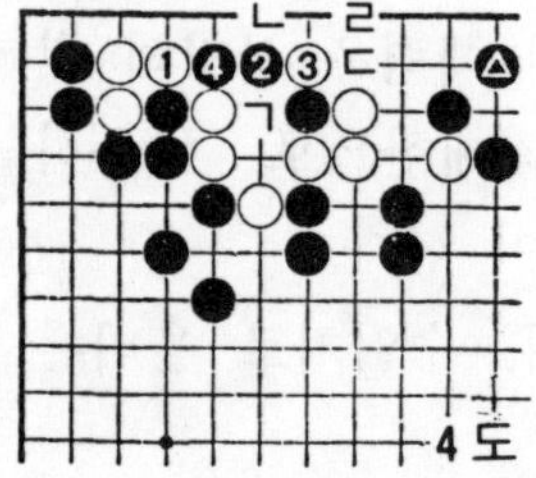

4도 (변화) 흑▲에 백 1이면 흑 2로 응수하여 백은 살지 못한다. 백 3에는 흑 4 이다. 그런데 흑 4를 생략하고 ㄱ으로 잘못 이으면 백ㄴ, 흑ㄷ, 백ㄹ으로 패가 되어 버린다.

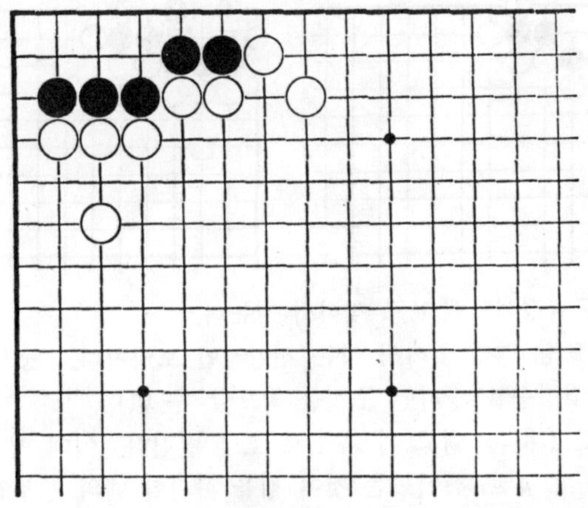

제20문

백이 먼저 둘 때

이 그림은 백선으로 귀의 흑을 공략하여 섬멸할 수 있는 방법을 묻는 문제이다. 실전에서도 자주 나타나는 문제이므로 유의하여 익혀 두기 바란다.

백은 흑의 급소를 노려야 한다. 상대방의 궁도를 좁히면서, 한편으로는 상대방의 급소를 공격하여 무릎을 꿇도록 하지 않으면 안된다.

자, 그러면 수를 찾아 보자.

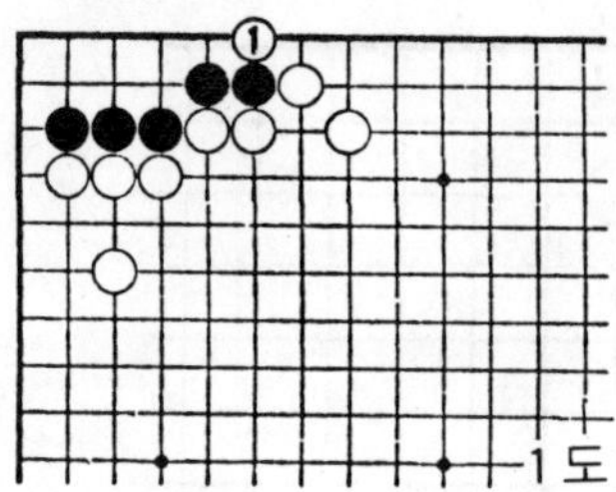

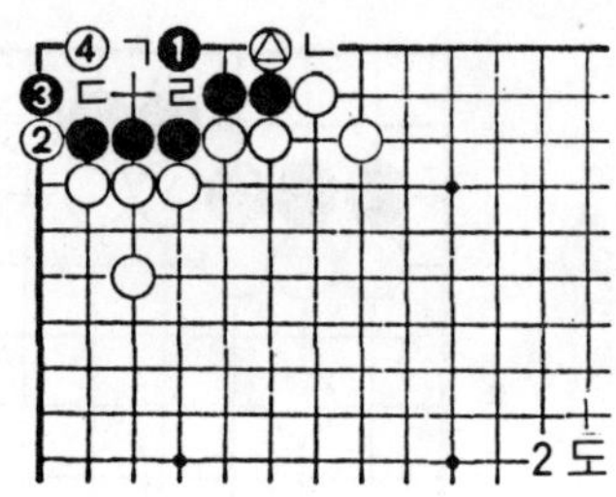

1도 (정석) 백 **1** 로 젖혀서 잡는다.

이 모양 역시 젖혀서 잡는 전형적인 모양이다. 궁도가 좁아서 젖힘수를 당하면 두집을 확보할 수 없다.

2도 (계속) 백◬에 흑 **1** 로 호구 벌린다. 이때 백 **2** 로 젖혀두고 **4** 로 뛰어드는 것이 집을 파괴할 때의 상투적인 수순이다. 이 다음 흑ㄱ에 두어도 백ㄴ, 흑ㄷ, 백ㄹ로 먹여쳐서 좋다.

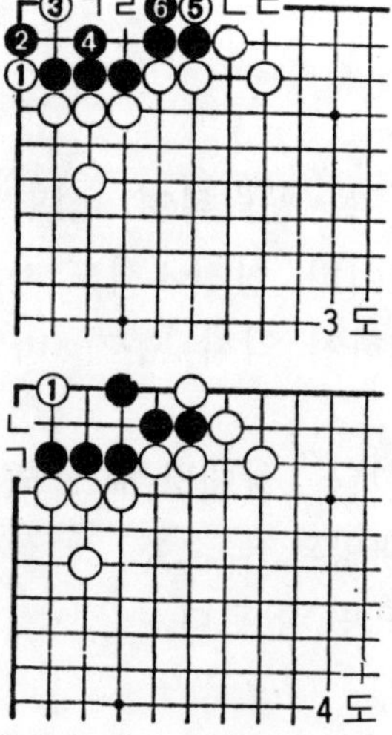

3도 (실패) 백 **1**, **3** 하면 흑 **2**, **4** 로 응수하여 무조건으로는 죽지 않는다. 그 이유는 백 **5** 로 젖혀도 흑으로 막는 수가 있기 때문이다. 이 다음 백ㄱ, 흑ㄴ, 백ㄷ, 흑ㄹ, 백 **5** 로 패가 되어 버린다. 수순이 중요하다.

4도 (곤란) 백ㄱ과 흑ㄴ의 교환을 거치지 않고 바로 백 **1** 로 뛰어드는 것은 바람직하지 못하다. 흑ㄱ에 내려서거나 할 경우 곤란하게 된다.

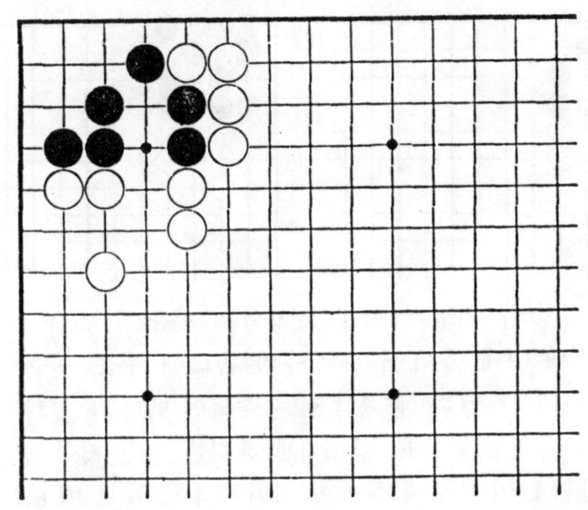

제21문

백이 먼저 둘 때

이 그림 역시 실전에서 자주 나타나는 유형의 문제이다.

언뜻 보면 흑의 궁도가 매우 단단한 것처럼 보인다. 그러나 사실은 그렇지가 않다. 흑은 의외로 약점을 가지고 있다. 백은 흑의 약점을 노려 맹공격을 퍼부어야 한다. 백이 우선적으로 해야 할 일은 흑의 약점을 찾아내는 일이다. 여기에는 수읽기가 필요하다. 세심하게 살펴 보자.

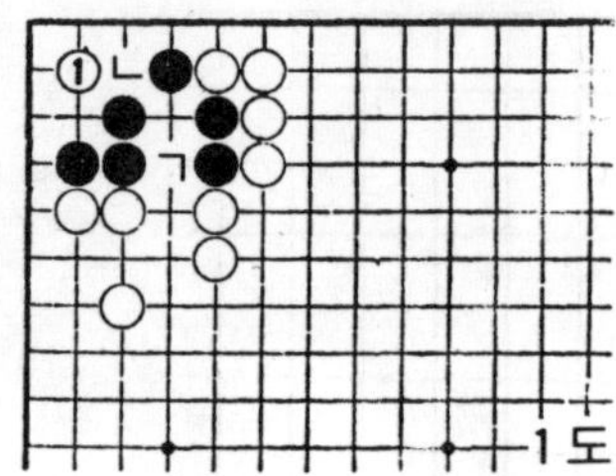

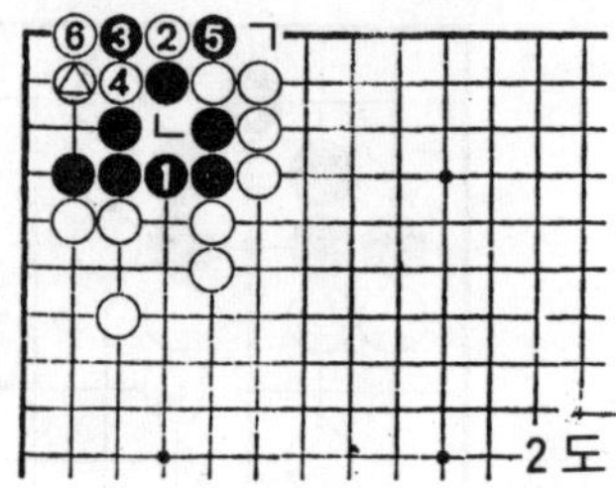

1 도 (정석) 가볍게 백 1 의 정석을 찾을 수 있을 것이다. 백 1 에 대해 흑ㄱ에 두는 수와 흑ㄴ에 두는 수가 있다.

2 도 (계속) 백 ◎에 흑 1 로 응수하면 백 2 가 젖혀서 잡는 수의 제 2 단계이다. 넘어가게 해서는 모든 것이 끝장이므로 어쩔수 없이 흑 3 에 두어야 하며 백 4 로 끊고 백 6 으로막아 흑 2 로 이으면 백ㄱ으로 몰아, 흑ㄴ으로 이어봐도 결국은 모두 죽는다.

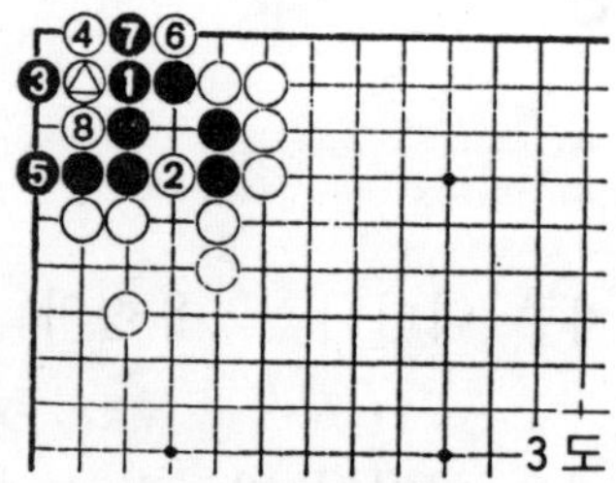

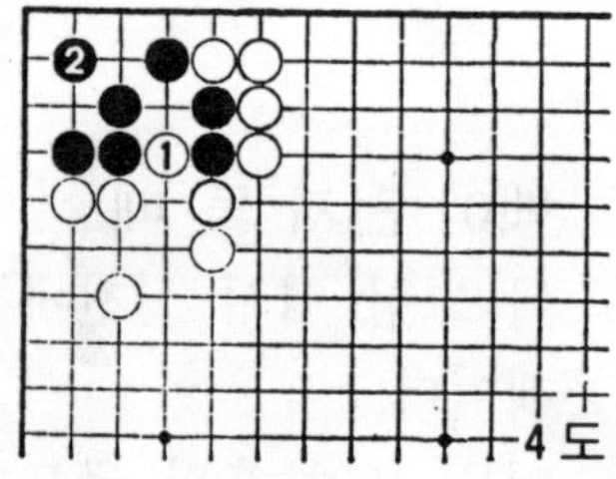

3 도 (변화) 백 ◎에 흑 1 하면 백 2 로 집을 파괴한다. 흑 3 으로 최대한 저항하지만 백 4 이하 8 까지 살지 못한다. 백 6 을 생략하고 8 에 두면 흑 6 으로 '빅'이 되어버린다.

4 도 (실패) 급소를 놓치고 백 1 로 끼우면 흑 2 하여 흑 두점이 잡히는 정도로 흑은 귀에서 가볍게 살아난다.

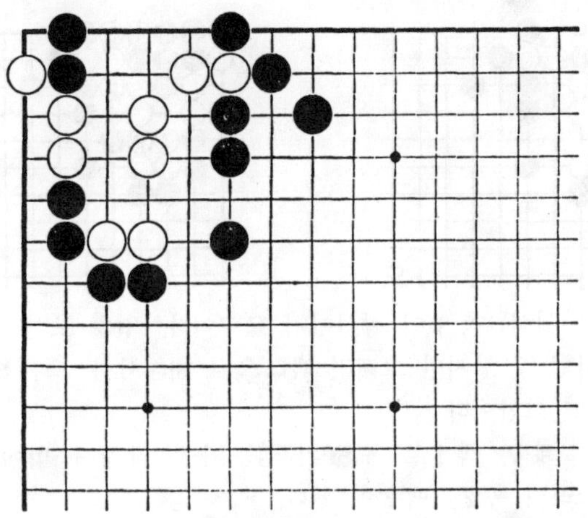

제22문

흑이 먼저 둘 때

흑선으로 귀의 백을 공략하여 잡을 수 있는가?

이 문제는 상당히 어려운 수준급의 문제이다. 실전에서도 자주 나타난다.

따라서 유의하여 문제 전체를 이해할 수 있도록 노력하여야 할 것이다.

여기에서는 제 일착이 중요하다.

과연 제 일착은 어디에다가 두어야 할까? 올바른 수순을 찾아 보자.

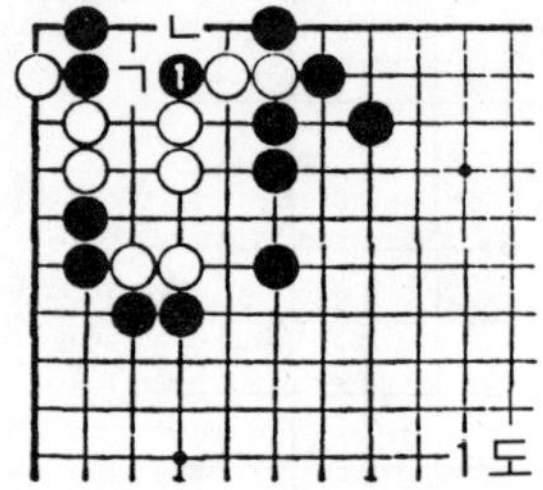
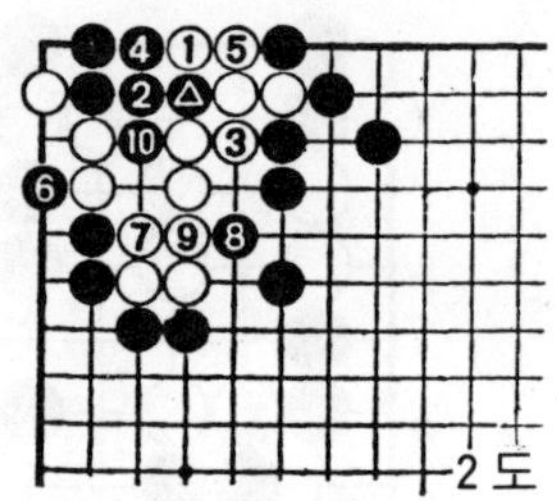

1도 (정석) 흑 1 이 정석이며 묘수이다. 얼핏 보면 백ㄱ으로 잡힐 것 같지만 그러면 백ㄴ으로 내려서서 오른쪽으로 넘어가면 그만이다.

2도 (계속) 백 1 로 흑△의 넘는 수를 막을 수 밖에 없으며 그러면 흑 2, 백 3 이 된다.

이 경우 흑 4 로 단수하는 것이 알기 쉽다. (원본은 이 수순을 뒤에 하고 있다.) 이하 흑10까지 되면 백은 '매화육궁(梅花六宮)'으로 살지 못한다.

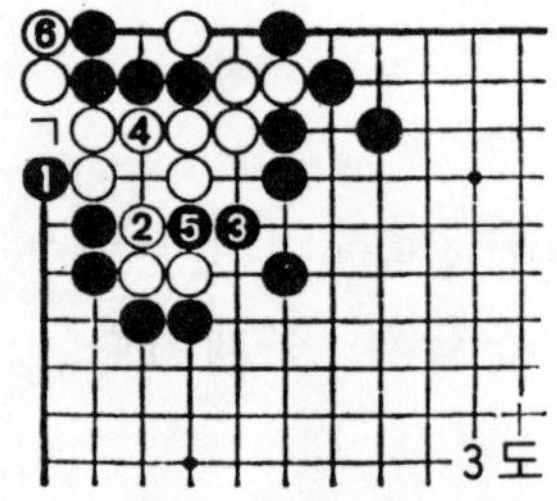
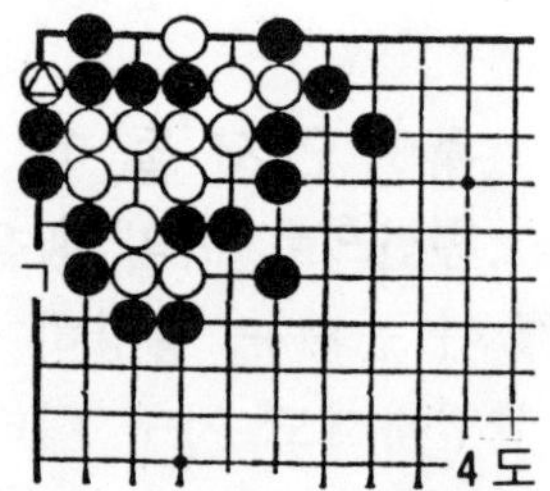

3도 (변화) 2도 흑 4 의 수순을 뒤로 미루고 흑 1 을 먼저 착수하면 백에게는 2, 4 의 다음 6 으로 귀에 치받는 묘수가 준비되어 있다. 할수 없이 흑ㄱ으로 따낼 수 밖에 없다.

4도 (계속) 3도 백 6 이하의 두점을 흑ㄱ으로 잡았는데, 그 때린 자리를 백△로 먹여치면 어떠한 방법이 있을 것같지만 흑ㄱ이 있어서 결국 백이 살아나지 못한다.

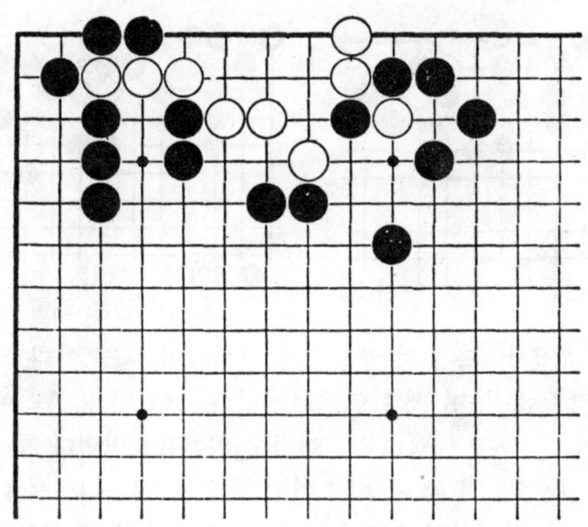

제23문

흑이 먼저 둘 때

이 그림 역시 상당한 수준급의 문제이다.

흑선으로 과연 백을 잡을 수 있겠는가 하는 것이 이 문제의 주요 안건이다.

흑은 우선 백의 급소를 찾아야 한다. 급소를 찾기 위해서는 수읽기를 하여야 한다. 경과도와 결과도를 머릿속에 그려보면서 한 수 한 수를 진행하도록 해보자. 수는 반드시 있으므로 신중히 생각한다면 분명히 올바른 수순을 찾아낼 수 있다.

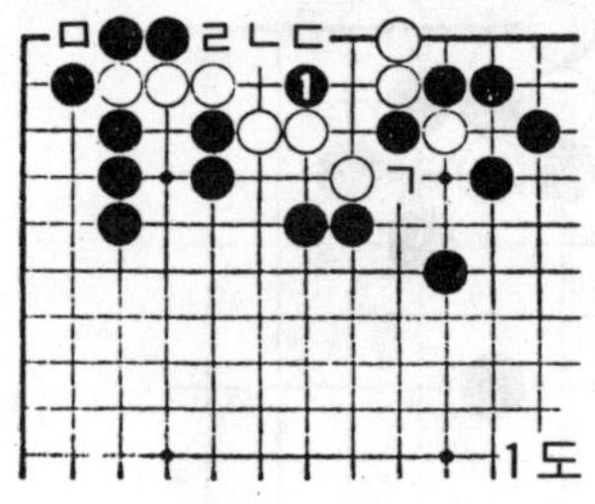
1도

● 6의 곳 먹여침 2도
⑪ 흑10의 한점 때림

1도 (정석) 흑1의 붙임수가 정석이며 급소이다.

흑 ㄱ등에 두면 백1로 살아 난다. 이 다음 흑ㄴ에 두어도 백ㄷ, 흑ㄹ, 백ㅁ의 「연단수」가 되어 버린다.

2도 (계속) 흑◭에 백1이면 흑2로 끊는다. 백3, 5에는 흑6이 필연적인 조임수이다. 백9하여 흑 두점을 따내면 흑은 6으로 먹여쳐 백11로 때린 다음 흑ㄱ에 두면 백은 살지 못한다.

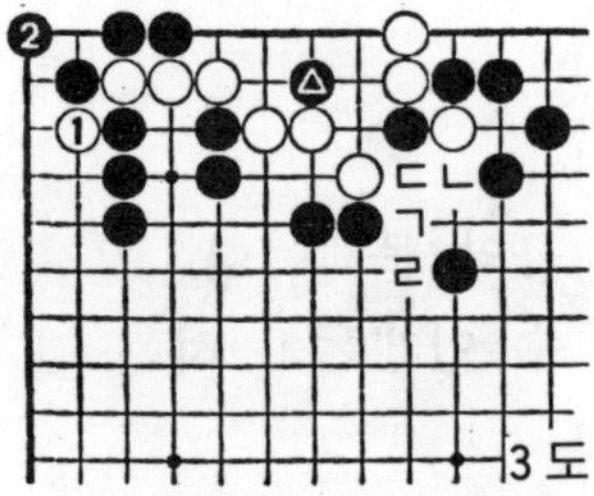
3도

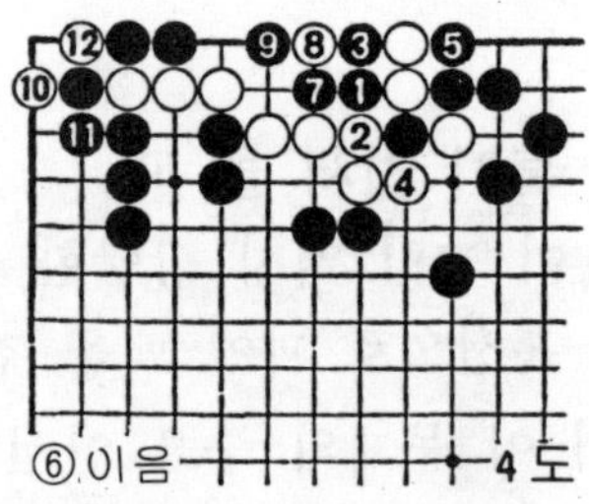
⑥이음 4도

3도 (변화) 흑◭에 대해 백1로 끊어 강력하게 저항하지만 흑2가 훌륭한 응수여서 백ㄱ에 두어도 흑ㄴ 이하 흑ㄹ로 백은 살지 못한다.

4도 (실패) 흑1, 3, 5로 조이고 흑7하여 뛰어듦 수가 성공이라고 생각하겠지만 그러면 백8, 10으로 저항하고 백12로 끊어 패가 되어버린다.

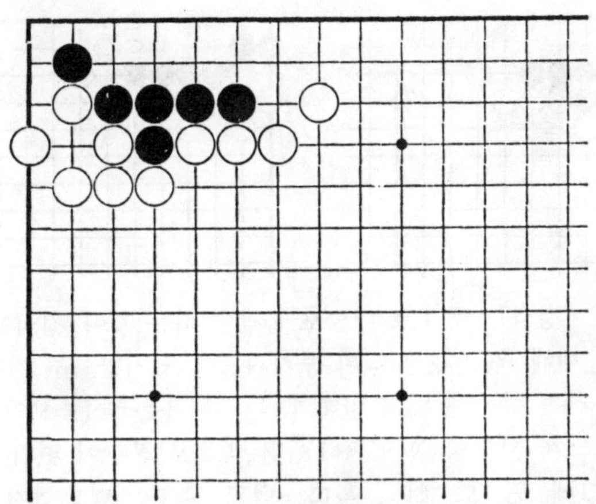

제24문

백이 먼저 둘 때

이 모양은 흑백이 막상막하의 관계에 있다. 흑의 궁도도 그다지 비좁지 않기 때문에 백으로서도 선뜻 흑을 공략할 수만은 없다. 결코 아무렇게나 둘 수 없는 상황이다.

백으로서는 수를 찾아야 한다. 수를 찾지 않는 한 결코 흑을 잡을 수가 없다. 올바른 수순을 찾아서 정확한 급소를 찔러야 한다.

제일착은?　효과적인 수순은?

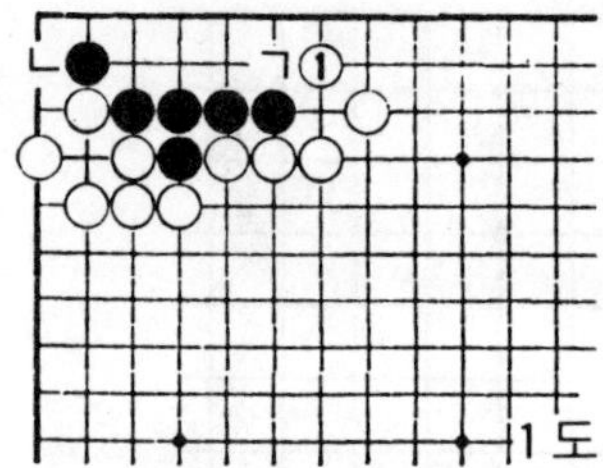

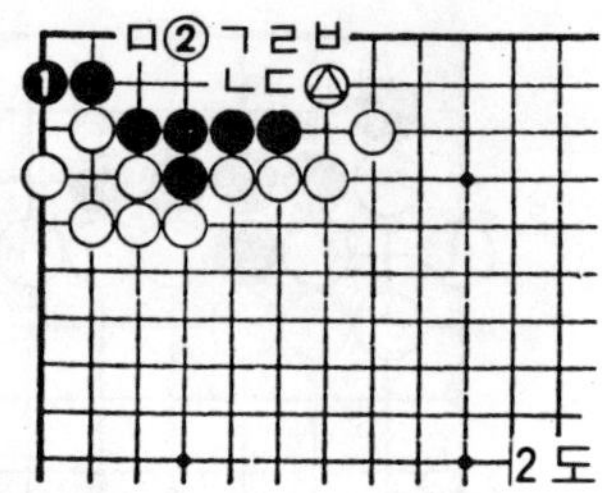

1 도 (정석) 백 1로 마늘모 붙임수 하는 것이 정석이다. 이에 대해 흑ㄱ과 흑ㄴ의 두가지 수가 있지만 두 가지 다 수습하기는 힘들다. 다시 말해 백 1이면 흑은 죽는 모양이다.

2 도 (계속) 백 Ⓐ에 흑 1이면 백 2로 불만이 없다. 다음에 흑ㄱ에 두어도 백ㄴ, 흑ㄷ, 백ㄹ, 흑ㅁ, 백ㅂ까지이다. 백 2가 바로 흑의 집을 파괴하는 급소이다.

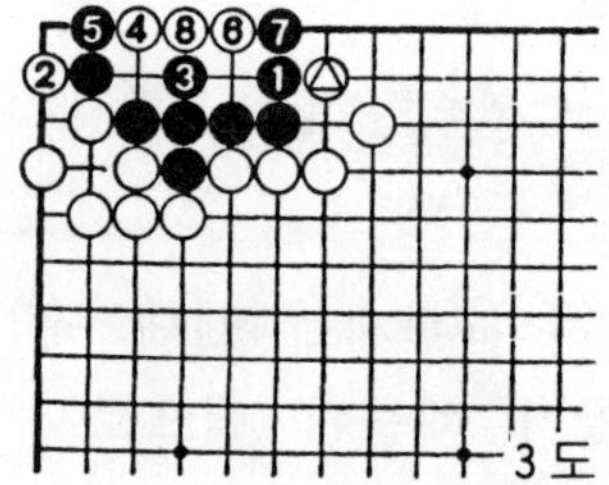

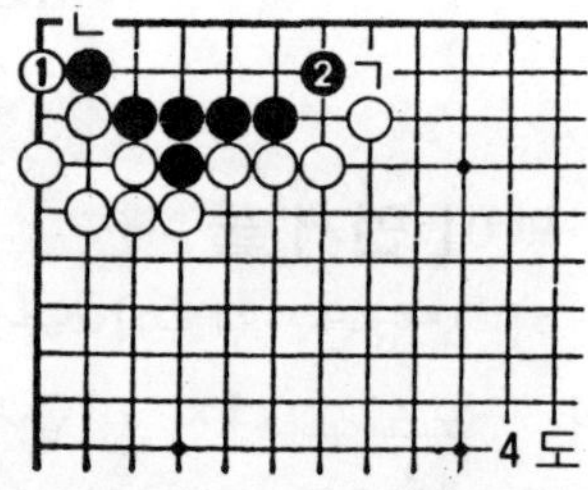

3 도 (변화) 백 Ⓐ에 흑 1이면 백 2로 응수한다. 이하 흑 3 해도 백 4 부터 8 까지는 외곬수여서 흑은 잡혀버린다.

4 도 (실패) 백 1부터 젖혀두는 것은 흑 2로 마늘모 붙임수 해서 실패한다. 여기서 백ㄱ, 흑ㄴ이 되면 흑의 궁도가 넓어서 잡지 못한다. 그렇다고 오른쪽으로 탈출해도 역시 흑을 잡을 수 없다.

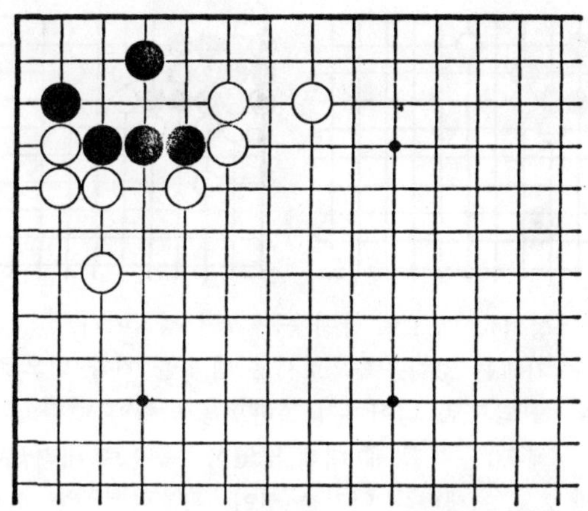

제25문

백이 먼저 둘 때

맥을 모르고서는 결코 풀 수 없는 문제이다.

그다지 어려운 문제는 아니다. 맥을 짚기만 하면 금방 해답을 찾을 수가 있다.

수읽기를 하여 본 후에 차분하게 진행해 나가도록 하자.

수를 올바로 찾으면 간단하게 해결할 수 있는 문제이지만, 만약 그렇지 못하면 실패할 확률도 많다.

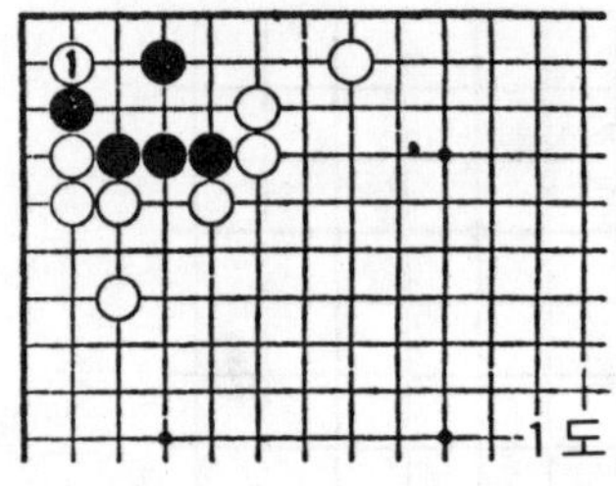

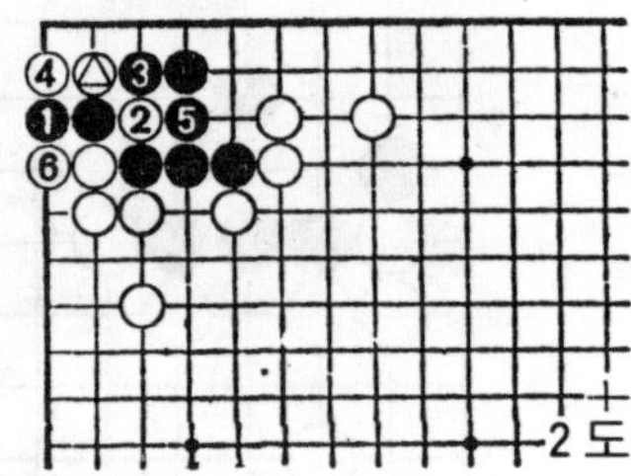

1도 (정석) 백 1로 붙여두는 것이 정석이다.

이 수 외에는 없다. 흑으로서는 백 1을 왼쪽 변으로 넘게 해서는 안되므로 넘어가지 못하도록 막아야 한다.

2도 (계속) 백 ◬에 대해 당연히 흑 1로 내려선다. 그때 백 2로 희생타를 던지는 것이 '파호작전'의 요령이다. 흑도 3, 5하여 백 한점을 잡을 수 밖에 없다.

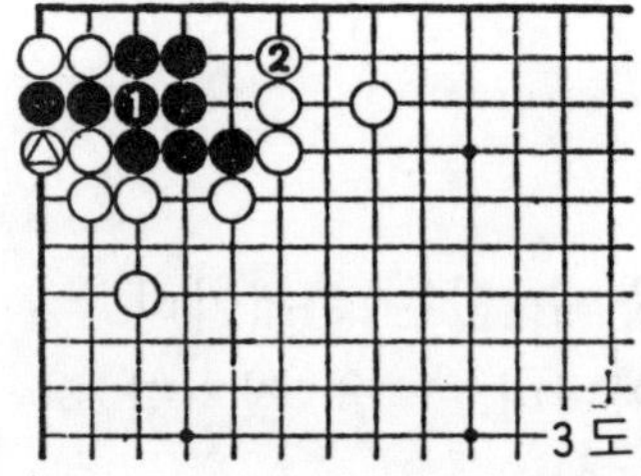

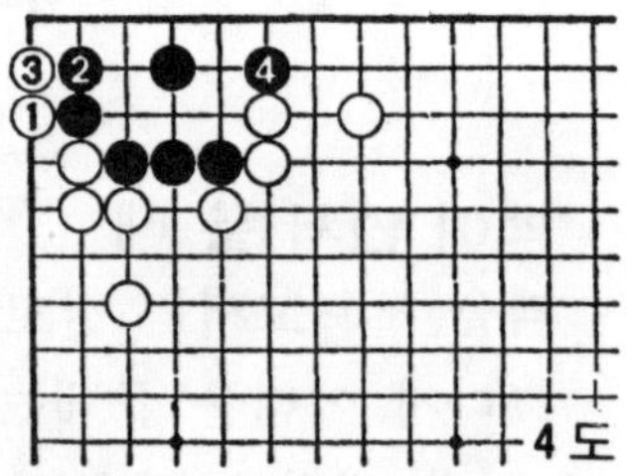

3도 (계속) 백 ◬(2도 백 6)에 대해 흑 1로 이을 수 밖에 없으며 이으면 완전히 응형(凝形)이 되어 버리는데 백 2로 내려서서 흑은 모두 죽게 된다.

4도 (실패) 백 1, 3하면 흑 4로 저항하는 수가 있어서 이것은 어떠한 방법이 있을것 같다. 백 1로는 2로 붙여두어야지 그렇지 않으면 도저히 흑을 잡을 수 없다.

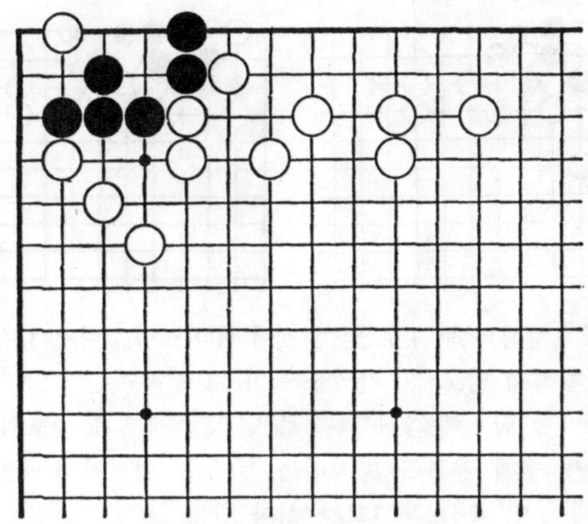

제26문

백이 먼저 둘 때

이 그림은 상당한 수준급의 문제이다.

과연 백선으로 귀의 흑을 제압하여 잡을 수 있을까?

백은 흑의 급소를 찔러야 한다. 흑의 세력권 안에 갇혀있는 백 한 점을 효과적으로 이용할 수 있도록 연구해 보자.

바깥의 백 세력이 막강한 것도 하나의 전략으로 이용할 수 있어야 한다.

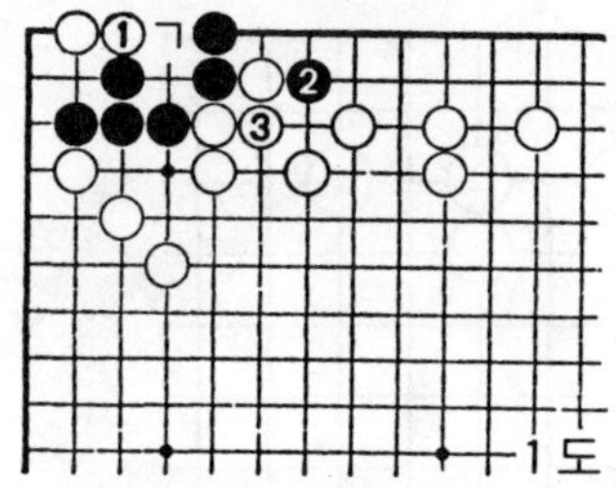
1도

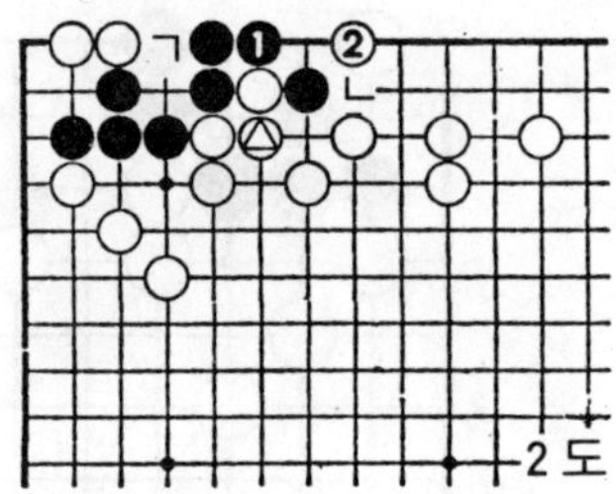
2도

1도 (정석) 백 1로 뻗는 것이 올바르다. 여기서 흑은 2로 반발해서 넘고 그 기세를 몰아 ㄱ에 두려는 작전이다.

2도 (계속) 백△에 흑 1로 넘으면 백 2가 절호의 착점이다. 이 수가 흑ㄱ을 방지하는 것이다. 평범하게 백2로 백ㄴ 등에 두면 즉시 흑ㄱ으로 살아 난다.

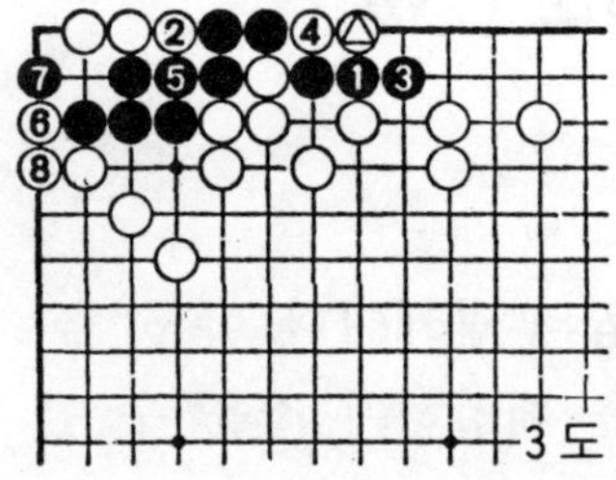
3도

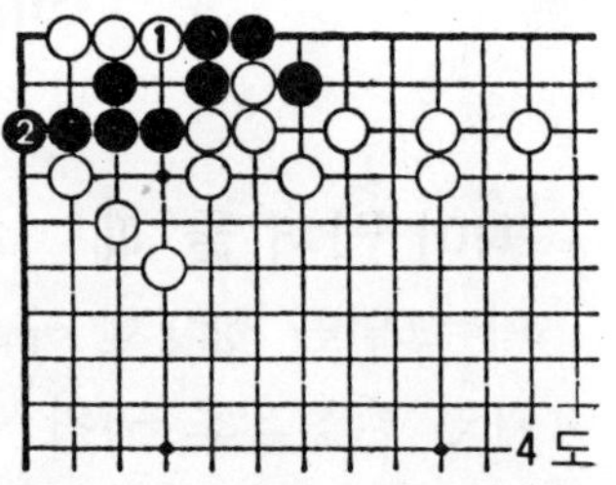
4도

3도 (계속) 백△에 대해 흑 1하면 백2로 집을 파괴한다. 흑 3에 대해 백 4가 준비된 수이고 이하 백 6, 8로 왼쪽을 정리한다. 이 백 6으로 흑이 내려서면 흑은 살 수 있다.

4도 (실패) 2도의 백2를 생략하고 이렇게 백 1하면 흑은 2로 내려서서 궁도를 넓히므로 백의 뛰어듦수는 실패로 끝난다.

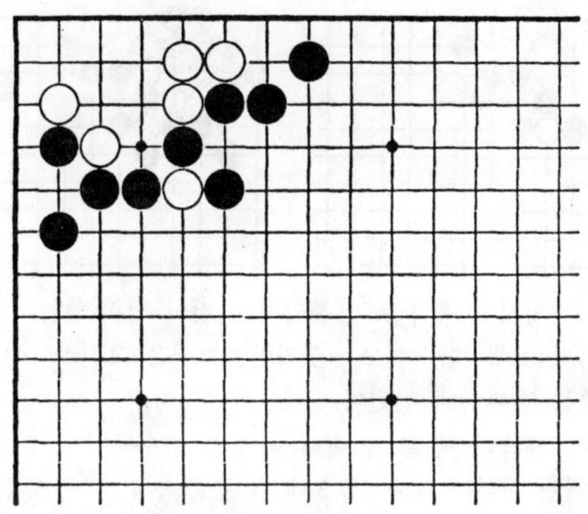

제27문

흑이 먼저 둘 때

이 그림은 상당히 어려운 문제이다. 만약 이 문제를 단숨에 풀 수 있는 사람이라면 상당한 실력의 소유자라고 할 수 있을 것이다.

흑은 백의 궁도에 특공대를 투하하는 것이 보다 주효할 것 같다.

바둑에 있어서는 언제나 수읽기가 큰 영향을 미친다. 경과도와 결과도를 머릿속에 그려보면서 한 수 한 수 차분하게 진행해 나가자.

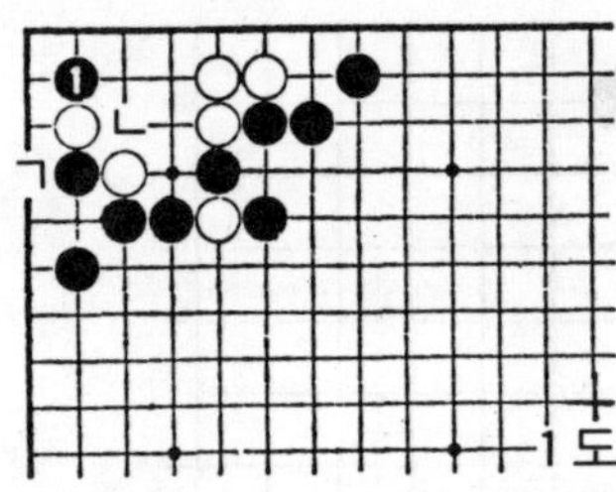

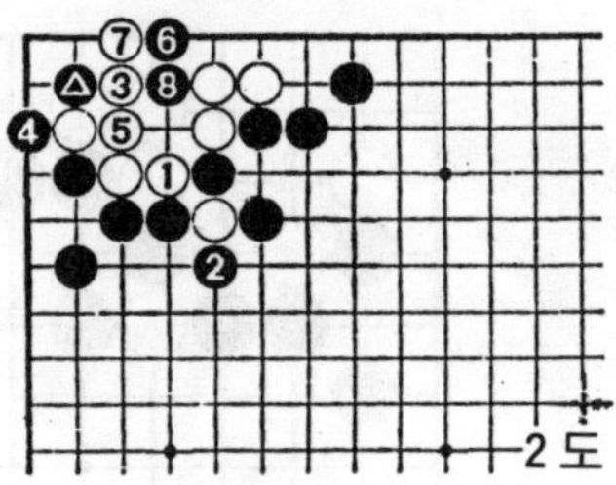

1 도 (정석) 흑 1 로 양붙임하는 것이 정석이다.

화점의 곳에 단수하고 싶지만, 그것은 오히려 상대방을 살려주는 결과밖에 안된다.

2 도 (계속) 흑 ▲ 에 대해 백 1 로 단수하면 흑 2 로 당연히 빵때림 한다. 그때 백 3 에 두어도 흑 4 로 백 5 를 강요한 다음 흑 6 으로 뛰어들고 흑 8 로 눈을 파괴하면 백은 자충이 되므로 더 이상 어떻게 하지 못한다.

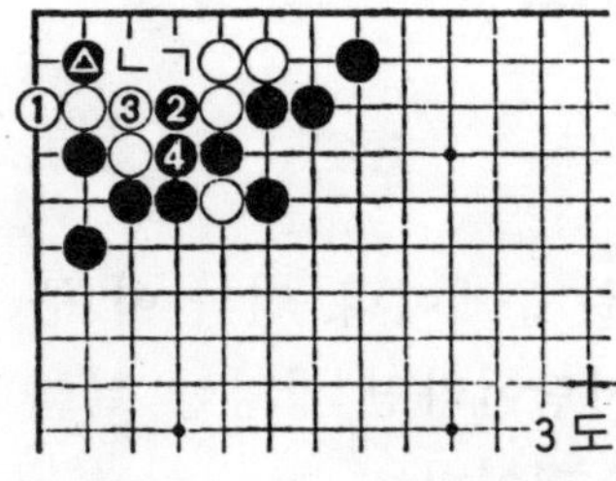

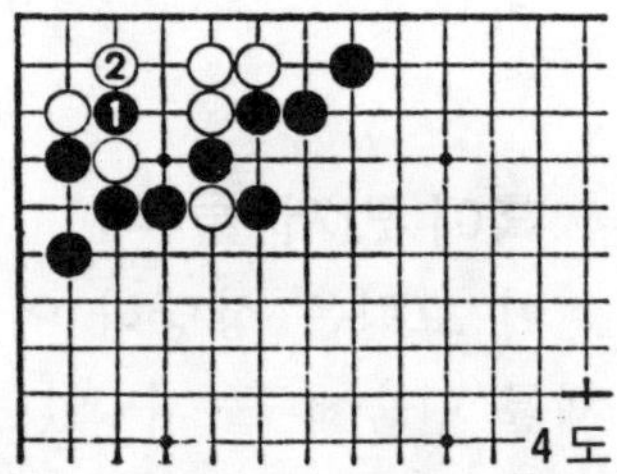

3 도 (변화) 흑 ▲ 에 대해 백 1 로 내려서면 흑 2 로 젖혀두는 것이 올바르다. 백 3, 흑 4 의 교환으로 백의 실패다.

백ㄱ에 두어도 흑이 ㄴ으로 받아 그만이며 백ㄴ에 두면 흑ㄱ이다.

4 도 (실패) 흑 1 이 눈을 파괴하는 직접적인 수단이지만, 이것은 백이 가장 기다리고 있는 수여서 즉시 백 2 로 응수하여 흑이 어떠한 방법을 취한다 해도 백을 잡지는 못한다.

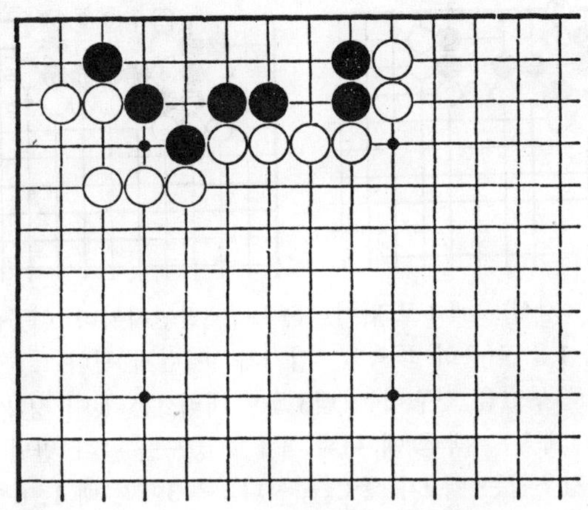

제28문

백이 먼저 둘 때

흑의 궁도가 상당히 넓다. 흑은 지금 두 집 확보에 필요한 요건을 어느 정도는 갖추고 있다. 여기서 백선으로 흑을 공략하여 잡을 수가 있을까?

이 문제는 상당히 어려운 문제이다.

그러나 정확한 수순만 찾아낼 수 있다면 충분히 흑 전체를 잡을 수가 있다. 백은 흑의 급소를 찔러야 한다. 급소를 찌르면 흑을 제압할 수가 있으므로 올바른 수순을 진행해 보자.

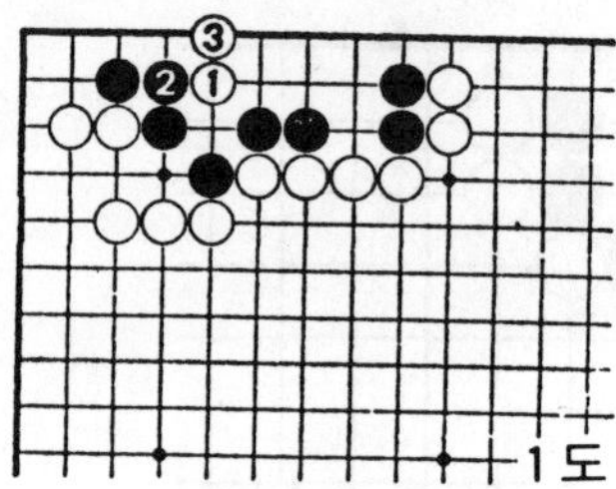

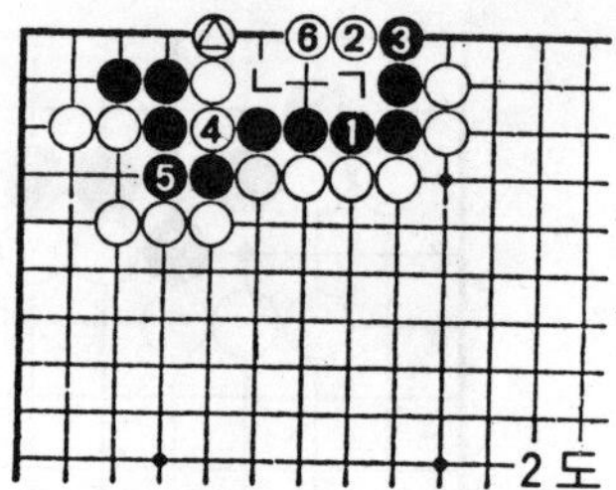

1 도 (정석) 백 1 로 뛰어드는 것은 필연적이다. 이곳을 놓쳐서 흑 1 을 허용하면 흑을 잡기가 어렵게 된다.

흑 2로 두었을 경우에는 백3 으로 내려서는 것이 정석이다.

2도 (계속) 백 △에 대해 흑 1 로 궁도를 넓혀 반발 하지만 이 경우에는 백 2가 좋은 수이다. 흑 3이면 백 4, 6 이다. 또 흑 3으로 6 에 두면 백 3, 흑ㄱ, 백 4, 흑 5, 백ㄴ이므로 역시 불만이 없다.

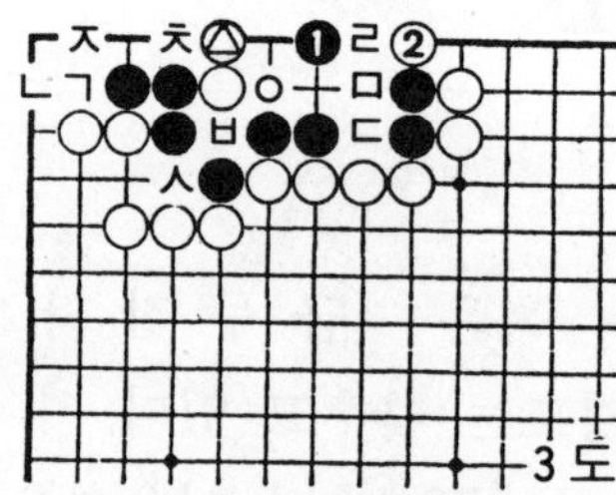

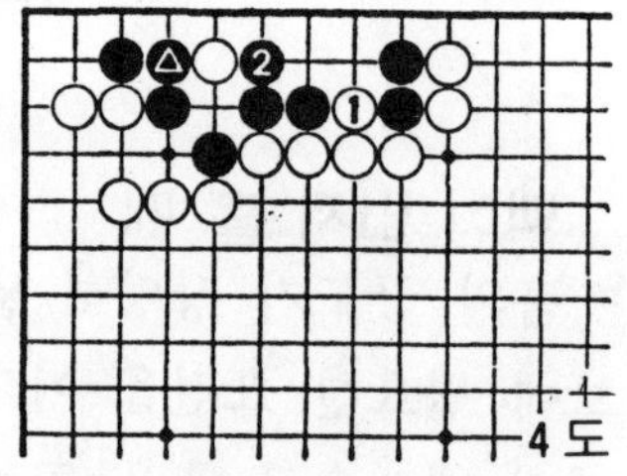

3 도 (변화) 백 △에 흑 1 로 뛰면 백 2의 젖힘수가 흑을 잡는 수이다. 이 다음 흑ㄱ 이하 백ㅊ으로 흑은 스스로 눈을 메우게 된다.

4 도 (실패) 흑 ▲일 때 내려서는 수를 알지 못하고 백 1 로 뚫으면 흑 2 를 당해 흑을 잡지 못하므로 백의 실패이다.

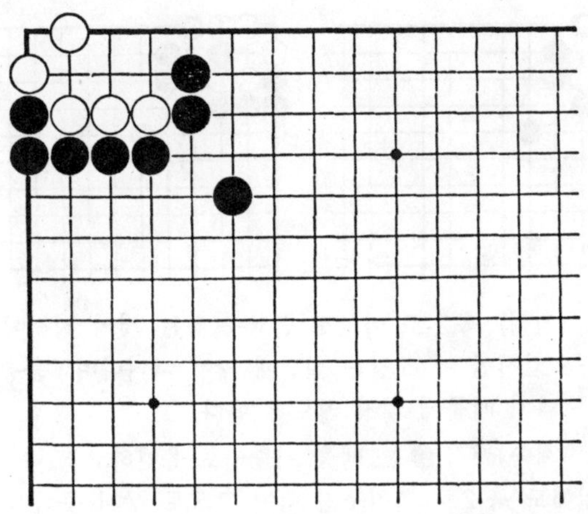

제29문

흑이 먼저 둘 때

흑선으로 귀의 백을 잡을 수 있겠는가?

이 문제는 초보자라 하더라도 충분히 해답을 구할 수가 있을 것이다. 상당히 쉬운 문제이다.

웬만큼 수읽기를 할 수 있는 사람이라면 한눈에 백의 급소를 찾아낼 수 있을 것이다.

일격에 급소를 찔러야 한다.

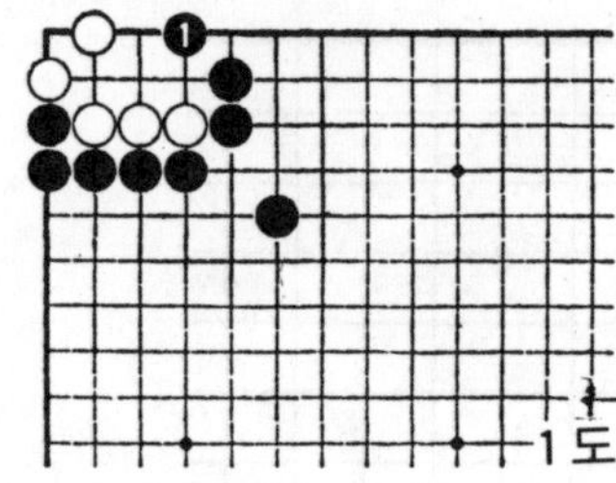

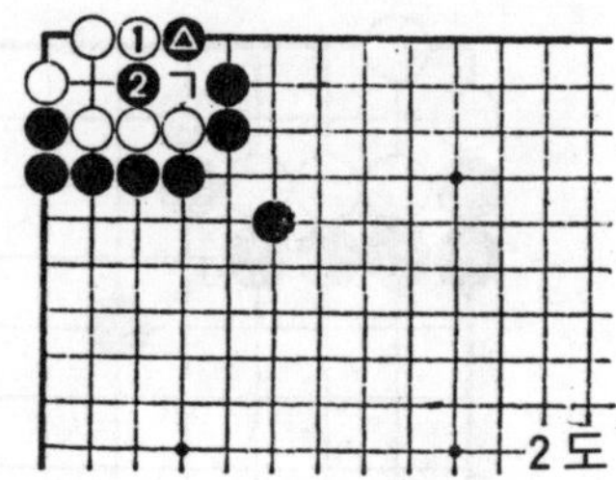

1도 (정석) 흑 1로 마늘모 붙임수 하는 것이 정석이다.

문제는 쉽지만 이 모양은 실전에 많이 나타나며 응용범위가 매우 넓기 때문에 잊지 않도록 한다.

2도 (계속) 흑 ▲는 백을 자충수로 유인하고 있다. 백 1로 반발해도 흑 2로 끼워두면 백이 ㄱ으로 끊지 못하기 때문에 죽고만다.

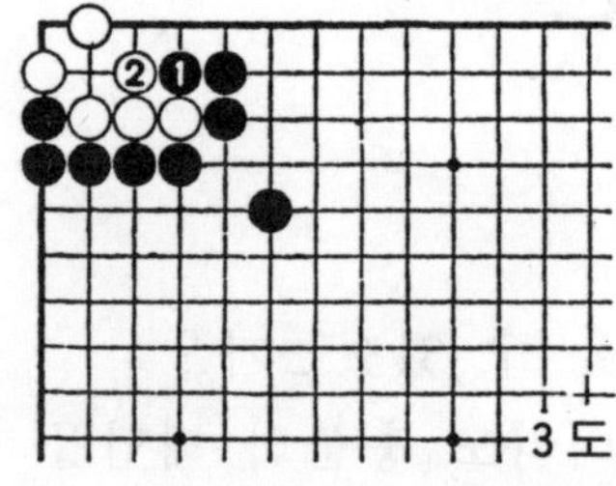

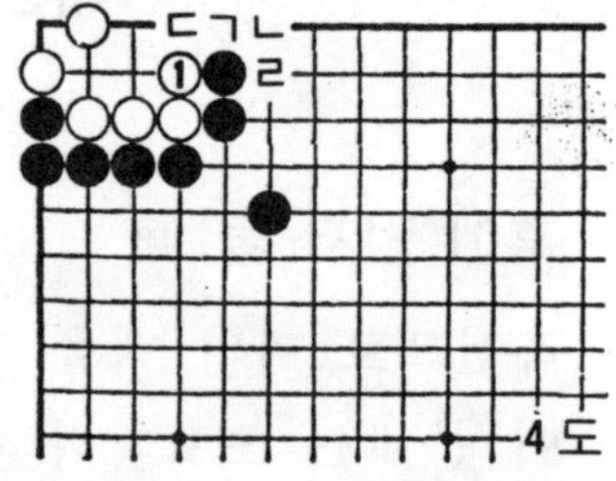

3도 (실패) 흑 1로 백 2를 강요하는 것은 바람직 하지 못한다. 전멸시킬수 있는 것을 이처럼 살려 주어서는 견딜수 없는 것이다.

4도 (크다) 여기서 이렇게 백 1로 가일수(加一手)해 두는 것은 큰 것이다. 앞으로 백ㄱ이하 흑ㄹ로 된다고 보아 이 한수를 출입 계산해 보면 22집의 차이가 생긴다.

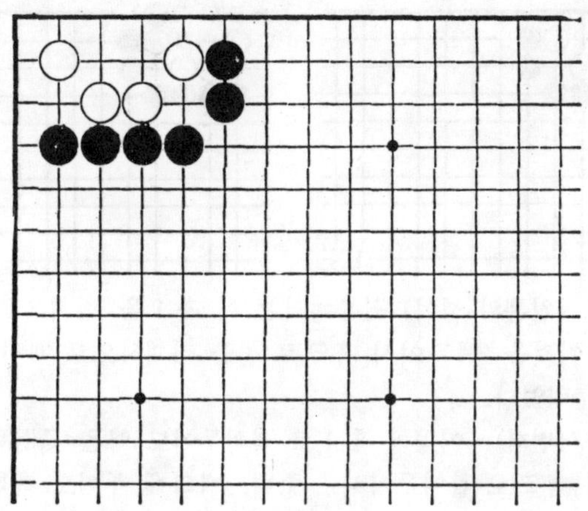

제30문

흑이 먼저 둘 때

흑선으로 귀의 백을 공략할 수 있을까?

이 문제는 상당히 쉽기 때문에 초보의 단계에 있는 사람이라 할지라도 수읽기만 어느 정도 할 수 있다면 충분히 해결할 수 있을 것이다.

여기에서 귀의 백을 공략하는 방법은 두세 가지가 된다. 따라서 가장 효과적이고 유리한 방법으로 두는 것이 좋다.

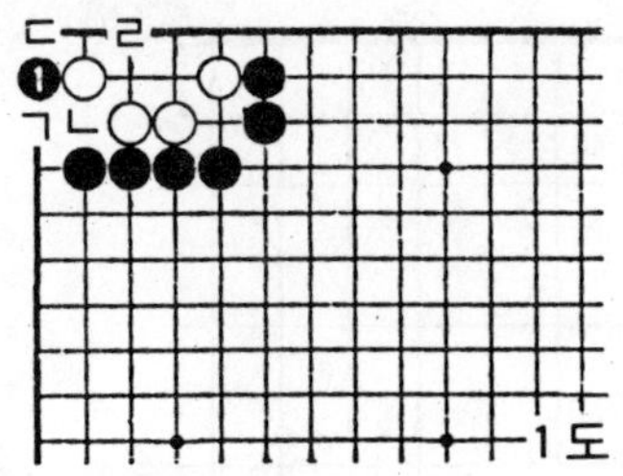

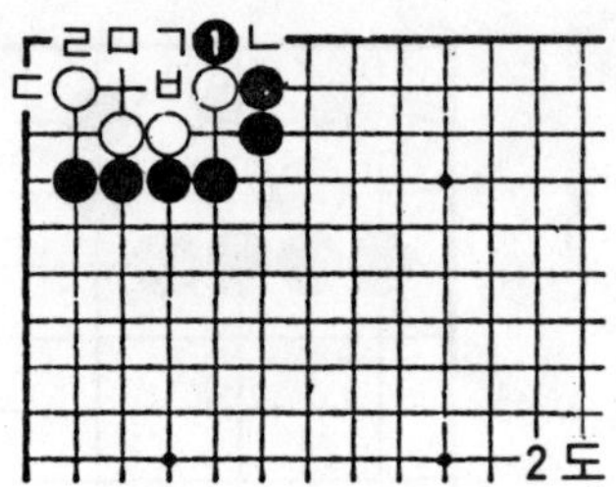

1 도 (원본의 정석) 원본에서는 이 흑 1을 정석으로 삼았다. 이것은 백ㄱ이하 흑ㄹ로 눈을 파괴하므로 백이 죽는 것은 틀림없다.

2 도 (변화) 이렇게 흑 1로 젖혀두어도 백은 죽는다. 백ㄱ이하 흑ㄹ로 붙여두어서 좋다. 백ㅁ에 두어도 흑ㅂ으로 응수 한다.

그런데 그림의 1보다 더 좋은 수가 있다.

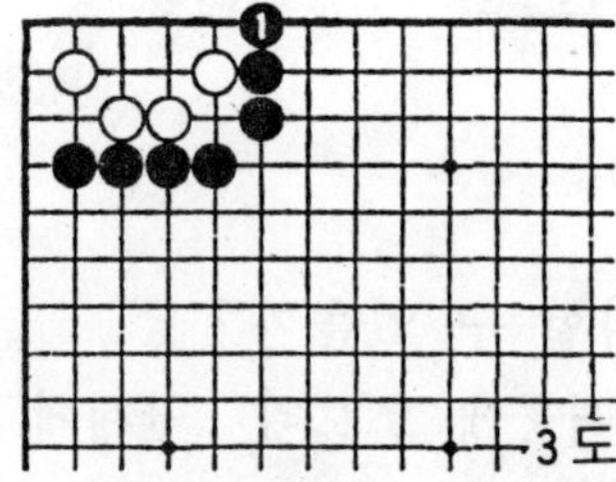

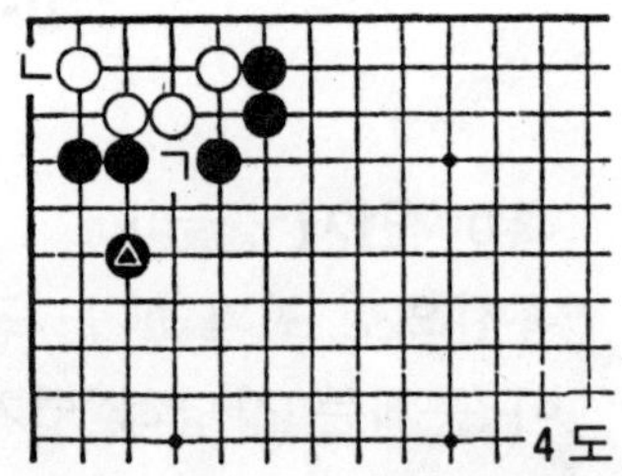

3 도 (변화) 그림의 흑 1로 내려서서 잡는 것이 실전에서 가장 유리하다. 이렇게 잡을 수 있는 방법이 세가지나 있는 것은 '사활문제'로서는 별로 좋지 않다고 할 수 있겠다.

4 도 (수정) 문제도를 이 그림과 같이 수정하는 것이 좋다고 생각된다. 흑 ▲에 두어 ㄱ의 곳 공배를 비워둔다. 이렇게 되면 흑ㄴ이 정석이다.

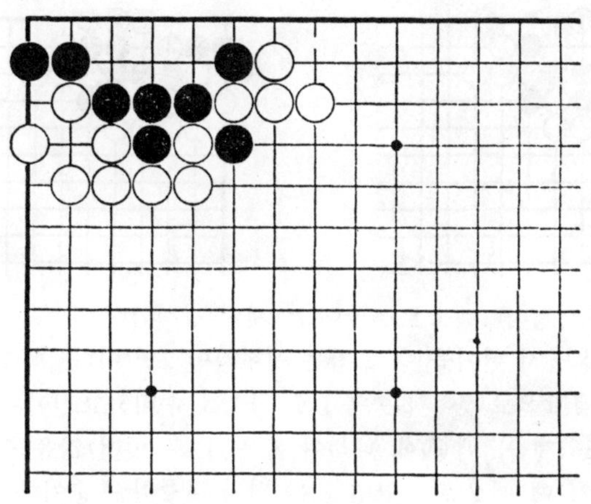

제31문

백이 먼저 둘 때

이 그림은 실전의 대국에서도 곧잘 나타나는 문제이다.

백선으로 귀의 흑을 잡는다는 것은 결코 쉬운 일이 아니다. 만약 수순이 잘못되면 흑은 알뜰하게 살아버리고 만다. 그러므로 백은 수순을 미리 정하여 흑의 급소를 찌르지 않으면 안된다.

제 일착은 어디에다가 두어야 할까? 신중한 착수를 진행해 보자.

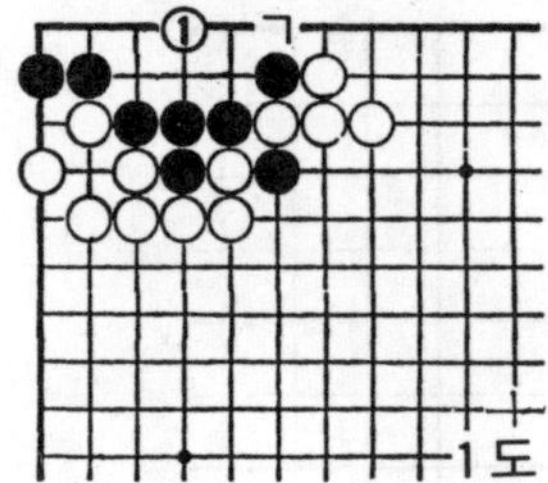

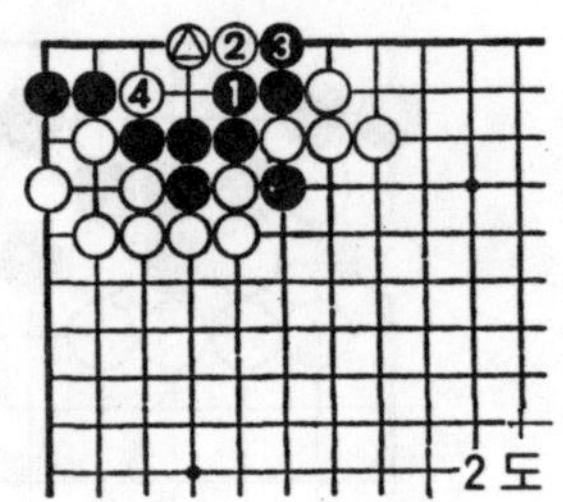

1도 (정석) 백 1로 뛰어드는 것이 정석이다.

이것 역시 뛰어듦 수로 잡는 전형적인 모양이다. 백 1 하는 대신 백ㄱ으로 젖혀서는 흑 1로 급소를 수비하고 살아난다.

2도 (계속) 백 △에 대하여 흑은 1로 잇지 않을 수 없으며 이 때 백 2로 한번 기는 것이 훌륭한 수순이다. 흑 3, 백 4 다음 흑은 스스로 눈을 메우기 때문에 어느쪽으로도 단수(單手)를 할 수 없다.

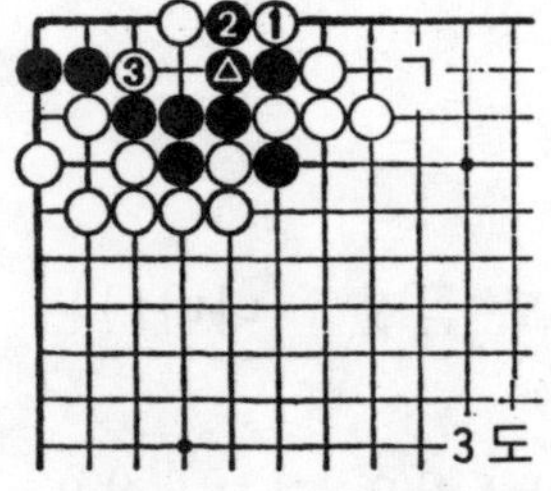

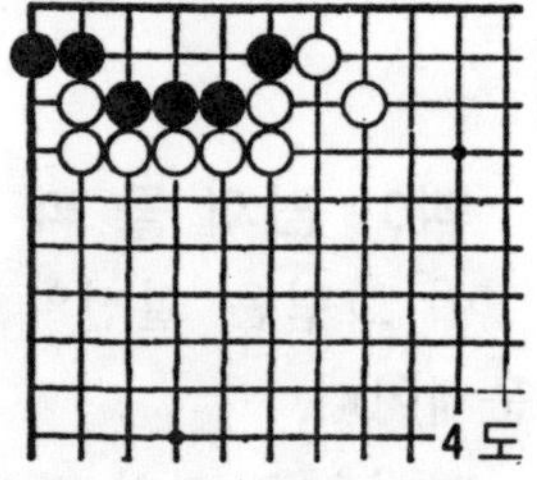

3도 (부족) 흑 ▲에 대해 백 1로 젖혀두고 흑 2에 백 3 해도 흑은 죽지만, 이것은 ㄱ부분에 흑의 주문수가 있어서 2도에 비해 좋지 않다고 하겠다.

4도 (현현기경) 현현기경에 수록되어 있는 모양인데, 모양에 무리가 없이 '잡는 수'의 의도를 잘 나타내고 있다. 이 책에서는 이 모양을 大乙眞人 이라고 이름으로 나타내고 있다.

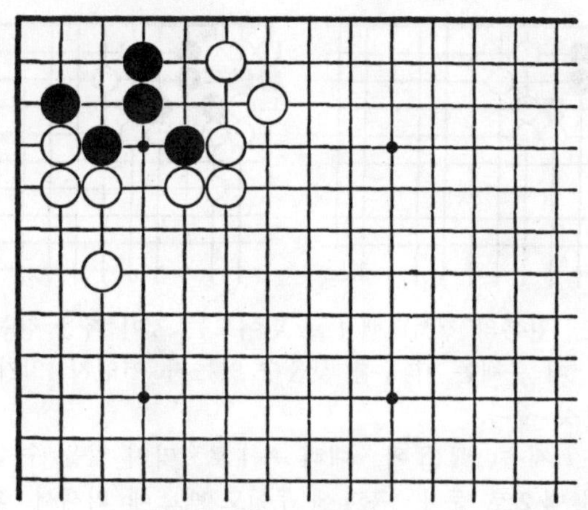

제32문

백이 먼저 둘 때

백선으로 귀의 흑을 잡을 수 있느냐 없느냐가 이 문제의 주요 안건이다.

이 문제는 그다지 어려운 문제가 아니므로 초보자라 하더라도 쉽게 문제의 해답을 찾아낼 수 있을 것이다.

여기에서도 수순이 문제가 된다.

수읽기를 하여본 후에 맥수를 짚어 보자. '잡더라도 유리하게 잡아라' 라는 말이 있다.

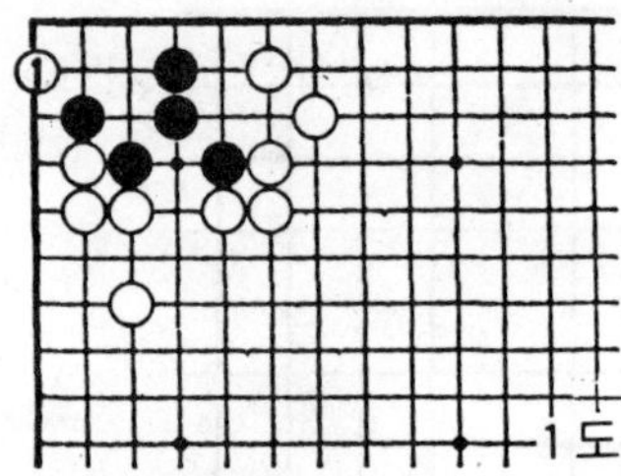

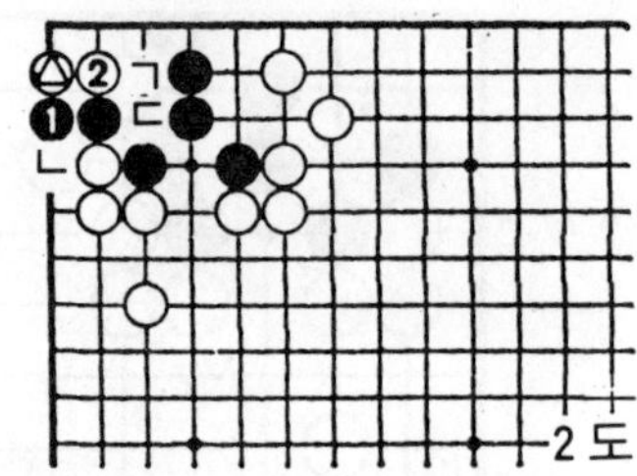

1도 (원본의 정석) 백 1로 뛰어드는 것이 흑을 잡는 맥이다. 이 문제는 이 수를 찾을수 있는지 어떤지 알기 위한 문제인것 같다.

2도 (계속) 백◬에 대해 흑 1로 막지 않을 수 없는데 그러면 백 2로 둔다. 흑ㄱ에 두어도 백ㄴ에 의해서 흑ㄷ이 불가피하므로 집이 파괴되어 버린다.

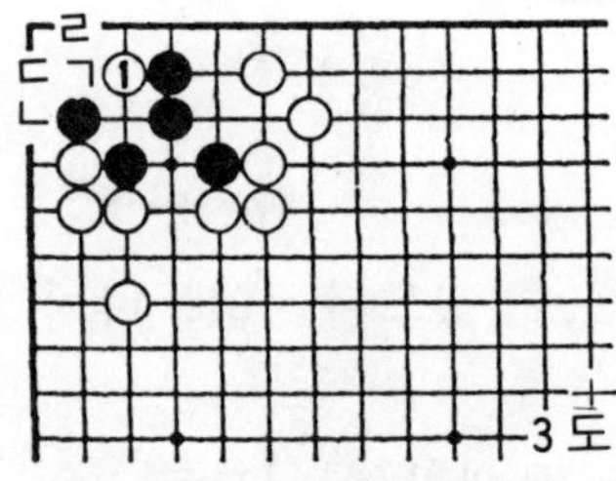

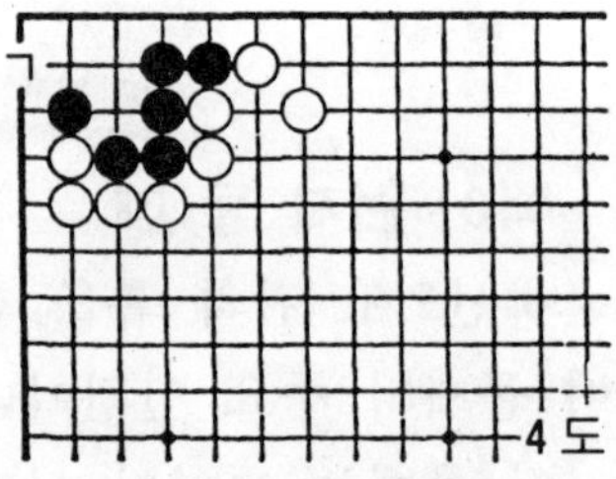

3도 (다른방법) 그림의 백 1로 두어도 흑은 죽는다. 흑ㄱ, 백ㄴ, 흑ㄷ, 백ㄹ로 되어 좋다. 이렇게 두가지의 수가 있으면 문제로는 적합하지 않다.

4도 (현현기경) 현현기경에 이 그림이 수록되어 있다. '육도사봉위(六道士逢危)'라는 이름으로 수록되어 있는데 이렇게 되면 백ㄱ이 흑을 잡는 정석으로 오히려 이것이 문제로서는 좋다고 할 수 있겠다.

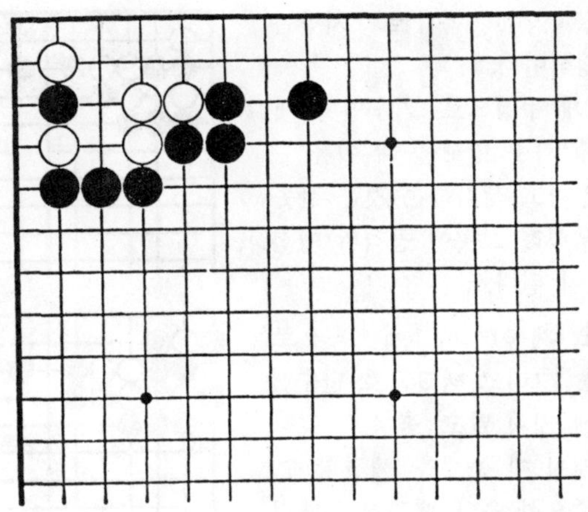

제33문

흑이 먼저 둘 때

흑이 먼저 둘 때라 하더라도 결코 안일하게 생각해서는 안된다. 잘못되면 패가 만들어지게 된다. 만약 패가 만들어진다면 흑으로서는 여간 손해가 아니다. 어떻게 해서든지 패가 만들어지지 않도록 해야 한다.

패가 만들어지지 않고, 곧장 백을 섬멸할 수 있도록 하지 않으면 안된다.

수를 찾아 보자. 제 일착은?

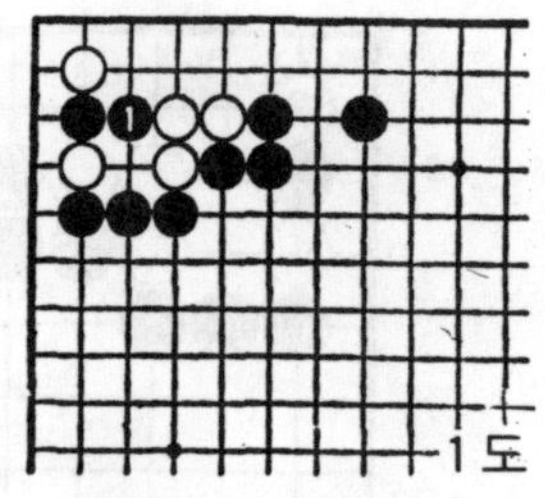
1 도

1 도 (정석) 흑 1 로 치받는 수가 정석이다.

이렇게 두점으로 키우면 뒤에 단수(單手)를 당했을 때 이을 수밖에 없다고 생각하는 것은 잘못이며 오히려 그곳이 공격의 맹점(盲點)이 된다.

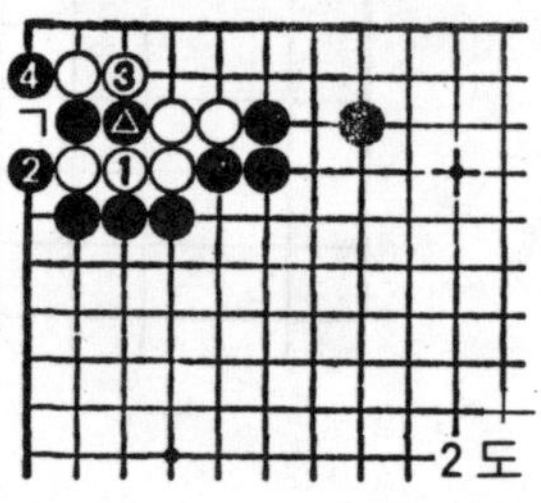
2 도

2 도 (계속) 백 1 에 흑 2 로 받는다. 그리고 백 3 으로 단수했을 때에 잇지 않고 흑 4 로 젖혀 두는 것이 이 문제를 해결할 수 있는 중요한 수다. 백ㄱ으로 때려도 흑이 바로 되때릴 수 있으므로 백은 모두 죽는다.

3 도 (변화) 흑▲에 백 1 이면 흑 2 로 젖혀둔다. 다음 백ㄱ에 흑ㄴ으로 막고 3 도와 같은 결과가 된다. 흑 2 대신 흑ㄱ에 이으면 백ㄷ으로 구부려 살아난다.

4 도 (실패) 단순히 흑 1 로 젖혀 두는 것은 백 2, 흑 3, 백 4 로 사활(死活)을 건 패싸움이 되어버린다. 패로 되어서는 실패다.

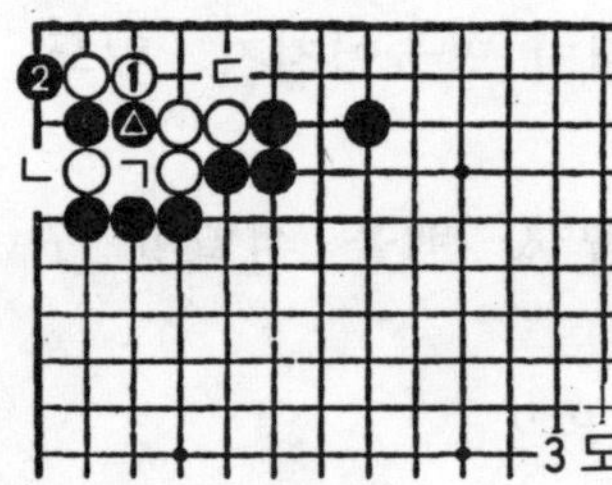
3 도

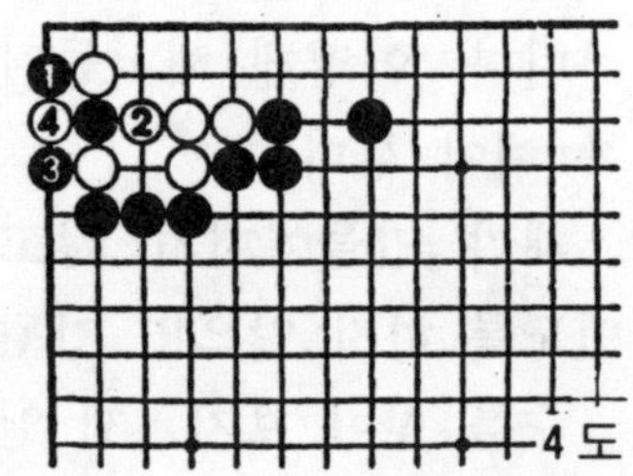
4 도

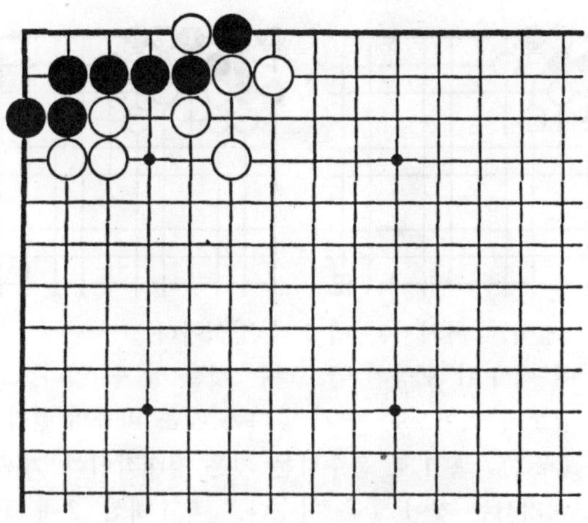

제34문

백이 먼저 둘 때

이 그림은 그다지 어렵지 않은 문제이므로 누구나 쉽게 풀 수 있으리라 믿는다. 현재 흑은 두 집을 확보할 수 있는 여건 조성을 충분히 하고 있다. 따라서 백은 무엇보다도 흑의 눈을 메꾸어서 두 집을 만들 수 있는 여건을 파괴하여야 한다.

그렇다면 어떻게 두어야 할까? 금방 감이 잡힐 것이다.

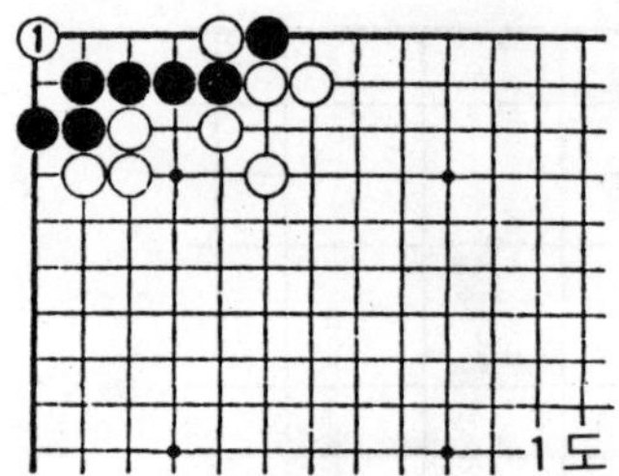

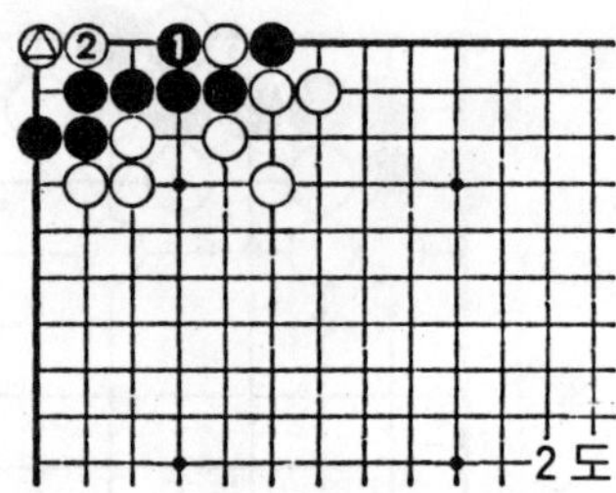

1 도 (정석) 여기서는 백 1이 정석이다.

바로 이 백 1이 모양의 급소라는 것을 알 수 있다. 그리고 이러한 급소에 뛰어드는 수가 좋다는 것은 바둑의 철칙이다.

2 도 (계속) 흑 1로 응수하는 것은 절대적이다. 계속해서 백 2로 내려서는 것이 좋은 착수다. 흑 1대신 2에 두면 백로 먹여치는 수가 있어 곤란해진다.

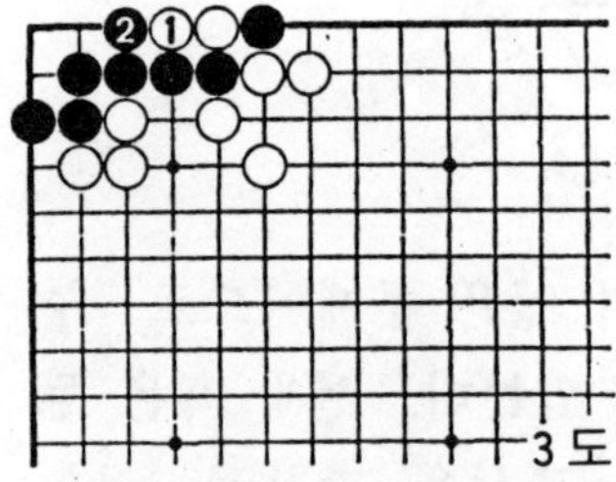

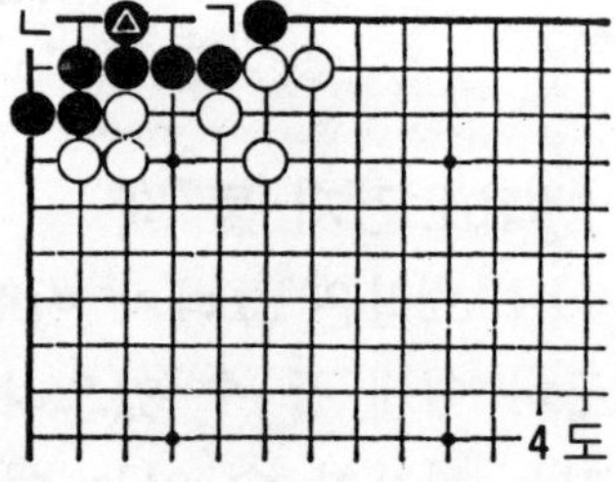

3 도 (실패) 그림의 백 1로 뻗는 것은 오히려 상대방이 환영하는 수이다. 흑은 즉시 2로 백 두점을 잡아버린다.

4 도 (계속) 흑 ▲로 이렇게 때린 다음 흑은 ㄱ과 ㄴ을 맞보아 완전히 산다. 이렇게 되면 죽은 흑을 살려준 결과가 되어 버린다.

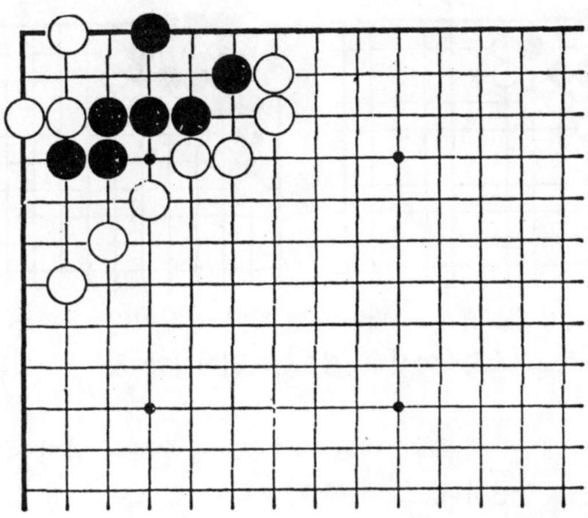

제35문

백이 먼저 둘 때

이 그림은 실전에서도 자주 나타나는 문제이므로 신경을 써서 익혀 두도록 해야 할 것이다.

이 모양은 결코 쉬운 문제가 아니다. 수순을 정확하게 알고 있지 못하면 결코 성공을 거둘 수가 없을 것이다. 백은 귀에 들어가 있는 백 3점을 충분히 활용할 수 있어야 한다.

백은 흑의 급소를 찌르도록 해야 한다. 자, 수를 찾아 보자.

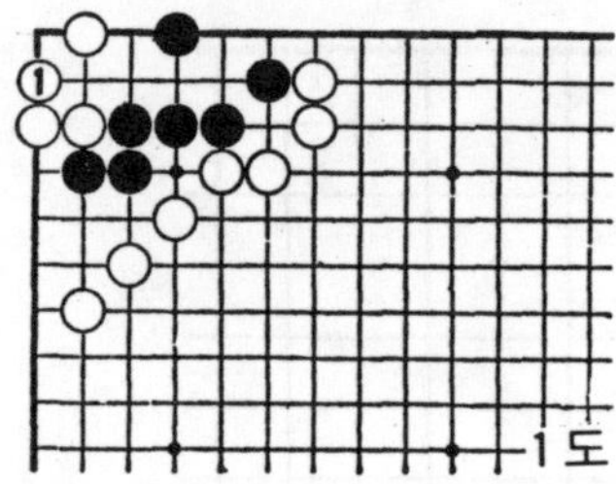

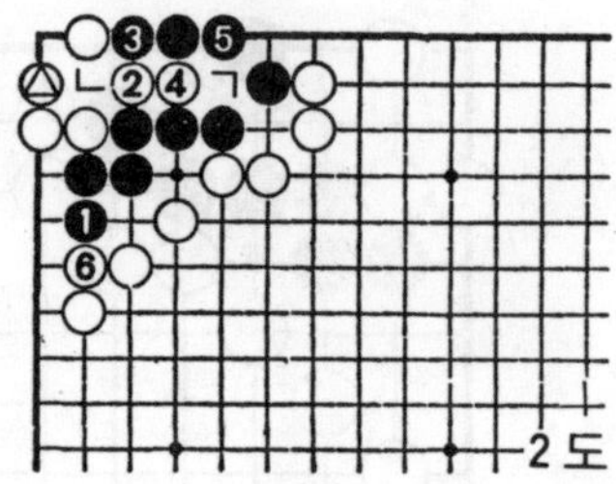

1 도 (정석) 백 1 로 달아나는 것이 정석이다.

이 수는 최소한 여섯수 정도는 읽어야만 둘 수 있는 것이다.

2 도 (계속) 백 △ 에 대해 흑 1 로 응수하여 넘지 못하게 막는 것은 당연하다. 그때 백 2, 4 다음 6 으로 늘면 흑은 끝장이다. 다음에 흑ㄱ에 두어도 백은 잇지 않고 손을 빼고 흑ㄴ, 백 2 가 된다.

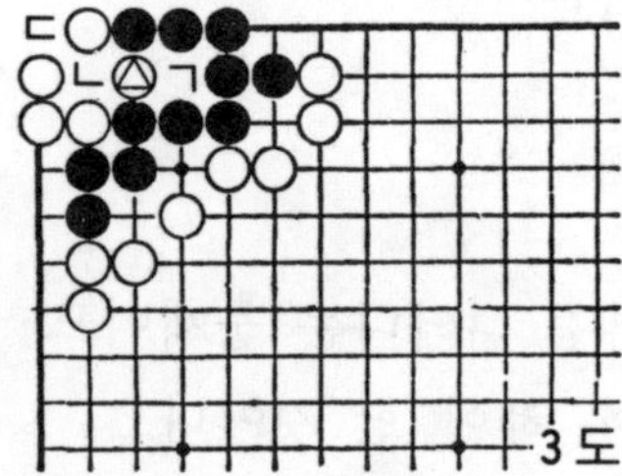

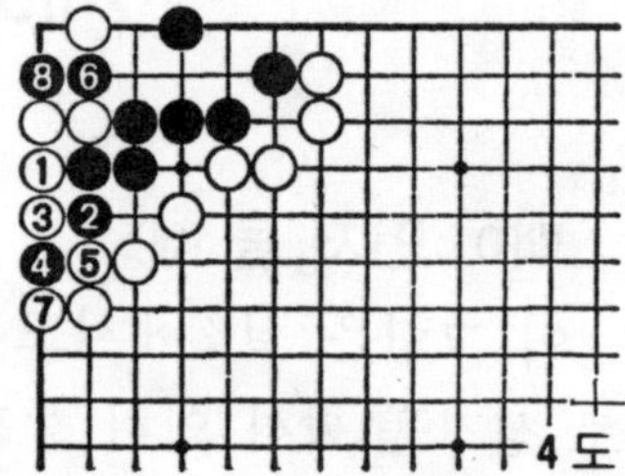

3 도 (계속) 결국 그림과 같은 모양이 되어 흑ㄱ에는 백ㄴ으로 잇고 마지막에는 흑ㄷ으로 백 한점을 따내면 백ㄴ으로 뛰어들어 '매화육궁(梅花六官)' 이 되어서 흑은 두 집을 확보하지 못한다.

4 도 (실패) 성급하게 백 1 로 넘어가면 흑 2 이하 8 까지 흑은 가볍게 살아버린다.

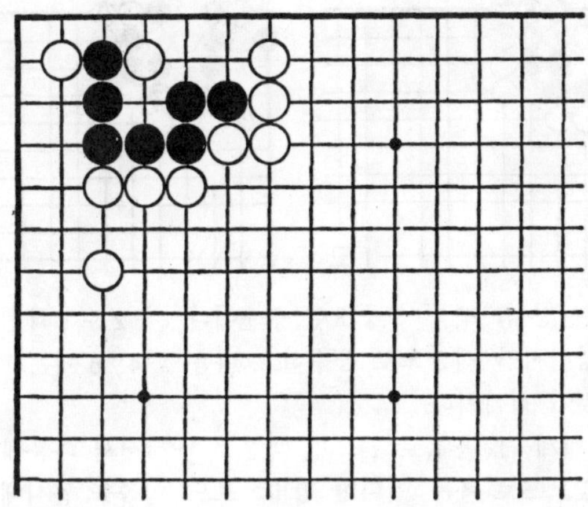

제36문

백이 먼저 둘 때

이 모양도 실전에서 자주 나타나는 문제이므로 각별한 관심을 가지고 익혀둘 수 있도록 노력하기 바란다.

착수를 진행하기 전에 충분한 수읽기를 하여, 올바른 수순을 밟아야 한다.

변화무쌍한 바둑의 법칙을 이해하지 않으면 곧잘 실패하게 되므로 신중히 생각하여 착수를 진행하도록 하여야 한다.

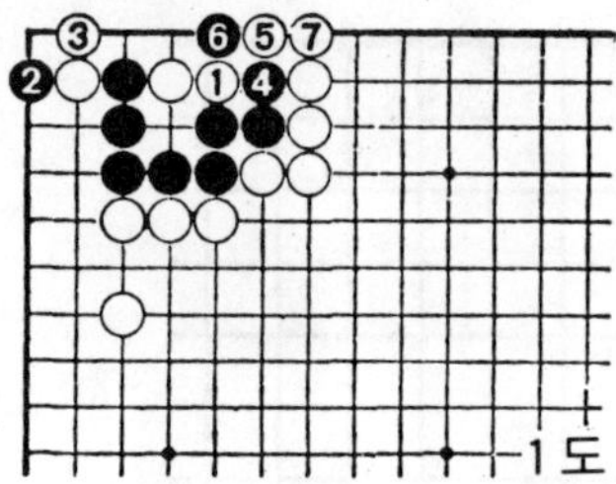

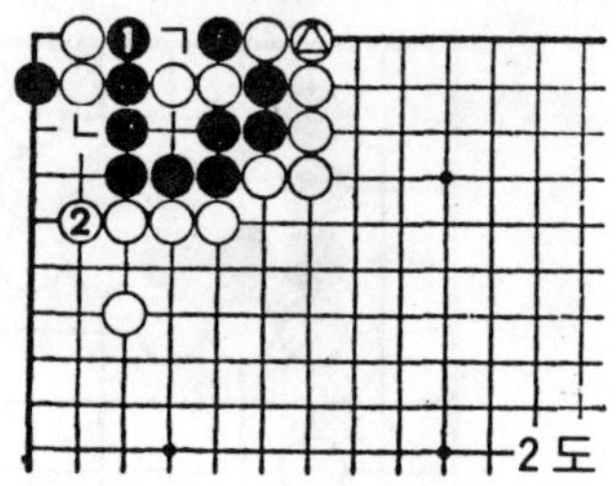

1 도 (정석) 백 **1** 이 중요한 수순이다. 흑 **2** 로 최선을 다해 저항하지만 백 **3** 으로 응수하고 다음 흑 **4**, **6** 에는 백 **7** 로 잇는 것이 정석이다.

2 도 (계속) 흑 **1** 로 끊으면 백 **2** 로 내려서서 다음에 ㄱ과 ㄴ을 맞보므로 흑은 어떠한 방법으로도 양쪽을 동시에 잡지는 못한다.

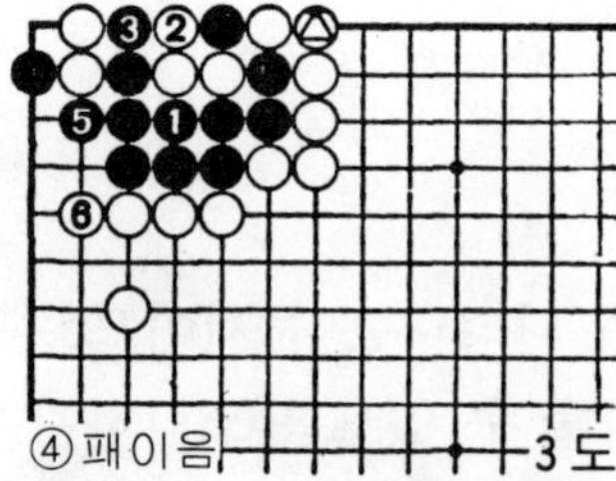

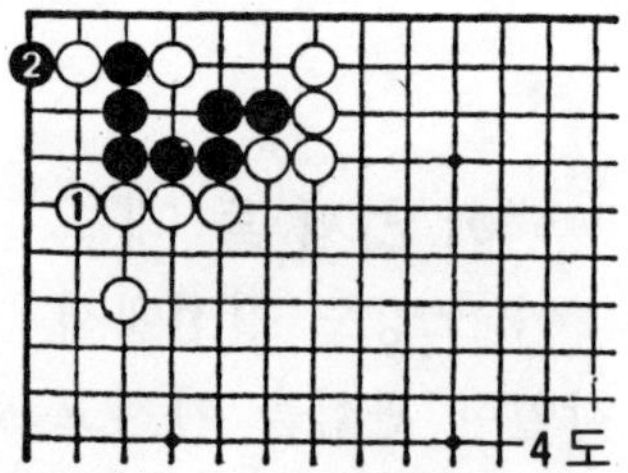

3 도 (변화) 백 △ 일 때 흑 **1** 로 단수하면 백 **2** 로 따내고 흑 **3** 에는 백 **4** 로 흑 한점을 때린 곳에 잇는다. 자충수가 되는 관계로 흑 **6** 으로 젖혀두지 못하므로 흑은 집이 하나다.

4 도 (실패) 생각없이 백 **1** 로 내려서면 흑 **2** 의 수가 있어서 안된다. 왜냐하면 오른쪽이 자충이 되지 않기 때문이다.

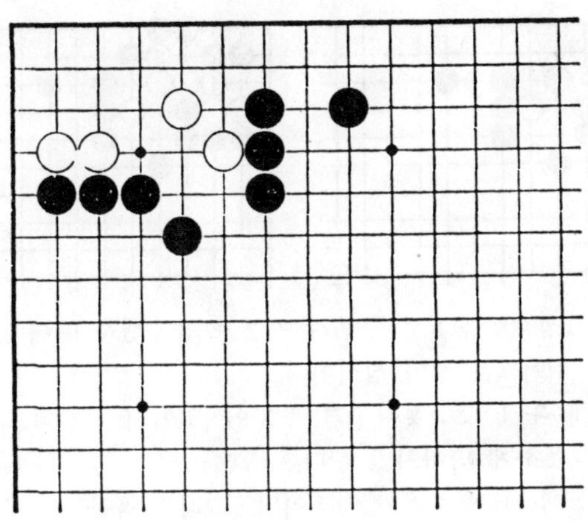

제37문

흑이 먼저 둘 때

이 그림 역시 상당히 어려운 수준급의 문제이다.

그러나 수순만 제대로 읽을 수 있는 사람이라면 그다지 어렵지 않게 문제의 해답을 구할 수가 있을 것이다.

여기에서는 제 일착이 중요하다. 흔히 생각할 때에는 귀에서부터 뛰어들어 공격하는 것이 정석인 것처럼 착각하기 쉽다.

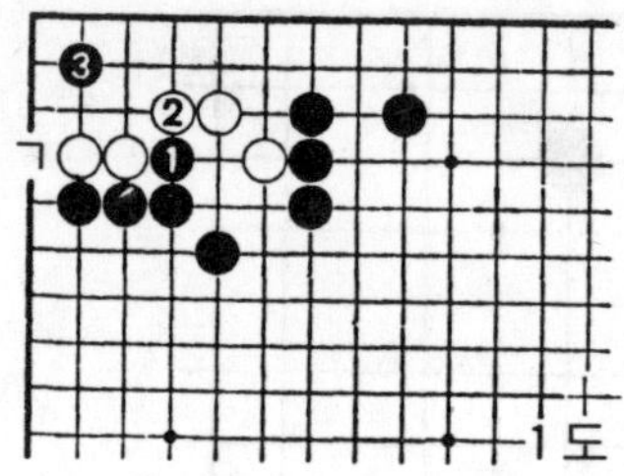

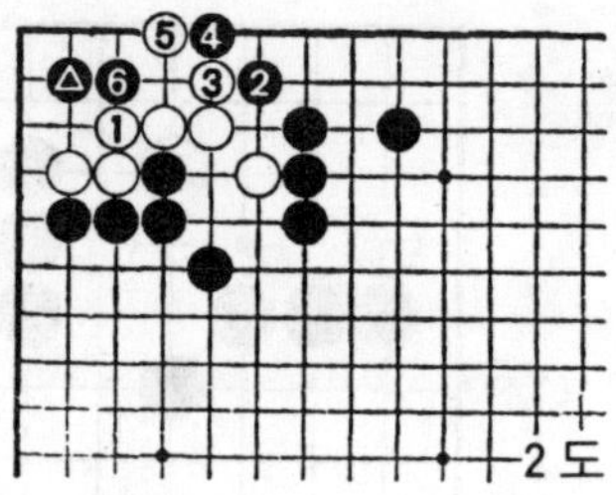

1도 (정석) 흑 1로 구부려 백 2로 응수했을 때에 급소인 흑 3에 뛰어드는 것이 정석이다.

다음에 흑ㄱ으로 젖혀두면 흑 3이 있어서 살게되므로 백은 넘지 못하게 막아야만 한다.

2도 (계속) 백 1은 필연적이다. 그러면 흑은 2, 4로 상대방의 궁도를 좁힌 다음 6으로 뛰어든 수를 키운다. 이렇게 되면 백은 모두 죽게 된다.

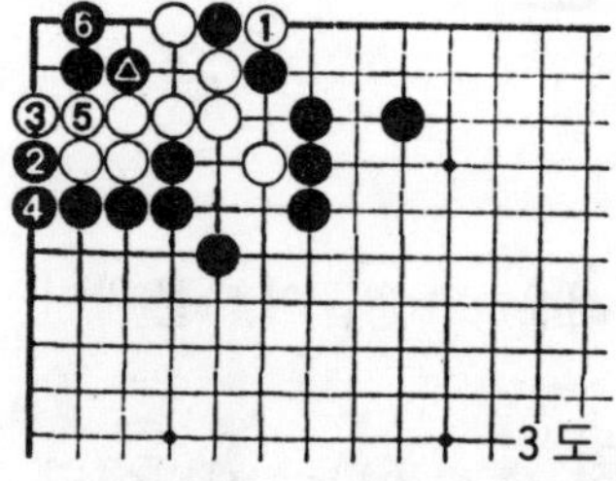

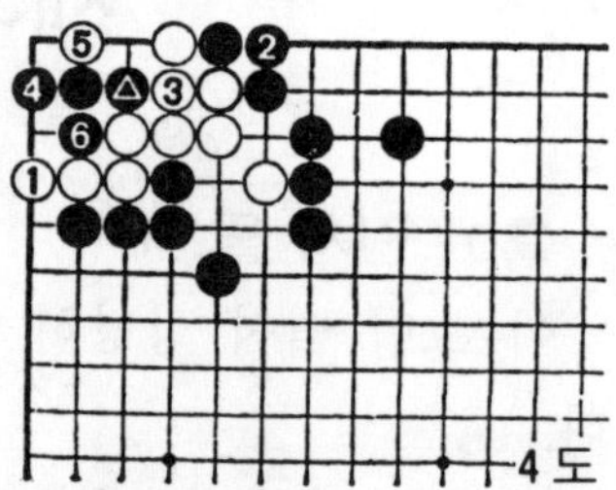

3도 (계속) 계속해서 백 1로 때리면 흑은 2, 4로 매듭짓고 나서 6의 곳에 내려서 뛰어듦수로 유인해 낸다.

4도 (변화) 3도의 백 1로는 그림의 백 1에 내려서면 흑 2로 잇고, 백 3은 필연적인 수가 된다. 그때 흑 4가 중요한 곳이다. 그리고 백 5이면 흑 6으로 두어 다섯집 뛰어듦수로 유인한다. 흑 6을 소홀히 할 경우 백 6을 당해 빅이 되고만다.

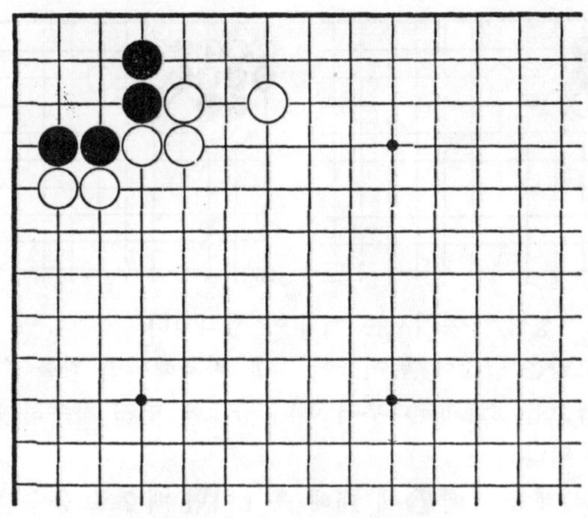

제38문

백이 먼저 둘 때

이 모양은 그다지 어렵지 않은 문제이다. 현재 흑의 세력은 불안전하므로 그 약점을 이용하여 공략한다면 충분히 성공할 수 있을 것이다.

여기에서도 수읽기가 필요하다. 올바른 수순을 찾지 못하면, 제아무리 쉬운 문제라 하더라도 수순이 올바르지 못하면 결코 해답을 구할 수가 없는 것이다. 그러므로 항상 올바른 수순을 찾아내기 위하여서는 수읽기를 선행(先行)하자.

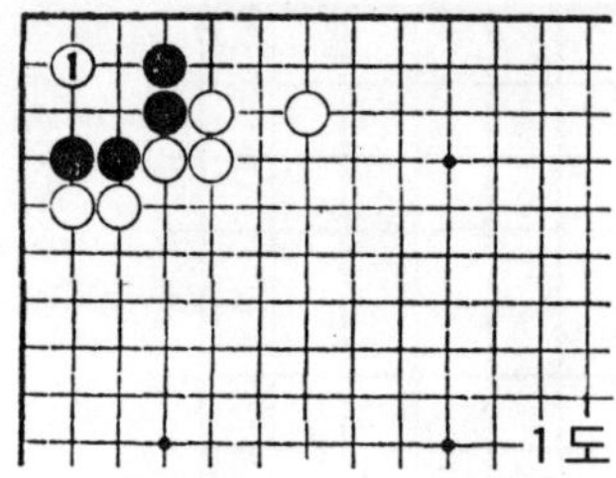
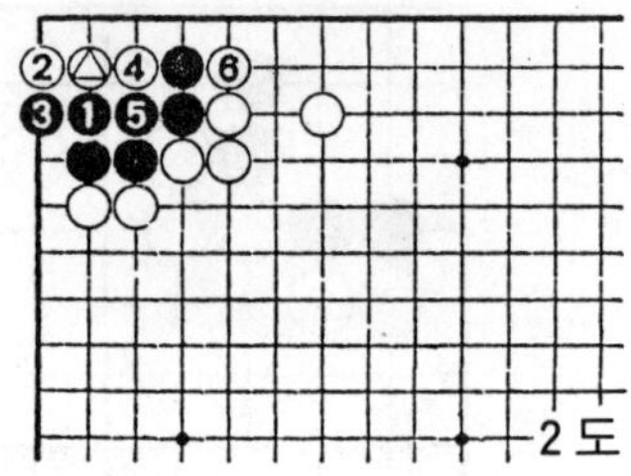

1 도 (정석) 여기서는 백 1 이 정석이다.

이 모양은 급소에 뛰어들어 집을 파괴해야만 잡을 수 있다. 만약 급소를 소홀히 다루어 흑이 급소에 먼저 착수하면 살아버리게 된다.

2 도 (계속) 백 △에 대해 흑 1 이면 백 2 로 응수한다.

흑 1 대신 흑 2 에 두면 백 1 로 살지 못한다.

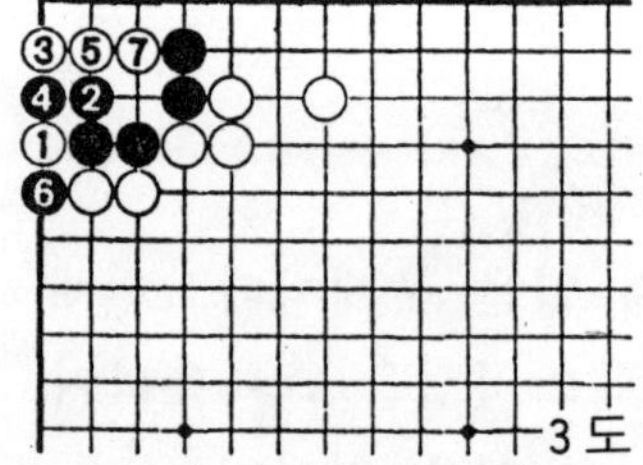
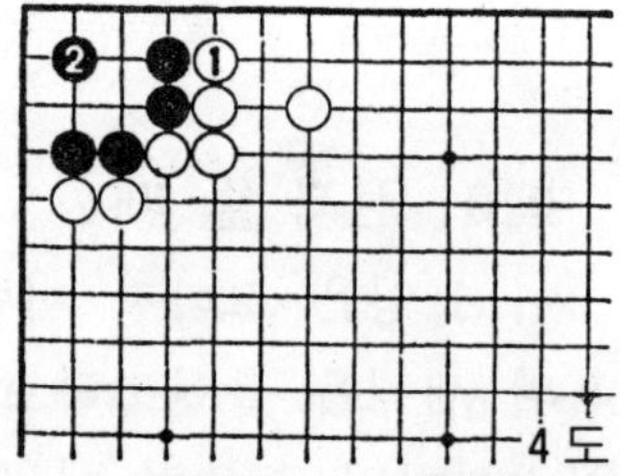

3 도 (다른 방법) 백 1 에 젖혀두어도 흑은 살지 못한다. 흑 2 로 구부리면 백 3 으로 뛰고 이하 7 까지 흑은 어렵게 된다. 젖혀도 죽고 뛰어들어도 죽는 것이므로 '사활문제'로서는 적합하지 못하다.

4 도 (실패) 그림의 백 1 로 두어 흑 2 를 허용하는 것은 초보자들이 흔히 하는 실수인데 이것은 흑을 살려주는 결과가 되어 실패이다.

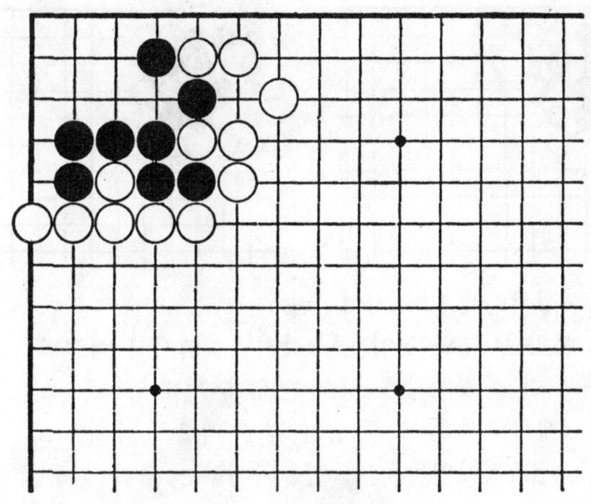

제39문

백이 먼저 둘 때

이 그림은 상당히 어려운 수준급의 문제이다. 만약 이 문제를 자신있게 풀 수 있는 사람이라면 가히 상당한 실력의 소유자라 할 수 있을 것이다.

상대방의 돌을 잡는 문제의 대표적인 그림이다.

여기에서는 제 일착이 중요하다. 백으로서는 흑의 급소를 찾아서 공격해야 한다. 과연 어디에다가 두어야 할 것인가? 자, 수를 찾아 보자.

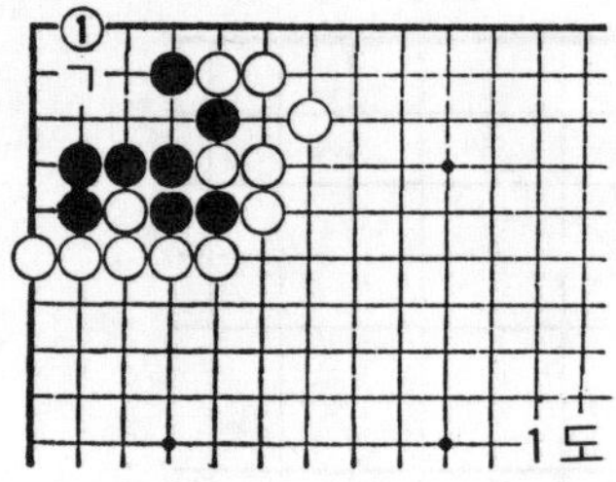
1 도

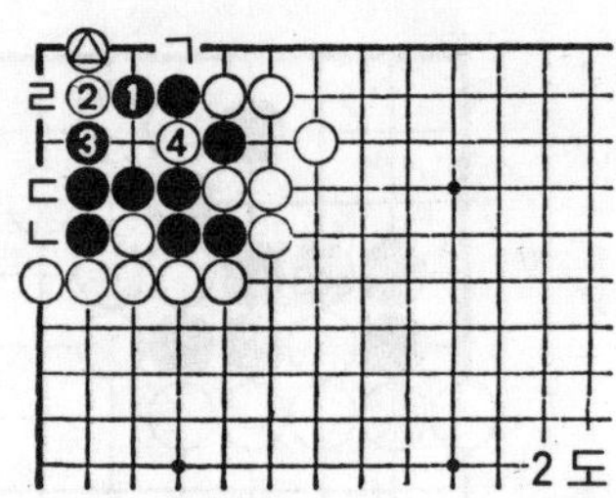
2 도

1 도 (정석) 백 1 이 정석이다.

흑의 모양은 ㄱ의 곳이 급소같지만, 여기서 백ㄱ에 뛰어들면 흑 1 의 붙임수를 당해 어렵게 된다.

2 도 (계속) 백△에 흑 1 일 경우 백 2 로 응수하고 흑 3 일때 백 4 로 먹여치는 것이 집을파괴하는 수와 다음에 ㄱ의 곳에 넘는 수를 가진 좋은 수이다. 흑ㄱ으로 넘지 못하게 수비하면 백ㄴ, 흑ㄷ, 백ㄹ로 전부 죽는다.

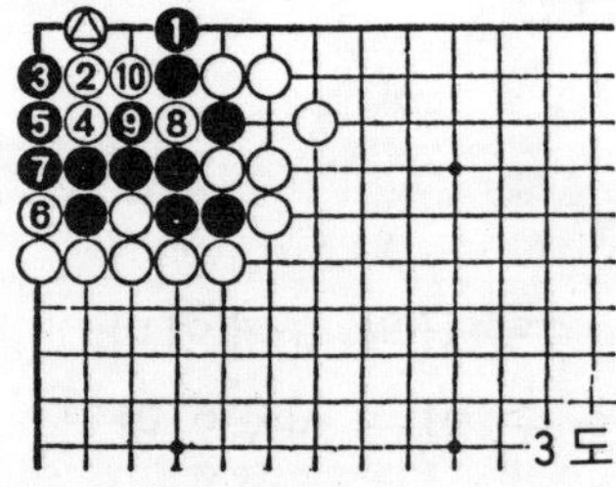
3 도

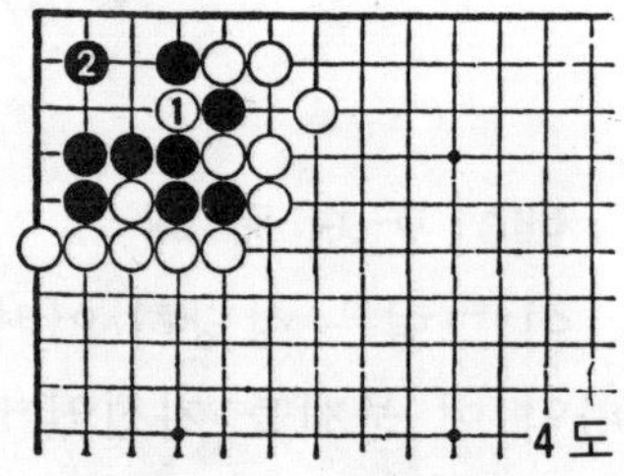
4 도

3 도 (변화) 백△에 흑 1 로 내려서면 백 2 로 응수한다. 흑 3 에 두어 '유가무가'를 방지하면 백은 4, 6 부터 8 로 상대의 궁도를 좁힌 다음 10으로 뻗으면 다섯집 뛰어듦 수로 살지 못한다.

4 도 (실패) 백 1 로 먹여쳐 잡게 한 다음 2 의 급소에 뛰어들어 잡으려고 하면 흑은 때리지 않고 흑 2 에 먼저 착수해서 살아난다.

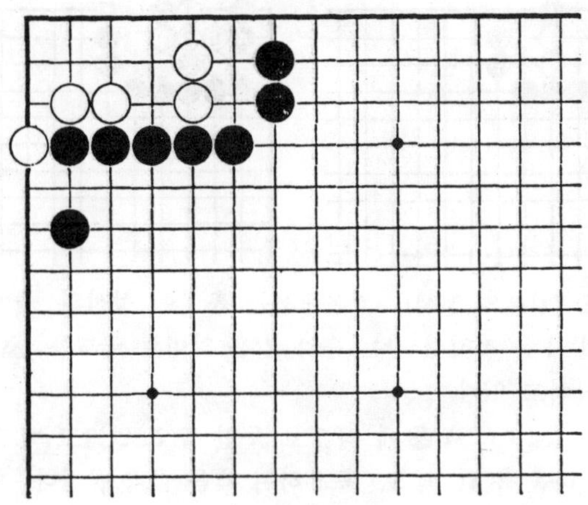

제40문

흑이 먼저 둘 때

흑선으로 귀의 백을 공략하는 것이 가능할까?

이 모양은 의외로 쉬운 문제이다. 귀의 백을 공략할 수 있는 방법이란 다름 아닌 접근전이다. 잡으려면 젖혀라는 바둑의 격언이 있다. 이 격언을 이 모양에도 적용시켜 보면 어떨까?

흑으로서는 첫 착수를 어디에다가 두어야 할 것인지, 신중을 기하여 진행하지 않으면 안된다.

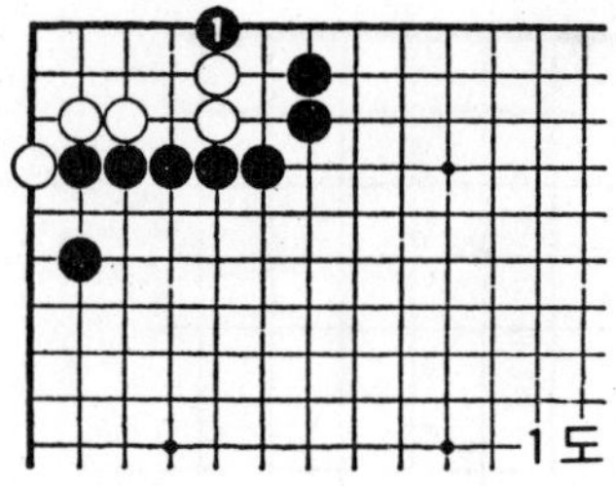

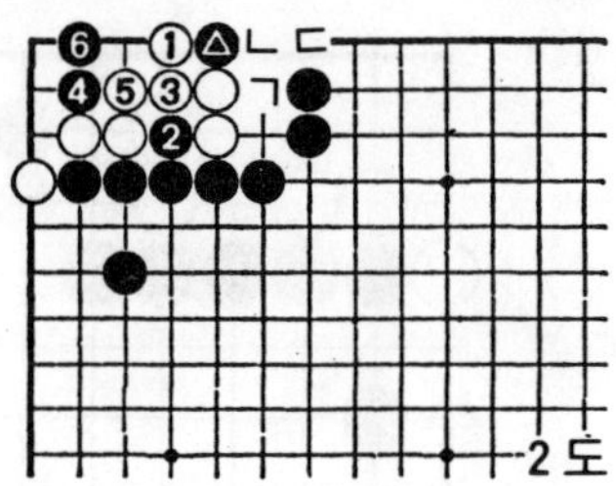

1도 (원본의 정석) 원본에서는 흑 **1**이 정석의 출발점이다. 이 **1**은 젖혀서 잡는 수와 같은 의미로 궁도를 좁히는 역할을 하고 있다.

2도 (계속) 흑▲에 백 **1**로 두면 흑 **2**로 뚫고 백 **3**으로 둔다. 다음 흑 **4**, 백 **5**, 흑 **6**하여 백은 꼼짝 못한다. 백ㄱ, 흑ㄴ, 백ㄷ 해도 흑ㄴ의 먹여치는 수가 있으므로 백은 살지 못한다.

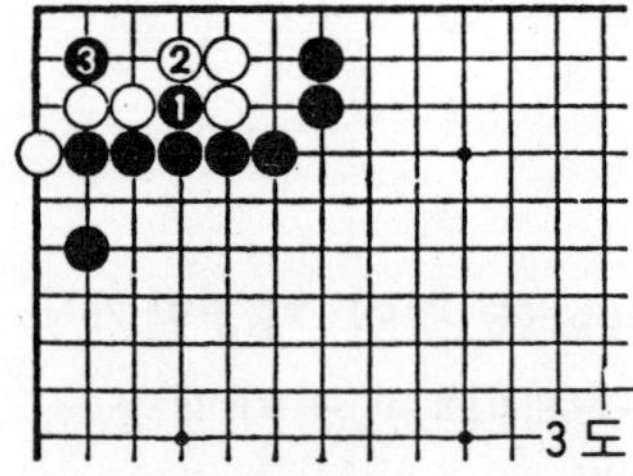

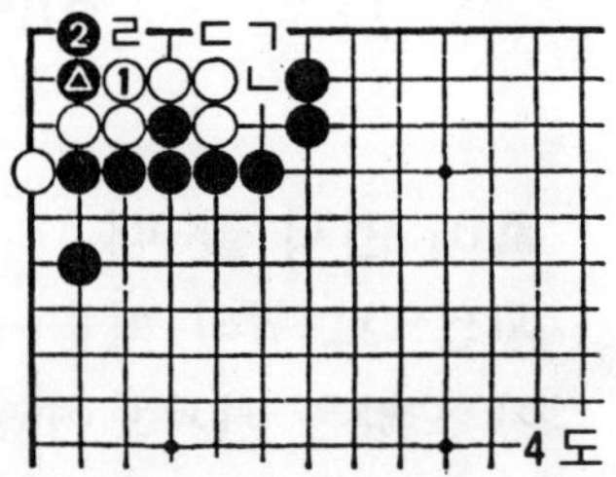

3도 (다른 방법) 먼저 흑 **1**로 뚫고 나가 백 **2**로 구부려 막았을때 흑 **3**해도 백을 쉽게 잡을 수 있다. 결국 백을 잡는 수순이 두가지가 있어 '사활문제'로는 적당하지 않다.

4도 (계속) **3**도의 다음은 백 **1**, 흑 **2**가 된다. 백ㄱ이 이라면 흑ㄴ, 백ㄷ, 흑ㄹ이 된다. 흑 **2**의 수는 흑ㄹ에 두어도 무방하다.

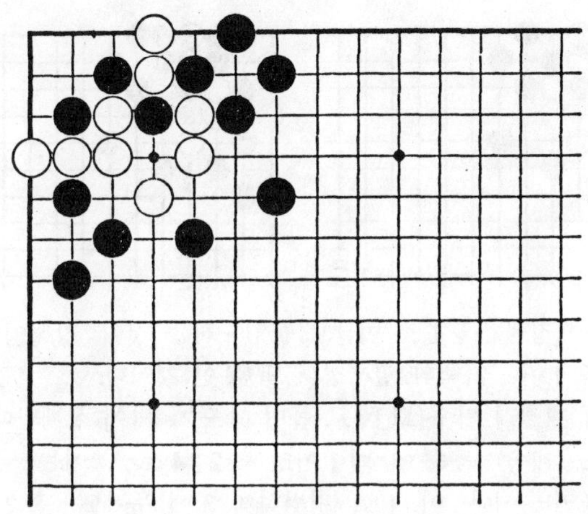

제41문

흑이 먼저 둘 때

언뜻 보면 상당히 복잡해 보이는 그림이다. 수순적으로는 상당히 어려운 문제임에 틀림없다. 그렇다고 너무 두려워할 필요까지는 없다. 수읽기만 어느정도 할 수 있는 사람이라면 능히 문제의 해답을 찾아낼 수 있을 것이다.

아뭏든 신중을 기하여 수순을 진행시켜야 한다. 너무 서두른다든지, 또는 너무 소홀히 하면 결국 실패하게 되기 때문이다.

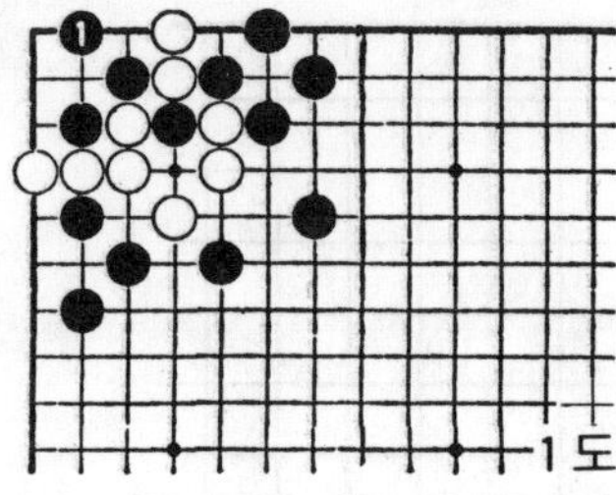

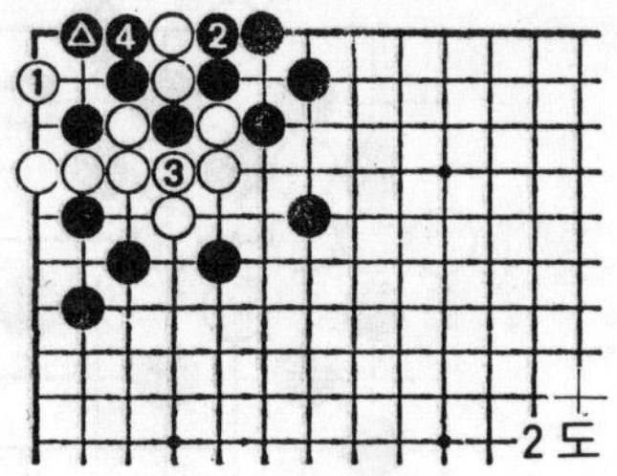

1 도 (정석) 흑 1 로 마늘모 붙임수하는 것이 정석이다. 이흑 1이 흑, 백의 필쟁점(必爭點)인 것이다.

흑이 재빨리 단수(單手)로 몰면 4 도가 되어 실패한다.

2 도 (계속) 흑▲에 백 1 이면 흑 2, 4 로 조이는 것이 필요한 수순이다. 이 1 로 평범하게 3 에 두어도 흑 2 하여 흑은 4 와 1 의 곳을 맞보게되므로 결과는 똑같이 된다.

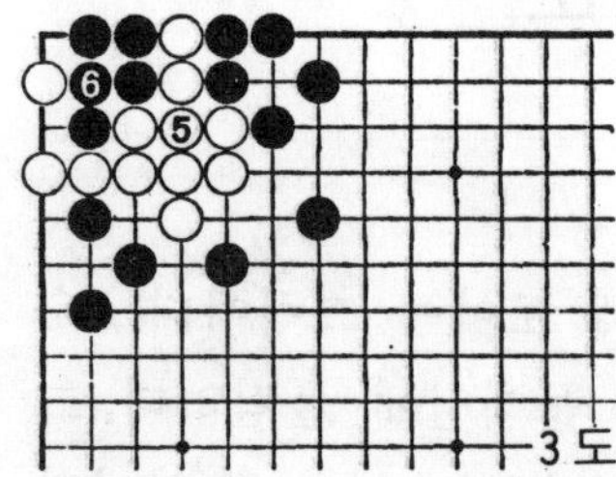

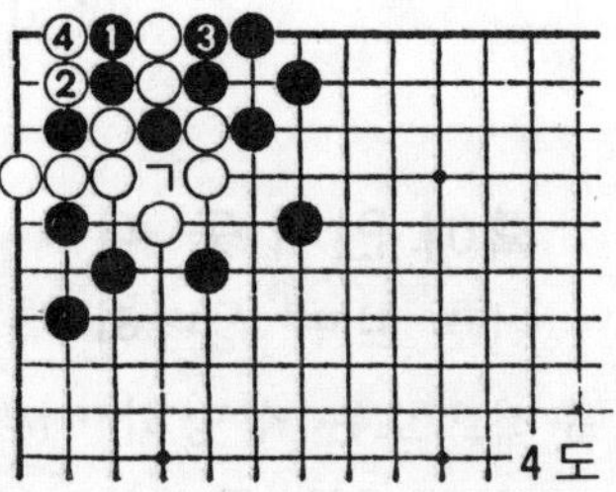

3 도 (계속) 백 5 로 이으면 흑 6 으로 잇는다. 이것은 다섯집 뛰어듦수로 백은 모두 죽는다.

4 도 (실패) 성급하게 즉시 흑 1 로 단수하면 백 2 로 끊겨 흑 3 으로 잡아도 백 4 로 살아버린다. 흑 1 로는 먼저 3 으로 단수해도 백 4 를 당하면 이하 흑 2, 백ㄱ, 흑 1, 백이음 이렇게 되어 뛰어듦수가 성립하지 않는다.

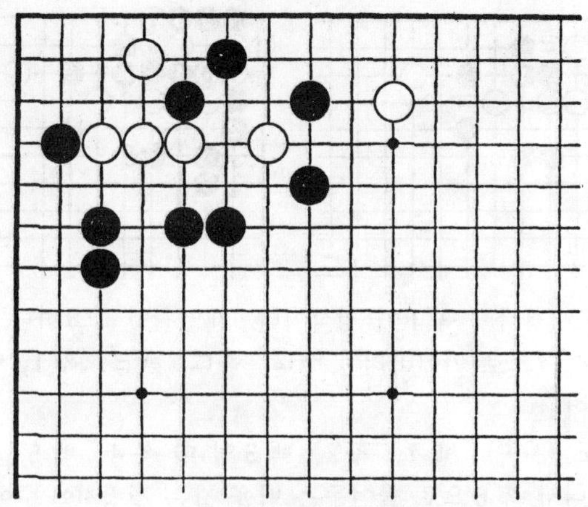

제42문

흑이 먼저 둘 때

이 그림은 상당히 수준 높은 문제이다.

흑선으로 귀쪽의 백을 잡을 수 있느냐 하는 것이 이 문제의 주요 안건이다.

이 문제를 무난히 풀 수 있는 사람이라면 상당한 실력에 도달해 있다고 보아야 할 것이다.

여기에서 흑은 오른쪽으로 밀고 나오는 백에 대하여 경계를 강화해야 한다. 문제는 흑이 외벽을 어떻게 막을 수 있겠느냐 하는 것이다.

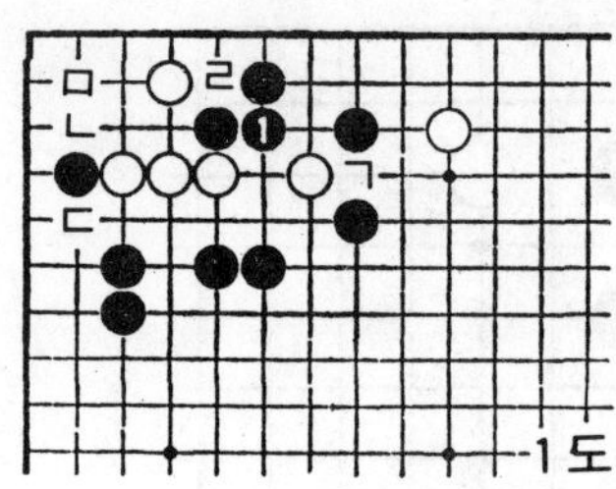
1도

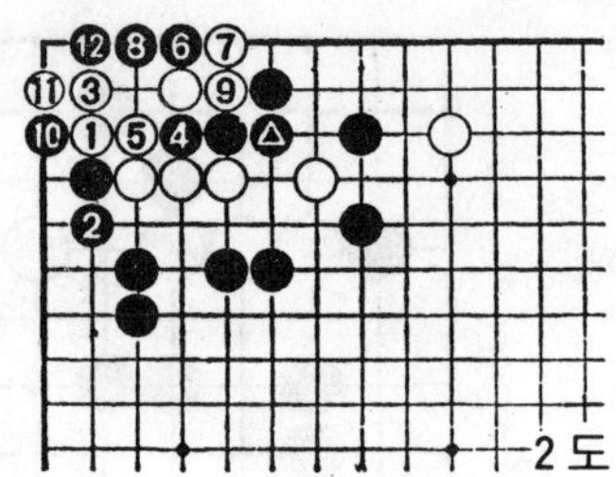
2도

1도 (정석) 흑 1이 정석이다. 제일착이 중요하다. 평범하게 흑ㄱ으로 이어버리면 백ㄴ, 흑ㄷ, 백ㄹ, 흑 1, 백ㅁ으로 살아난다.

2도 (계속) 백 1, 흑 2, 백 3일 때 흑 4, 백 5를 교환하고 나서 흑 6으로 붙여두는 백을 잡는 결정적인 수이다. 백 7, 9는 필연적인 수로 흑 10, 12로 집을 파괴한다.

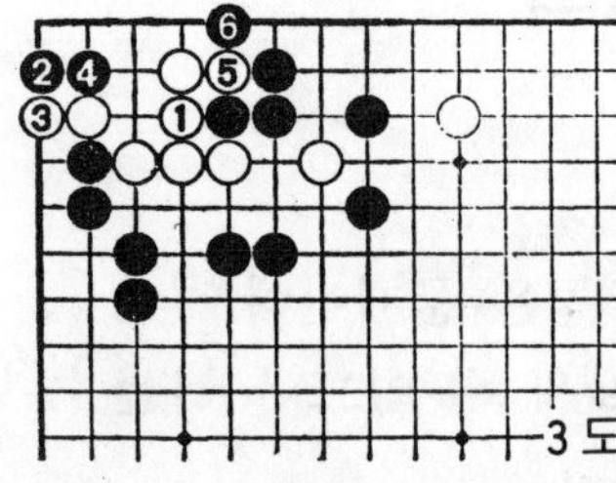
3도

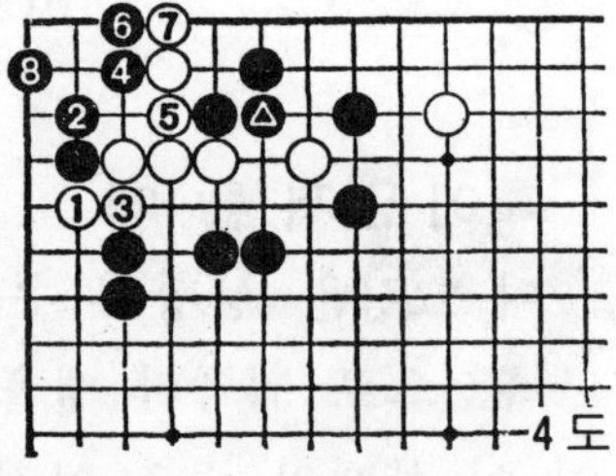
4도

3도 (변화) 이 그림은 2도의 백 3에서의 변화다.

백 1로 이으면 흑 2에서부터 공격한다. 이 흑 2가 중요한 수인데 2대신 4에 두면 백 2하여 패가 만들어진다. 흑 4, 6하면 백은 살지 못한다.

4도 (변화) 처음 흑 ▲일 때 백 1로 바깥쪽에 젖혀두는 것은 흑 2이하 흑 8까지 귀살이 해 버린다. 흑이 귀살이 하면 백은 전부 죽게 된다.

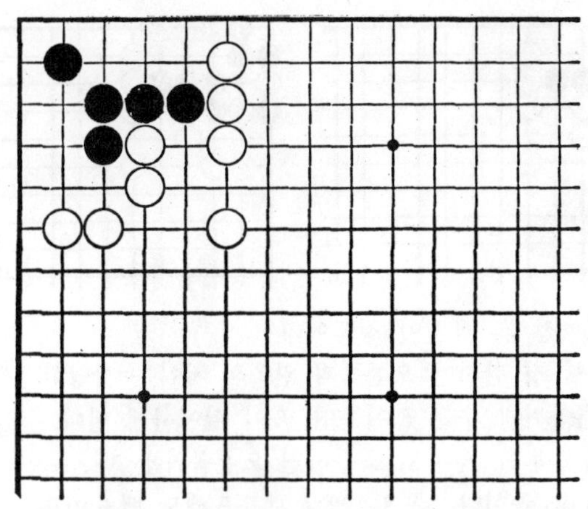

제43문

백이 먼저 둘 때

백은 흑을 보다 효과적으로 공격하지 않으면 안된다. 현재 흑은 좌우로 날개를 펼치고 있다. 백은 좌우의 어느 곳에서부터 공격을 시작해야 하는가?

어느 쪽부터 공격을 시작해야 하는지는 신중히 검토해서 결정을 내려야 한다. 무턱대고 아무 쪽에서나 시도하게 되면 결국 엉뚱한 결과가 나오게 된다.

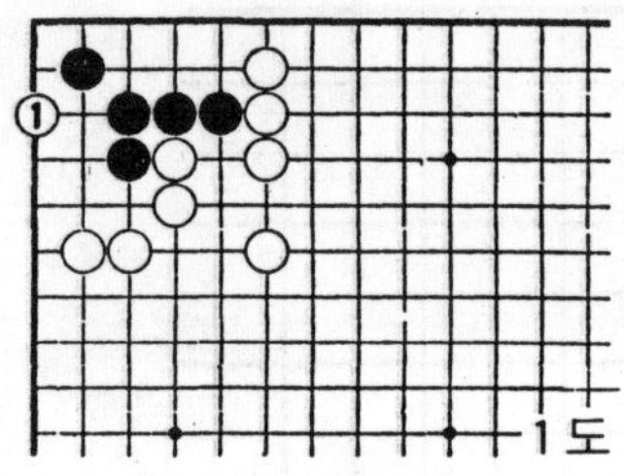
1도

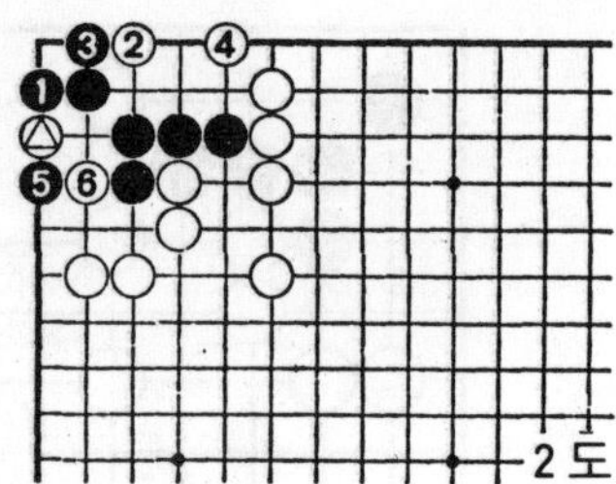
2도

1도 (정석) 백 1 이 정석이다.

비슷할 것 같지만 오른쪽과 왼쪽의 차이는 상당한 것이어서 오른쪽위에 수를 붙여두면 흑이 살아나게 된다.

2도 (계속) 흑 1 로 응수하면 오른쪽위에 백 2 로 두어 흑의 궁도를 좁힌다. 흑 3, 백 4, 흑 5 해도 백 6 이면 흑은 두개의 집을 갖추지 못해 죽는다.

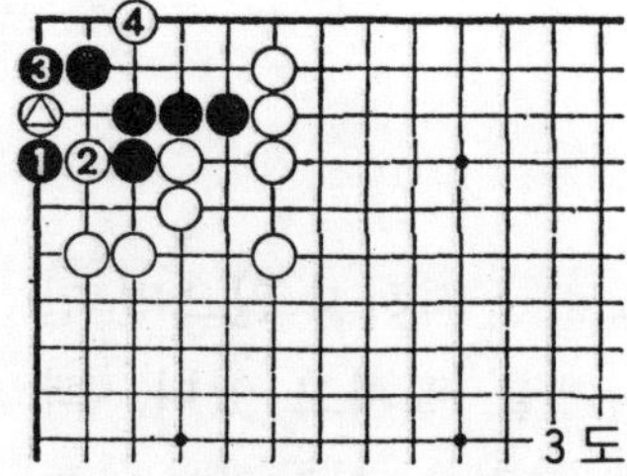
3도

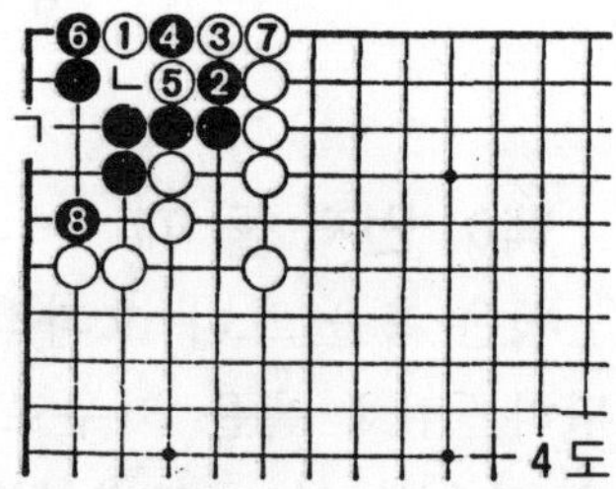

4도

3도 (변화) 백 △에 흑 1 이면 백 2 로 응수한다. 그리고 흑 3 일 때 백 4 에 두면 결국 2도와 같이 된다.

4도 (실패) 먼저 백 1 로 착수하면 흑은 2 에서 6 까지 선수를 행사한 다음 흑 8 로 살아버린다. 백 7 로 ㄱ에 두면 흑ㄴ의 단수를 당해서 실패가 된다.

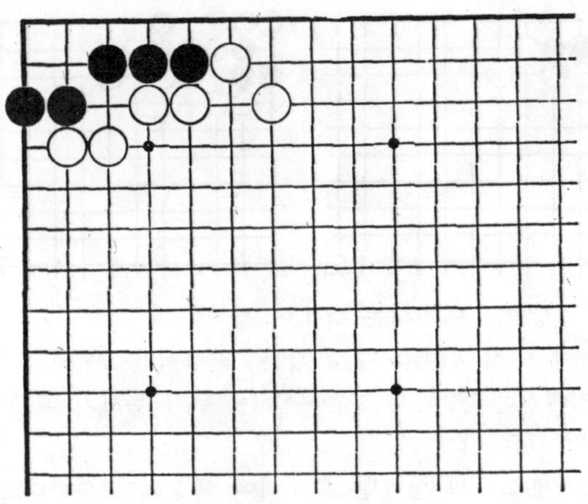

제44문

백이 먼저 둘 때

이 문제는 그다지 어렵지 않으나, 소홀히 하면 틀리기 쉽다.

백은 흑의 급소를 찔러야 한다. 상대방의 돌을 잡기 위해서는 항상 상대방의 급소를 찌르는 것을 습관적으로 익혀야 한다. 아울러 자기 자신의 단점(급소)은 언제나 미연에 보강하여 상대방이 호수(好手)로 이용하지 못하도록 하여야 한다.

차분한 마음가짐으로 수읽기를 하여 보자.

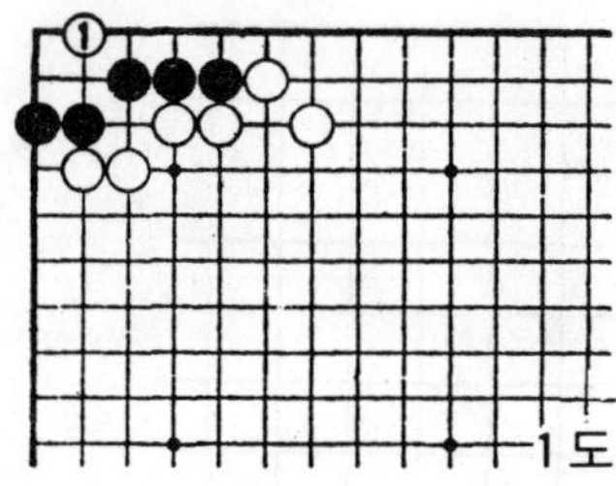

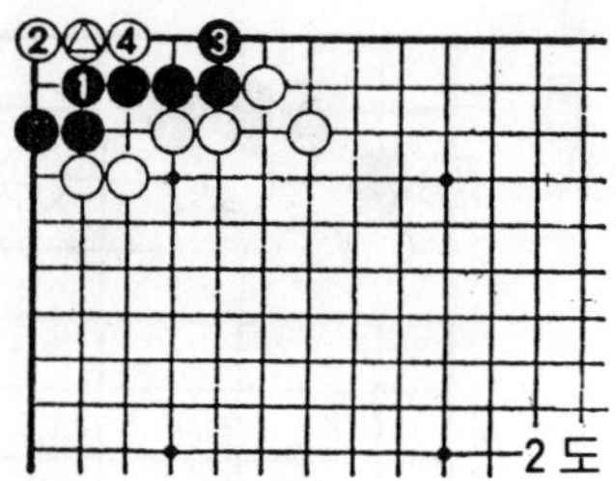

1 도 (정석) 여기서는 백 1 이 정석이다.

이 문제 역시 '뛰어듦 수로 잡는' 전형적인 모양이다. 이러한 모양에서는 '젖혀서 잡는 수' 는 두지 못하기 때문에 급소에 뛰어들어야 한다.

2 도 (계속) 백 △ 에는 흑 1 하여 백 2 와 교환한다. 흑 3 백 4 면 이것은 '귀의 곡사궁'이여서 흑은 죽는다. 백 2 를 생략하고 다른 곳으로 전환하면 당연히 흑 2 가 된다.

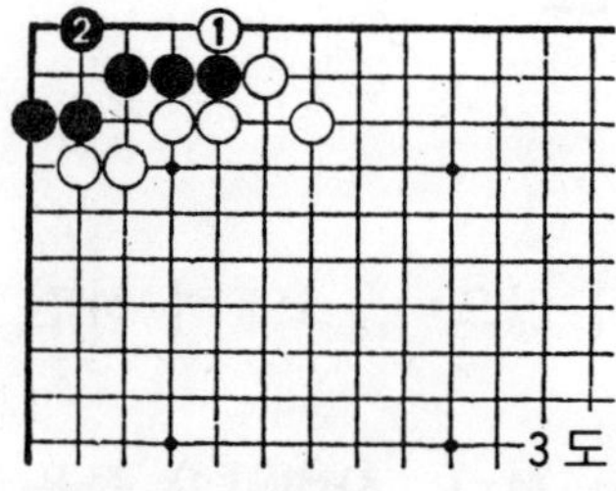

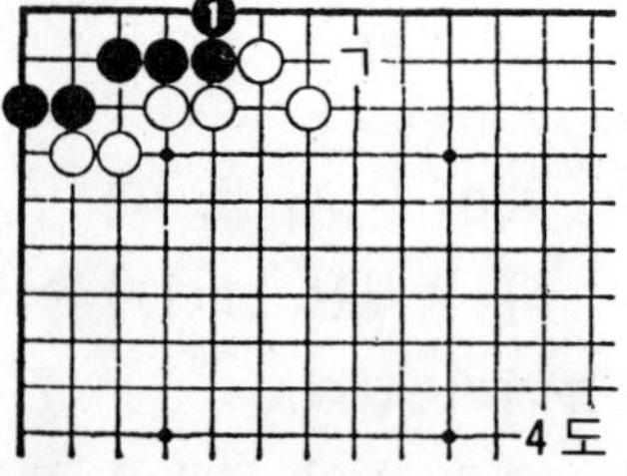

3 도 (실패) 백 1 로 젖혀두면 흑 2 로 급소를 수비해 죽었던 돌이 무조건 사는 결과가 되어 버린다. 이 2 의 곳이 흑, 백의 필쟁점(必爭點)인 급소인 것이다.

4 도 (참고) 흑이 둘 차례라면 흑 1 로 살아버린다. 이 흑은 5 집의 삶이다. 그리고 ㄱ의 곳에 흑이 있으면 흑 1 에 두지 않아도 산다는 것은 잘 알 수 있을 것이다.

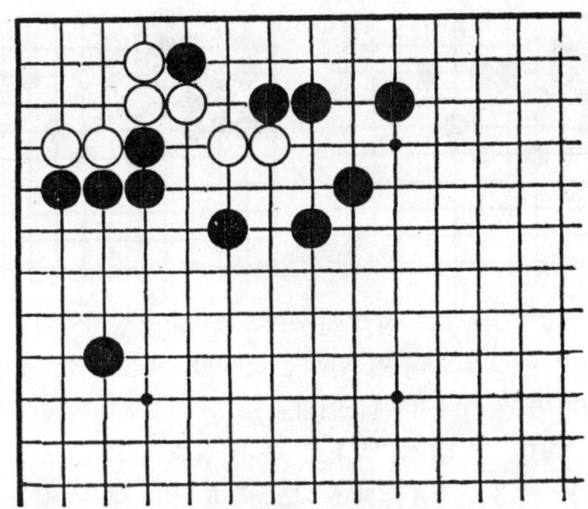

제45문

흑이 먼저 둘 때

흑선으로 귀의 백을 잡는다는 것은 여간 어려운 것이 아니다.

지금 흑은 백에 의해 한 점이 제 일선에서 단수당할 위기에 처해 있다. 이 흑 한 점을살려 내느냐, 아니면 흑 한 점을 포기하고 백의 진영에 뛰어들어서 급소를 공격하느냐 하는 것이 흑으로서 결단을 내려야 할 과제이다.

여기서 흑은 수읽기를 하여야 한다.

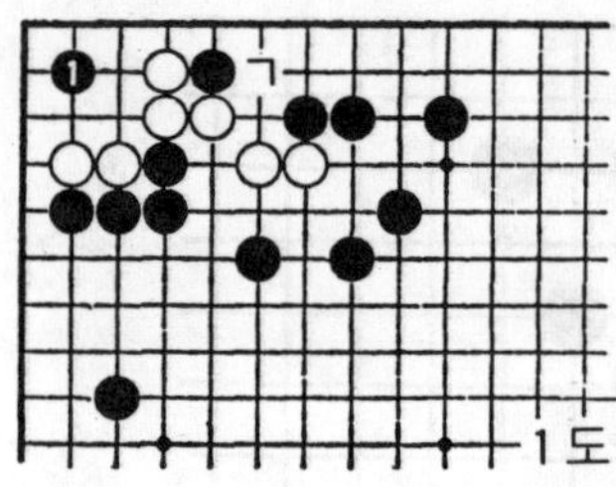

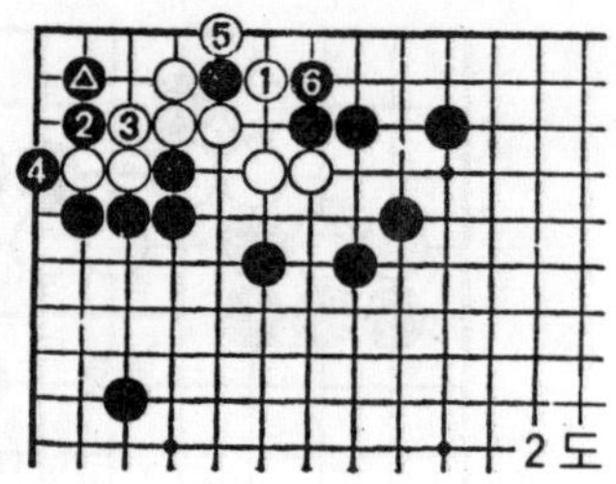

1도 (정석) 흑1로 급소에 뛰어드는 것이 정석이다. 이것은 여기서 흑ㄱ으로 두어 한점을 살리면 백은 1의 곳에 먼저 착수하여 살아나기 때문이다.

2도 (계속) 흑◭에 백1로 흑 한점을 잡으면 흑2가 좋은수이다. 백3, 흑4, 백5해도 흑6이면 백은 집을 확보하지 못한다.

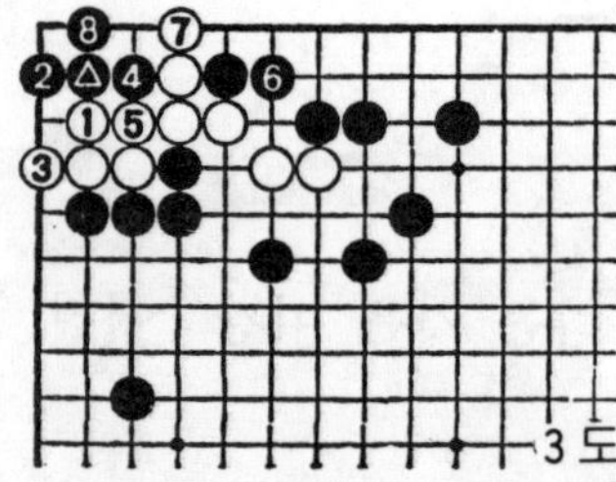

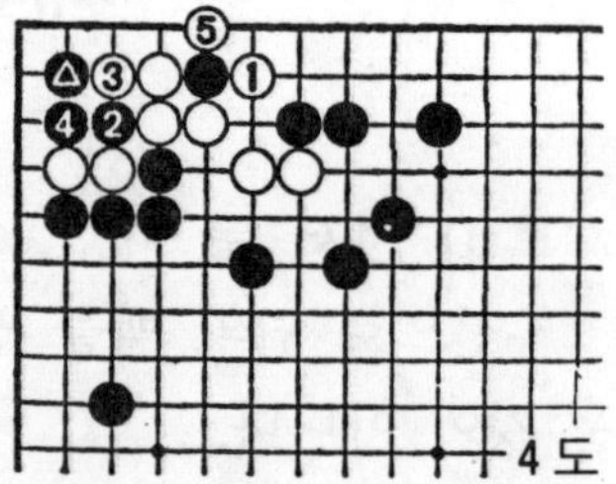

3도 (변화) 흑◭에 백1로 저항하면 흑2로 교묘하게 내려서는 수가 있다. 백3으로 넘지 못하게 막으면 흑4와 6을 선수행사하고 흑8하여 다섯집 뛰어듦수로 유인해 낸다. 흑8을 생략해서 백8을 허용하면 빅 이 되어버린다.

4도 (실패) 흑◭하여 올바르게 수를 두었다고 해도 백1일때 흑2로 두면 백3으로 흑4를 강요하고 백5로 살아난다.

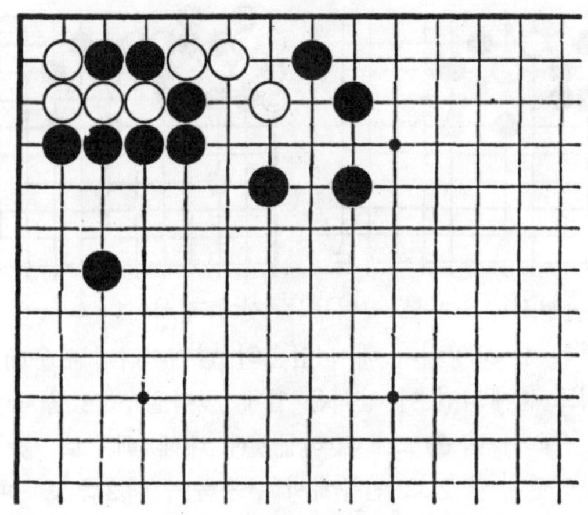

제46문

흑이 먼저 둘 때

흑선으로 과연 귀의 백을 잡을 수 있을까?

해답을 구하기는 상당히 어렵다. 현재 흑 두 점이 백에게 포로로 잡혀 있다. 백으로서는 이것이 오히려 두 집을 짓는데 유리한 조건이 될 수도 있다. 하지만 흑은 이러한 약점을 역이용하여 백을 공격하지 않으면 안될 것이다.

우선 전체적인 국면을 파악할 수 있도록 유의하여 살펴 보도록 하자.

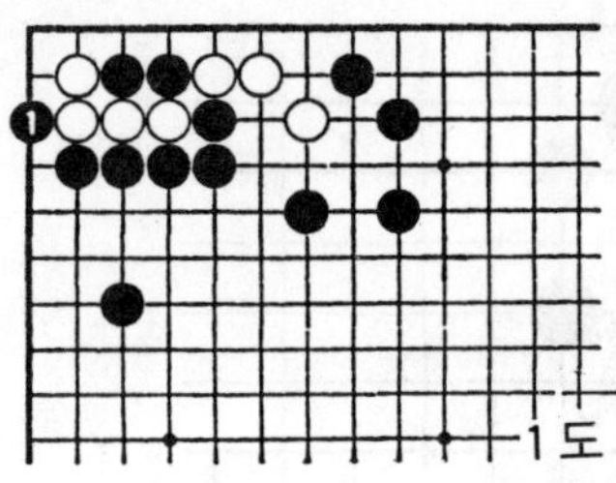

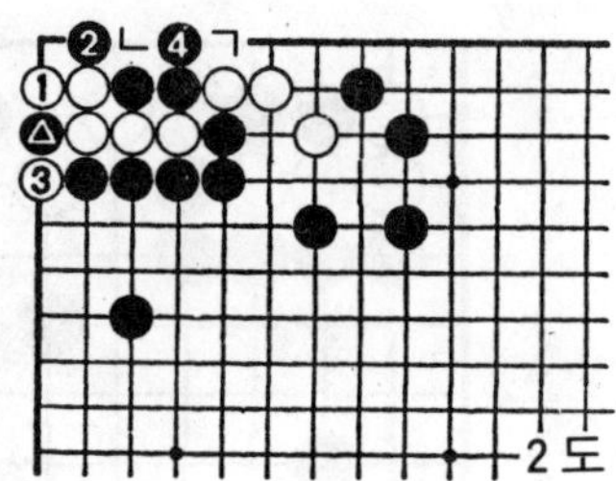

1 도 (정석) 흑 1 로 젖혀두는 것이 정석이다.

이 백은 산 모양이라 해서 단순히 넘겨버리기 쉬운데, 이렇게 문제로 출제되면 이 정석은 쉽게 찾아낼수 있을 것이다.

2 도 (계속) 흑 ▲ 으로 젖혀둔것에 대해 백 1 로 응수하는 것은 당연한데 흑 2 로 안쪽에서 단수하여 백 3 으로 때리게 한 다음 흑 4 에 두면 백ㄱ으로 두어도 흑ㄴ으로 다섯집의 뛰어듦수로 유인해 낸다.

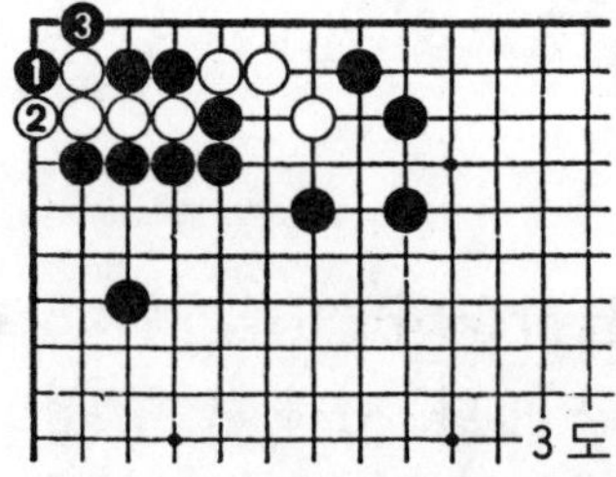

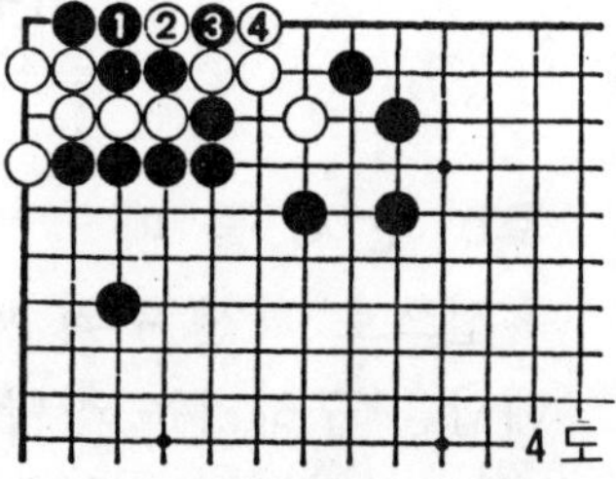

3 도 (패싸움) 흑 1 로 붙여두는 것은 이런 모양에서의 일반적인 방법이지만 여기서는 무조건으로 잡는 1도의 수가 있으므로 손해라 할 수 있겠다. 백 2, 흑 3 하여 패가 되어버린다.

4 도 (실패) 모처럼 정석의 수순에 따라 두었는데, 결과는 똑같을 것이라고 잘못생각해서 흑 1 로 이으면 백 2 로 먹여치고 백 4 로 패가 되어서 실패가 된다.

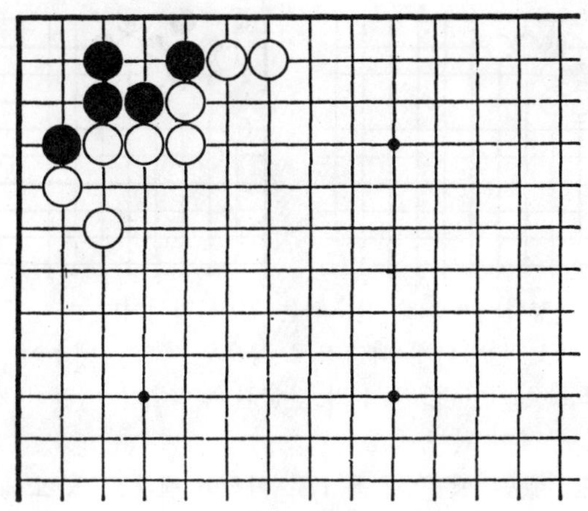

제47문

백이 먼저 둘 때

백선으로 흑을 공략한다는 것은 참으로 어려운 일이다. 왜냐하면 현재 흑은 두 집 확보에 필요한 여건 조성을 어느 정도 갖추고 있기 때문이다.

백은 흑의 급소를 노려 공격하도록 하여, 흑이 두 집을 확보하지 못하도록 하여야 한다.

여기에서는 수순이 상당히 중요하다. 수순에 신경을 쓰기 바란다.

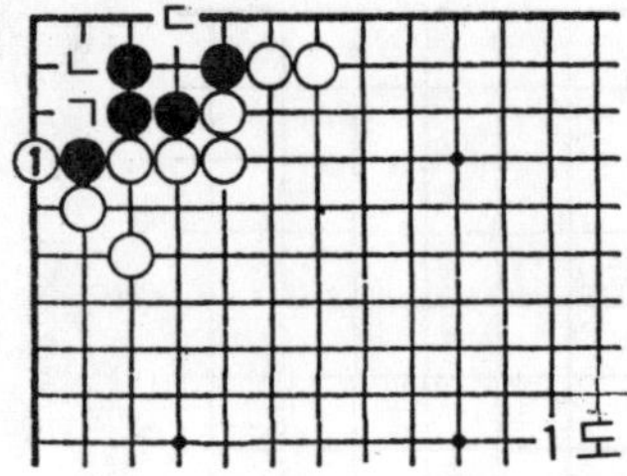

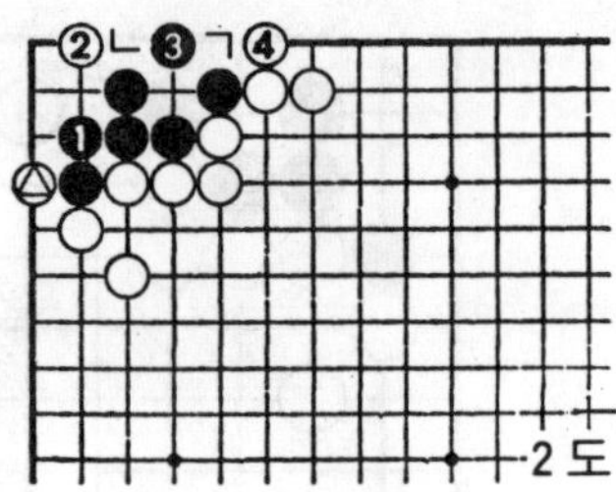

1도 (정석) 백 1로 단수하는 것이 정석이다.

백 1 대신 평범하게 백ㄱ으로 끊으면 흑ㄴ, 백 1이 되어 흑ㄷ으로 살아난다. 백 1의 단순한 젖힘수가 이런 경우의 훌륭한 공격이 된다.

2도 (계속) 백◬에 흑 1로 이으면 백 2로 급소에 뛰어드는 것이 결정타이다. 흑 3에는 백 4, 또 흑 3 대신 흑ㄱ에 두면 백ㄴ으로 막아 결국은 집을 파괴해버린다.

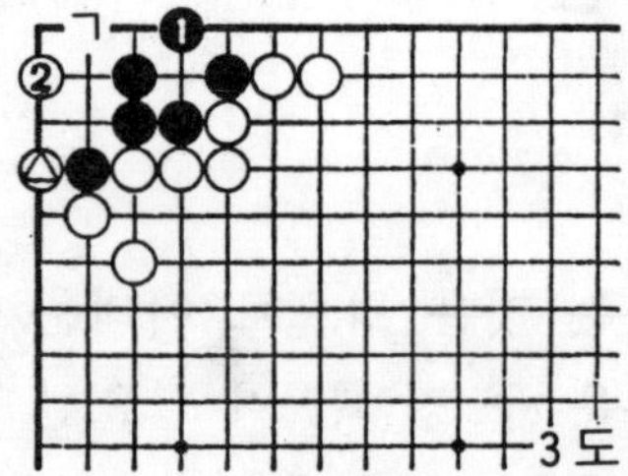

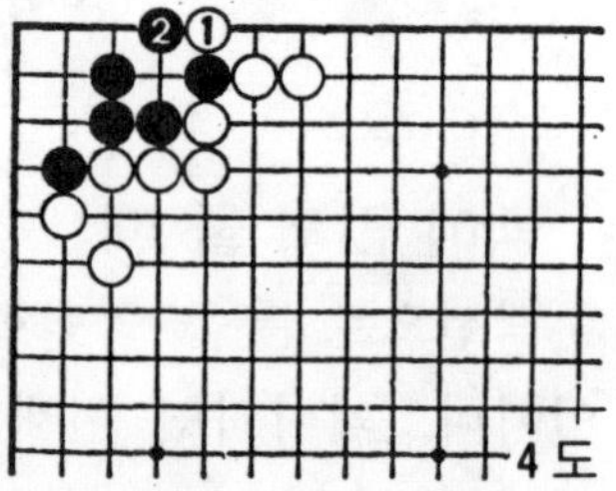

3도 (변화) 백◬에 흑 1로 집을 만들면 백 2로 뛰어들어 흑은 더 이상 집을 만들지 못한다. 또, 흑1 대신 2에 응수하면 백ㄱ으로 급소에 뛰어든다.

4도 (실패) 백 1로 젖혀두어도 흑은 잇지 않는다. 흑 2로 저항하여 패로 만들 것이 분명하며 이렇게 되면 완전히 패싸움이 되어버린다.

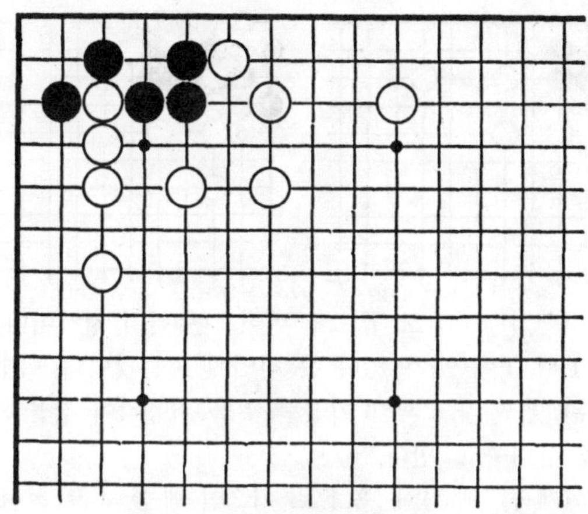

제48문

백이 먼저 둘 때

이 문제는 실전에서도 자주 나타나며, 또한 곧잘 응용되는 모양이므로 신중을 기하여 익혀둠이 바람직하다.

그다지 어려운 문제가 아니므로 누구나 다 정확한 해답을 구할 수 있으리라 믿는다.

여기에서는 특히 첫 착수를 어디에다가 할 것인가를 잘 생각해야 한다.

수순이 바르지 못하면 실패할 가능성도 있다.

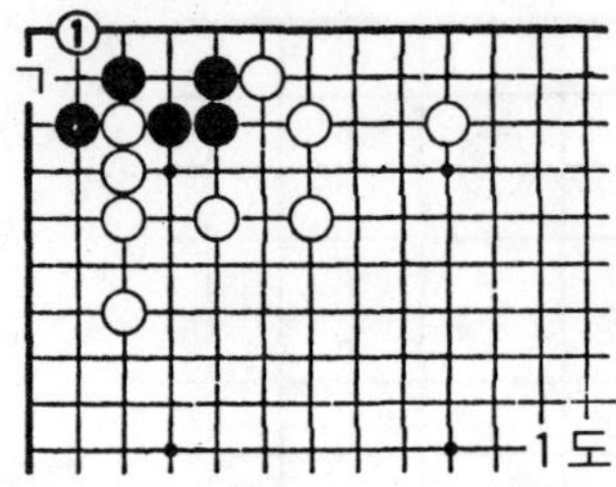

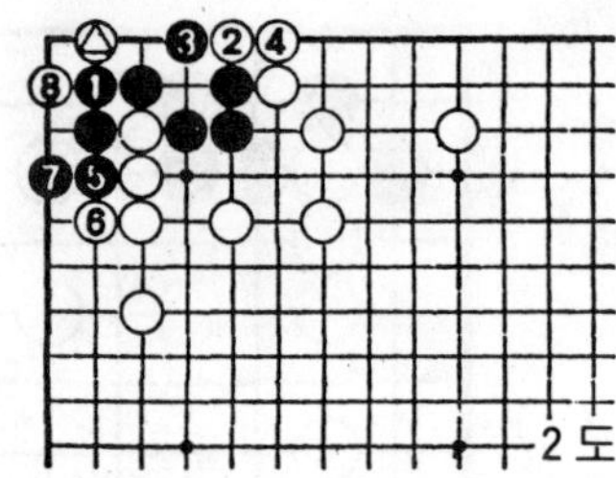

1도 (정석) 백 1로 급소에 뛰어드는 것이 정석이다.

'2·1의 곳에 수가 있다'는 격언에 따른것이다. 다만 같은 '2·1의 곳'이라도 백ㄱ이면 흑 1을 허용하여 잡을 수 있는 돌을 살려주고 만다.

2도 (계속) 백◬에 흑 1로 이으면 백 2, 4로 젖혀 잇는다. 이렇게 되면 흑은 두 집을 확보할 수가 없다. 따라서 '귀의 곡사궁(曲四宫)'으로 죽게된다.

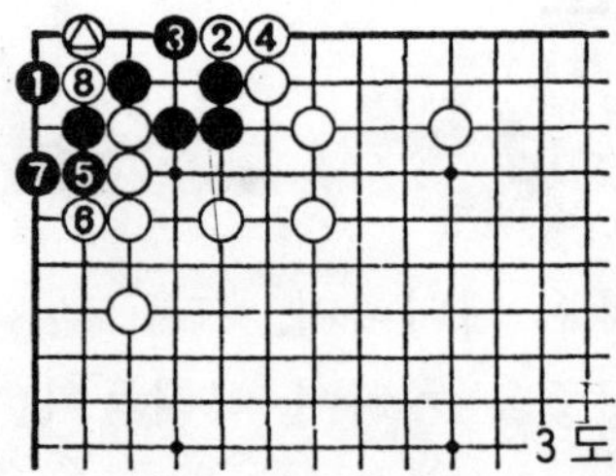

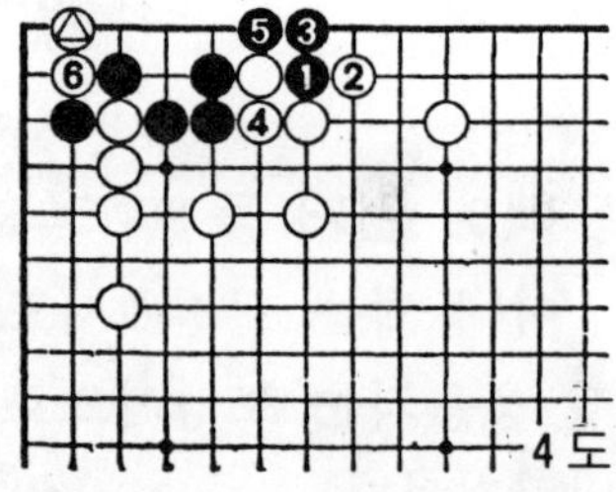

3도 (변화) 백◬에 흑 1로 호구벌려도 역시 백 2, 4로 젖혀이으면 그만이다. 이 다음 흑 5, 7로 저항해도 백 8로 끊으면 흑은 자충이 되어 단수할 수가 없다.

4도 (변화) 백◬일때 흑 1이면 백 2, 흑 3, 백 4가 된다. 흑 5하면 백 6으로 끊어 흑은 역시 살지 못한다.

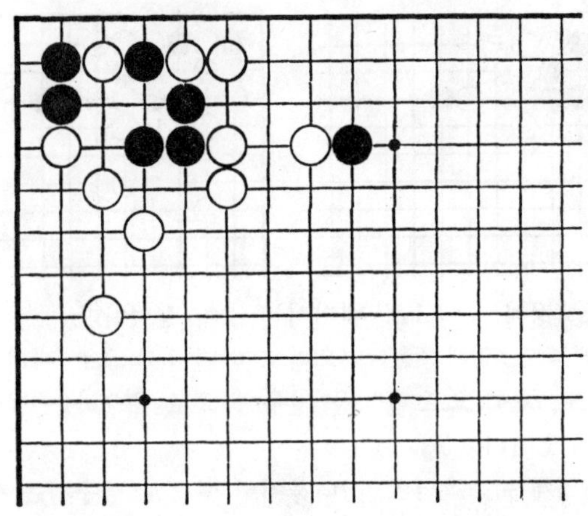

제49문

백이 먼저 둘 때

이 그림은 상당히 수준높은 문제이다.

귀의 흑을 잡기 위해서는 백이 신중히 생각하지 않으면 안된다.

수순을 읽고 나서 정확한 착수를 하여야만 흑을 일시에 분쇄할 수 있다. 언뜻 보면 쉬운 문제처럼 보이는데, 이것이 바로 함정일 수도 있다.

백의 입장에서 먼저 수읽기를 한 연후에 급소를 때려야 한다.

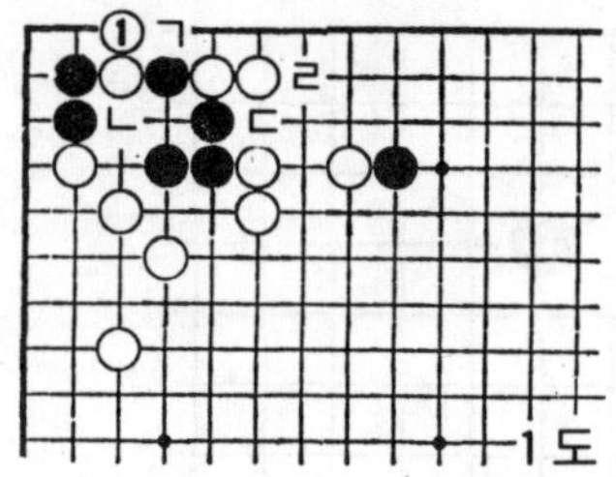

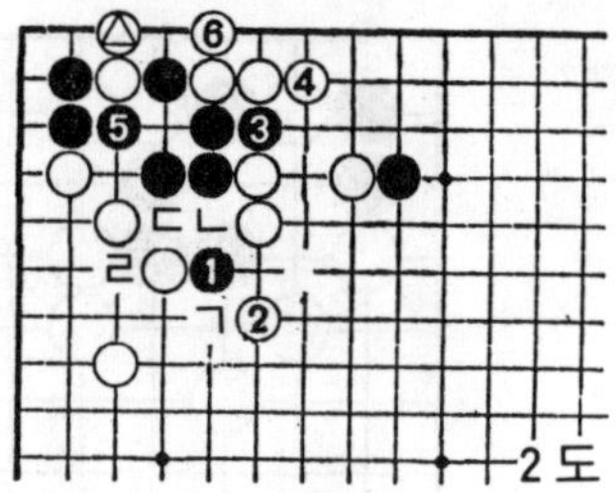

1도 (정석) 백 **1**로 내려서는 것이 정석이다.

이 백 **1**로 ㄱ에 두어 넘으려고 하면 흑ㄴ으로 패가 될 것이다. 또, 흑ㄷ으로 뚫었을 경우 백ㄹ로 응수하는 것이 중요한 수순이다.

2도 (계속) 흑 **1**로 건너붙이면 백 **2**로 응수하는 것이 좋으며 흑ㄱ에는 백ㄴ, 흑ㄷ, 백ㄹ이다. 계속해서 흑 **5**일 때 백으로 구부리는 것이 흑을 잡는 가장 중요한 수이다.

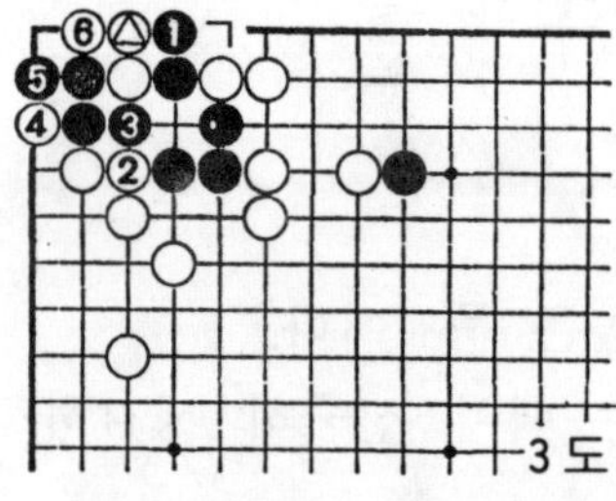

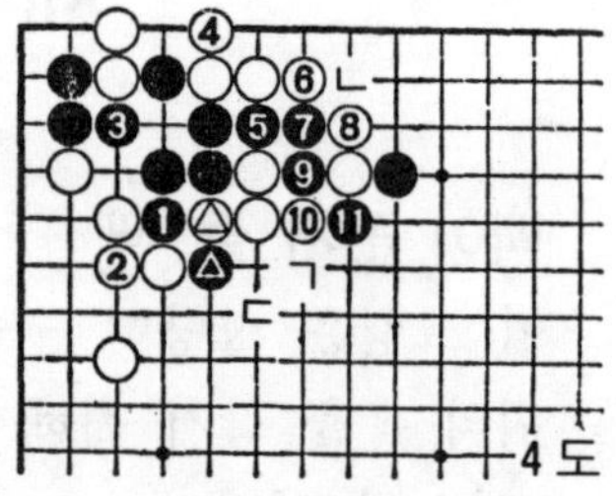

3도 (변화) 백△일 때, 흑 **1**로 끊는 것은 백 **2**, 흑 **3**이다. 다음 백 **4**로 젖혀두면 흑은 한집이 된다. 흑 **1**로 먼저 **2**에 두어도 백은 이을 수가 있으므로 이번에는 백ㄱ으로 단수해 버린다.

4도 (실패) 흑▲으로 건너붙인 것을 백△로 끊으면 흑 **1**, **3** 다음 **5**로 뚫어 흑**11**까지이다. 백ㄱ과 ㄴ을 맞보므로 백의 실패다. 흑▲에는 백ㄷ으로 응수해야 한다.

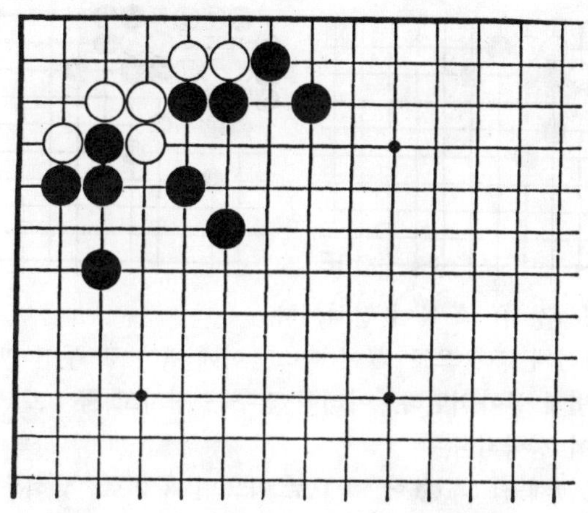

제50문

흑이 먼저 둘 때

언뜻 보면 상당히 쉬울 것같은 생각이 드는 그림이다. 그러나 의외로 어렵다.

이 문제는 실전에 있어서도 자주 등장한다. 그런데 대부분의 독자들은 이 문제가 나타나면 귀의 백을 끊어서 처리하려고 덤빈다. 그러한 속단은 결국 실패를 불러오게 된다. 끊음수가 생기는 것은 확실히 하나의 약점이 될 수가 있지만, 그것은 어디까지나 상황에 따른 문제이다.

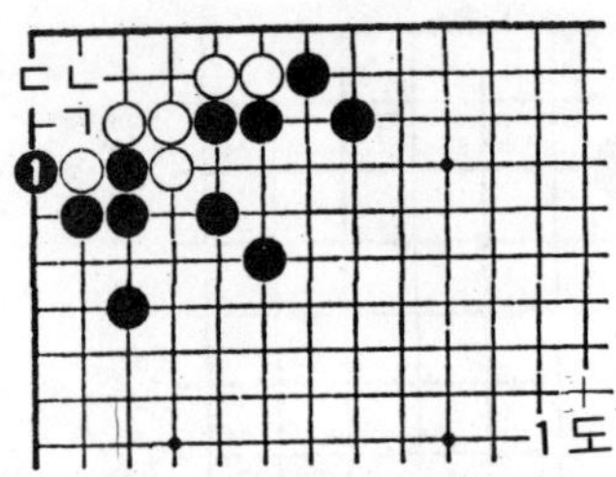

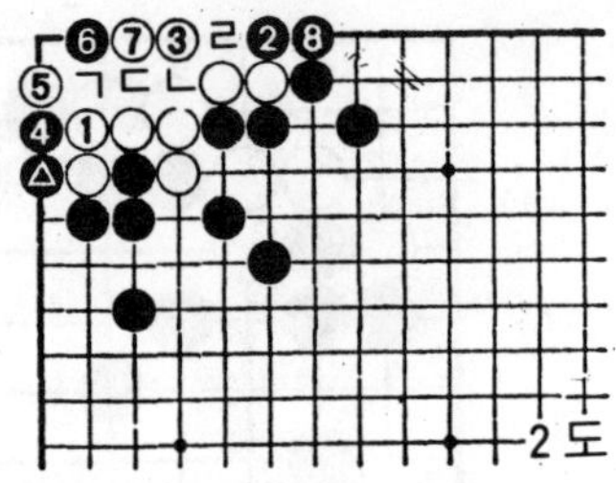

1도 (정석) 흑 1 이 정석이다.

온건하게 흑ㄱ으로 끊어 백ㄴ, 이에 흑 1 로 두면 백ㄷ으로 가볍게 살아버린다. 이러한 경우는 잠자코 흑 1 로 젖혀두는 것이 강력하다.

2도 (계속) 흑▲에 백 1 로 이으면 흑 2 로 젖혀두고 백 3 일때 흑 4, 백 5 를 교환한 다음 흑 6 으로 뛰어드는 것이 잡는 수이다. 흑 8 다음 백ㄱ, 흑ㄴ, 백ㄷ, 흑ㄹ이 된다.

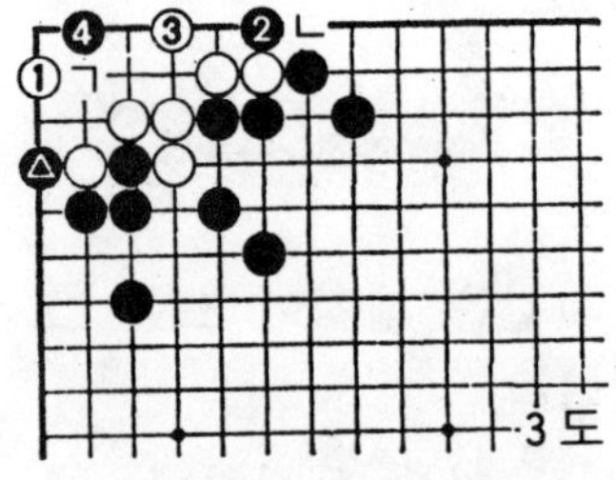

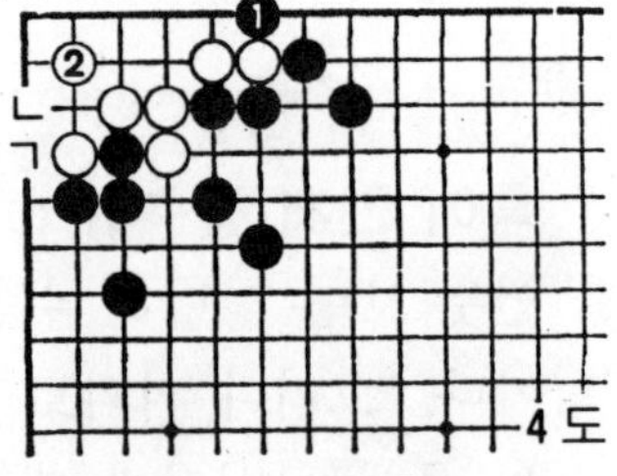

3도 (변화) 흑▲에 백 1 로 응수하면 흑 2 로 젖혀두고 백 3 일때 흑 4 로 급소에 뛰어들면 백은 더이상 어떻게 하지 못한다. 다음에 백ㄱ이면 흑ㄴ이 된다.

4도 (실패) 먼저 흑 1 로 젖혀두면 백 2 의 곳을 당해 실패한다. 흑ㄱ에두면 백ㄴ으로 패가 만들어진다. 먼저 흑 ㄱ에 착수해야 하는 것이다.

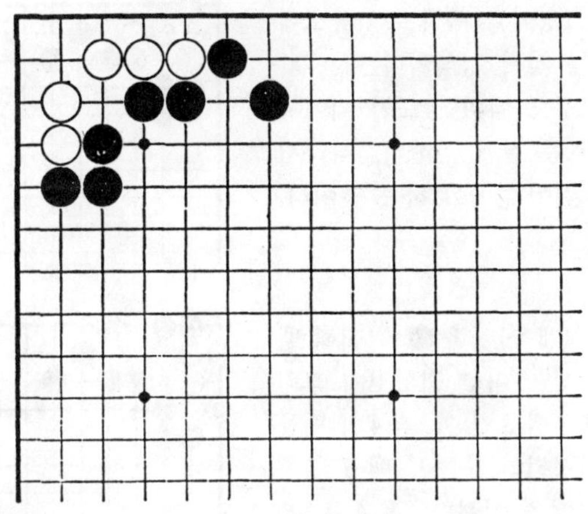

제51문

흑이 먼저 둘 때

현재 귀의 백은 궁도가 매우 넓기 때문에 두 집을 확보하기가 매우 용이하다. 그런데 여기서 흑선으로 귀의 백을 공략하여 섬멸시킬 수 있느냐 하는 것이 이 문제의 주요 안건이다.

이러한 경우에는, 흑은 우선적으로 백이 두 집을 만들 수 없도록 방해 공작을 펴는 일이다.

상대방의 급소를 찔러서 맹공격을 가하도록 하는 것이 보다 효과적일 것이다.

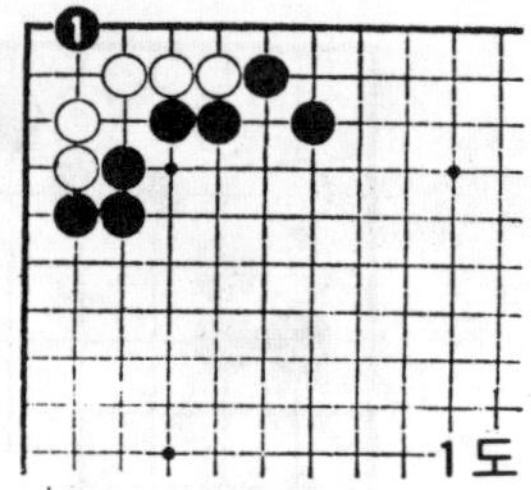

1도 (정석) 흑1로 급소에 뛰어드는 것이 정석이다.

이 모양도 백의 궁도가 넓어서 젖힘수로는 잡지 못한다. 따라서 급소로 뛰어 들어야 하는 것이다.

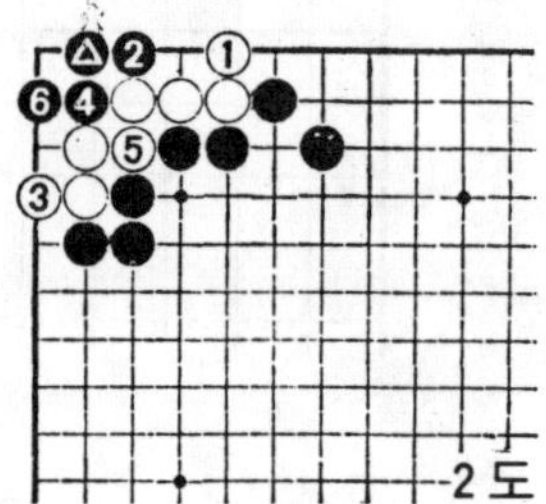

2도 (계속) 흑▲에 대해 백 1이 최선을 다한 저항인데 그러면 흑2. 백3일 때 흑4가 백을 잡는 결정적인 수여서 백5, 흑6하면 백은 어렵다. 흑4로 6에 두면 백4로 빅이 된다.

3도 (변화) 2도의 3대신 이렇게 백1에 두면 흑2, 백3, 흑4가 되어 역시 백은 '귀의 곡사궁(曲四宮)'으로 살지 못한다.

4도 (실패) 흑1로 젖혀두면 백2로 가볍게 살아난다.

또 1의 수로는 흑ㄱ에 젖혀두어도 백2로 역시 산다. 이것은 2의 곳이 흑, 백의 급소가 되기 때문이다.

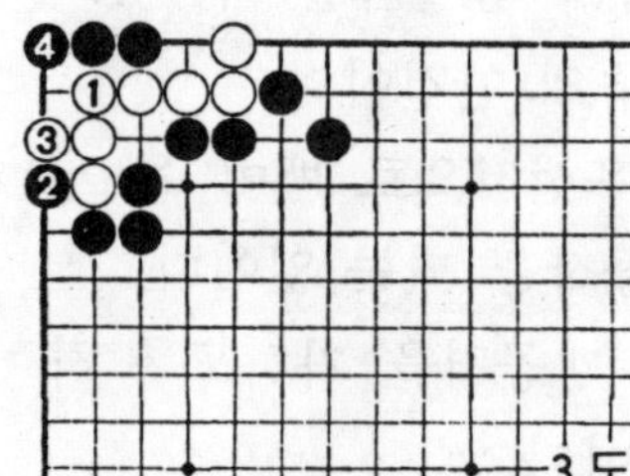

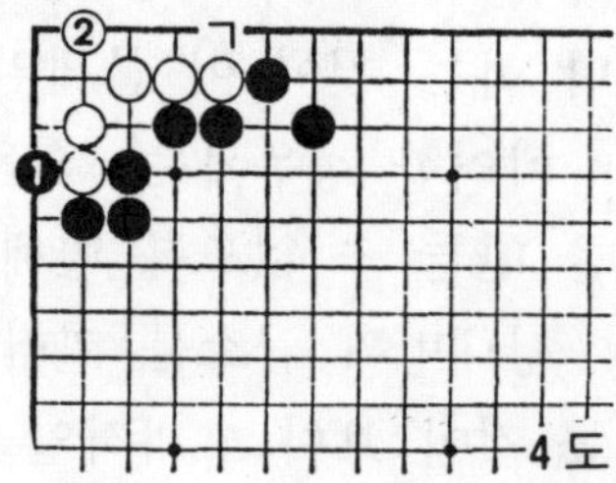

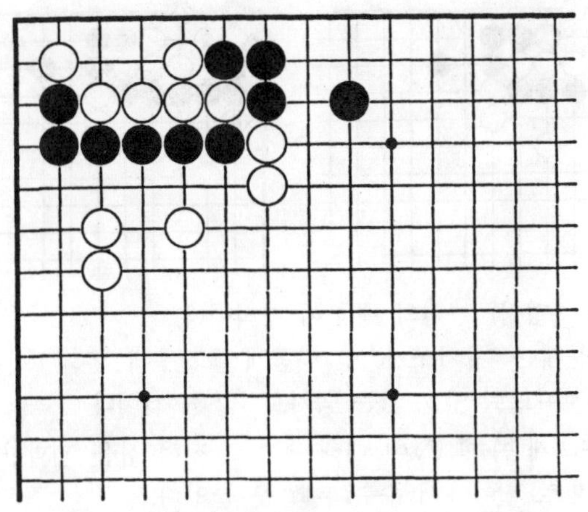

제52문

백이 먼저 둘 때

이 그림은 흑백 서로가 막상막하의 쫓김을 당하고 있는 형상이다. 흑은 귀의 백 6점을 공략하고 싶고, 백으로서는 왼쪽 변의 흑 여섯 점을 어떻게 해서든지 잡아버리고 싶다. 여기에서 문제의 주요 포인트는 백선으로 과연 왼쪽 변의 흑 여섯 점을 잡으려면 어떠한 수순을 밟아야 하는가 하는 점이다.

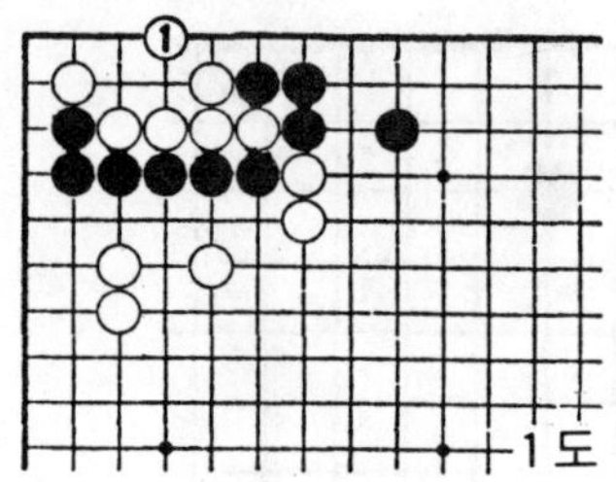

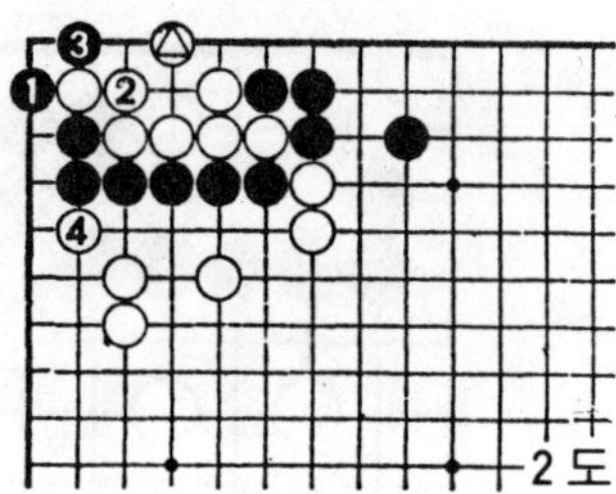

1 도 (정석) 그림의 백 1 이 정석이다.

이 문제는 '유가무가'인 맞공격일 경우에 흔히 인용되고 있는 것이므로 알고 있는 독자도 많을 것이다.

2 도 (계속) 백 ◬ 에 대해 흑 1 로 젖혀 집을 파괴한다. 그 때 백 2 로 달아나서 수수(手數)를 늘인다.

다음 백 4 라면 흑은 한수 부족하게 된다.

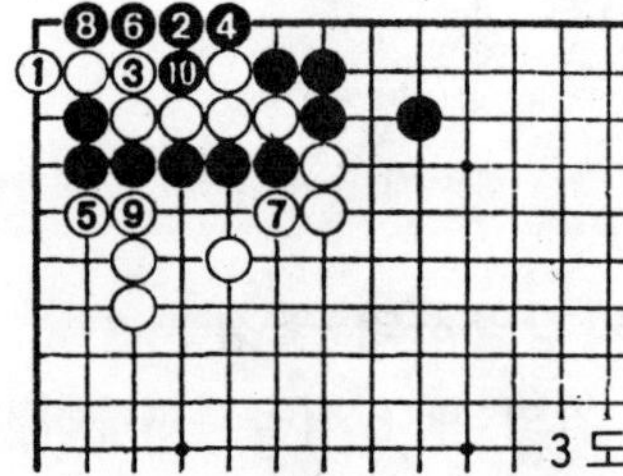

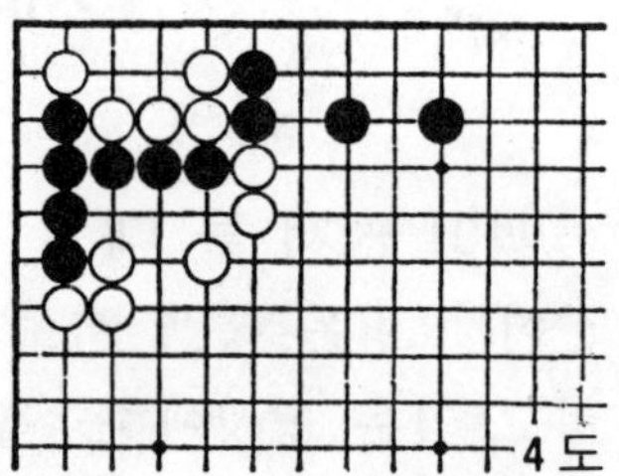

3 도 (실패) 백 1 이 좋은 수라고 여겨지겠지만 그러면 흑 2 로 뛰어들고 흑 4 이하로 이번에는 흑이 한수 이기게 된다.

여기서 2 도의 백 ◬ 가 묘수라는 것을 알 수 있다.

4 도 (현현기경) 이 문제는 현현기경에 수록되어 있는 것으로 본 저자도 거기서 취재한 것 같다.

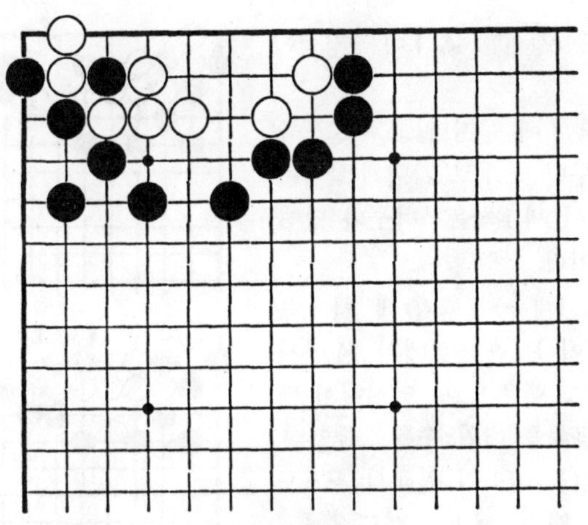

제53문

흑이 먼저 둘 때

흑선으로 백을 공략할 수가 있을까?

백의 궁도가 너무나 넓다. 현재 흑 한 점이 단수당해 있기 때문에 백은 이미 한 집을 확보하고 있다. 그리고 아직 남아있는 궁도도 한 집을 더 확보하기에 충분하다. 흑으로서는 상당히 어려운 게임이다.

여기에서 과연 흑이 백을 공략하는 것이 가능할까?

1도 (정석) 흑 1이 정석이다.

이 흑 1에 두지 않고 바로 흑ㄱ에 두면 백 1로 가볍게 살아버린다. 이 제 1착은 너무나 당연한 것이다.

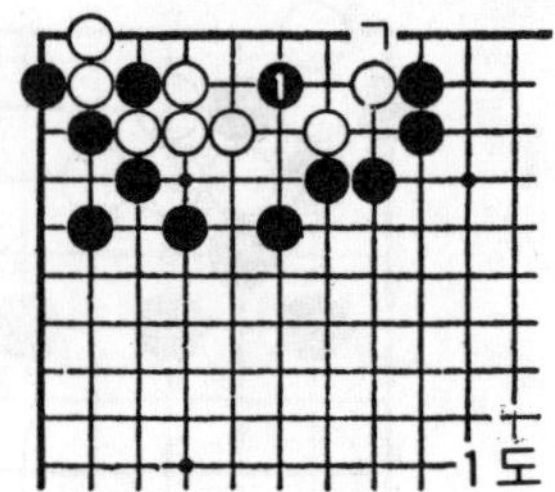

1도

2도 (계속) 흑▲에 백 1은 필연적이다. 흑은 2에서 4까지 넘어가고 백은 5로 먹여쳐서 백 7로 공배를 메워 수를 줄인다. 흑 석점을 살리기 위해서 흑 5로 이으면 백ㄱ, 흑ㄴ, 백ㄷ으로 백이 살아버린다.

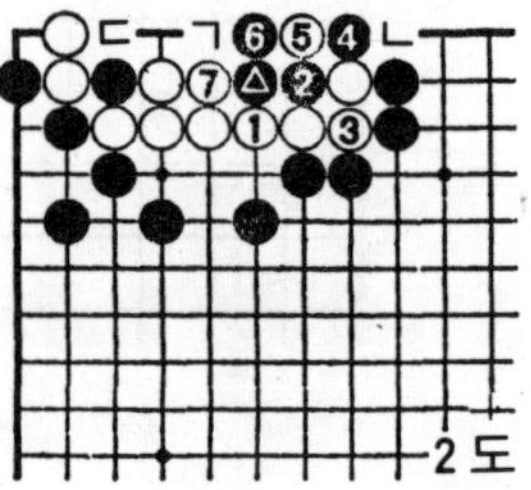

2도

3도 (계속) 백△일때 흑 1로 단수하는 것이 백을 잡는 열쇠다. 백 2에 흑 3으로 두면 백은 흑 석점을 잡아도 살지 못한다. 그렇다고 백△로 1에 두면 흑 2가 있다.

4도 (실패) 성급하게 백△으로 이을 경우 흑 1의 단수로 몰면 백 2로 내려서고 흑 3일 때 백 4로 응수하면 흑은 실패하게 된다. 다음에 흑ㄱ이면 백ㄴ으로 패가 된다. 또 흑ㄴ이면 백ㄷ으로 빅이 되어버린다.

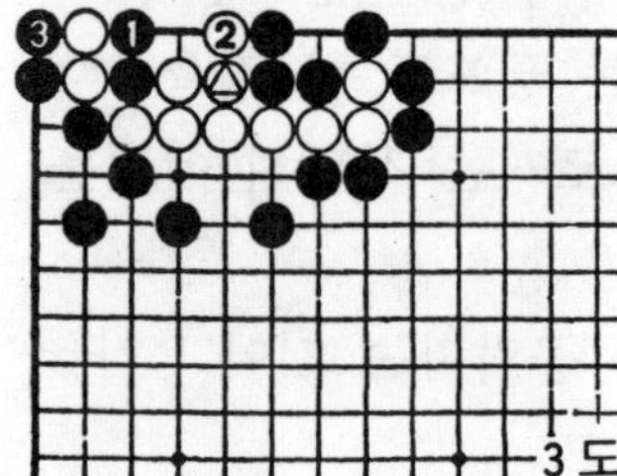

3도

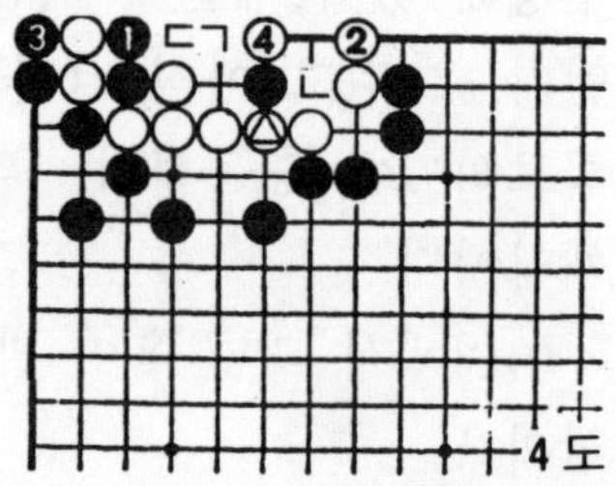

4도

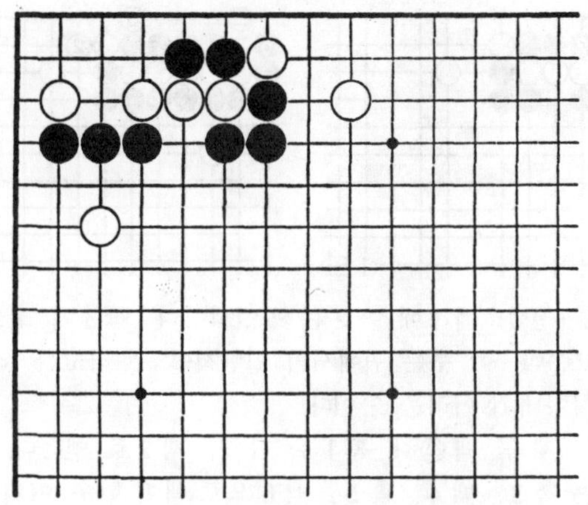

제54문

흑이 먼저 둘 때

흑선으로 귀의 백을 잡을 수 있느냐 하는 것이 이 문제의 주요 안건이다.

지금 흑으로서는 백에 의해서 제이선에 갇힌 두 점을 살리는 길이 곧 귀의 백을 잡을 수 있는 유일한 방법이다. 따라서 흑은 제이선의 두 점을 이용하여 제 3 선의 백 4 점과 전투를 벌리지 않으면 안된다. 그렇다면 흑은 어느곳에다가 첫수를 두어야 할 것인지를 파악할 수 있을 것이다.

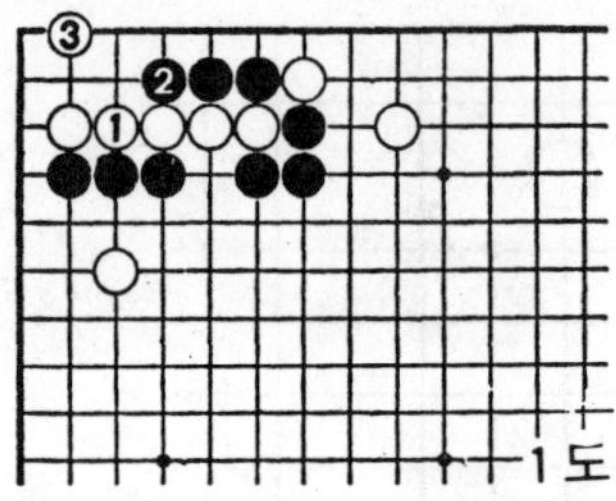

1도

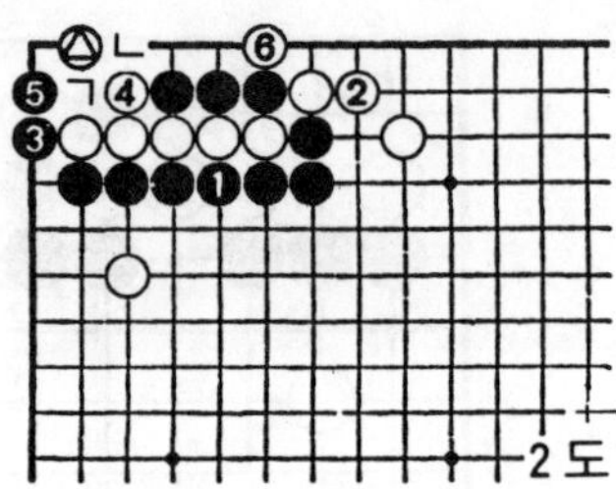

2도

1도 (정석) 백 1에 흑 2는 필연적이다. 백 3이 절묘하게 사는 묘수다. 이 수는 귀에서의 일반적인 수 라고는 하지만 쉽게 찾아내기 어려운 수이다.

2도 (계속) 백△에 흑 1로 이으면 백 2로 뻗는다. 그러면 귀는 흑 3, 백 4, 흑 5, 백 6으로 백이 한수 이기게 된다. 이 백 4로 ㄱ에 두면 흑 5, 백 6, 흑ㄴ으로 저항하게 된다.

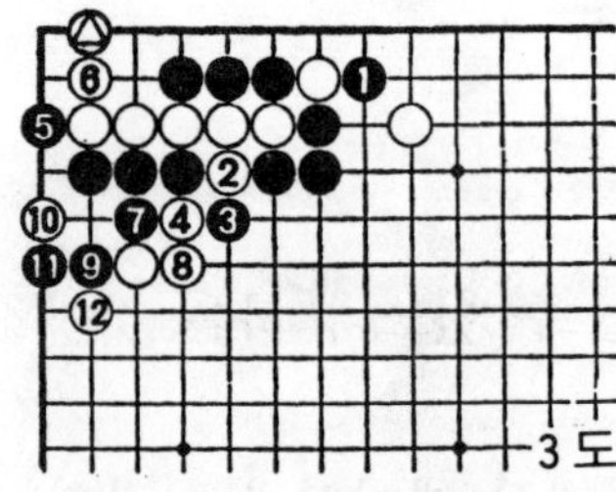

3도

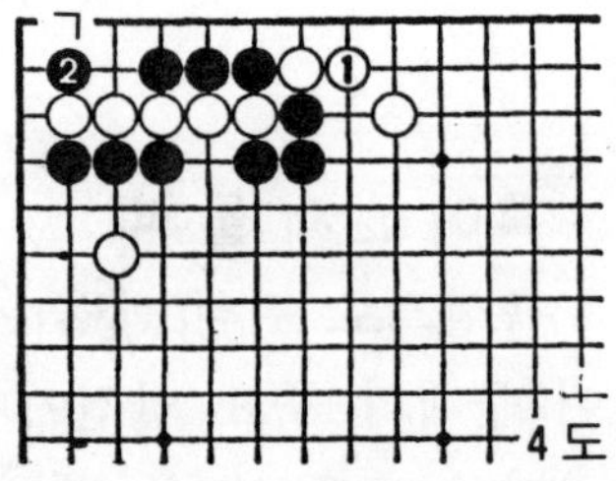

4도

3도 (변화) 백△에 대해 흑 1이면 백 2로 찌르고 흑 3으로 막으면 백 4로 끊어 흑 석점을 잡아버린다. 흑 5일때 백 6이 중요한 착수여서 다음 백이 한수 승리한다.

4도 (실패) 백이 ㄱ의 묘수를 알지못하고 단순히 백 1로 뻗으면 흑 2의 붙임수를 당해 백 다섯점은 구출되지 못한다.

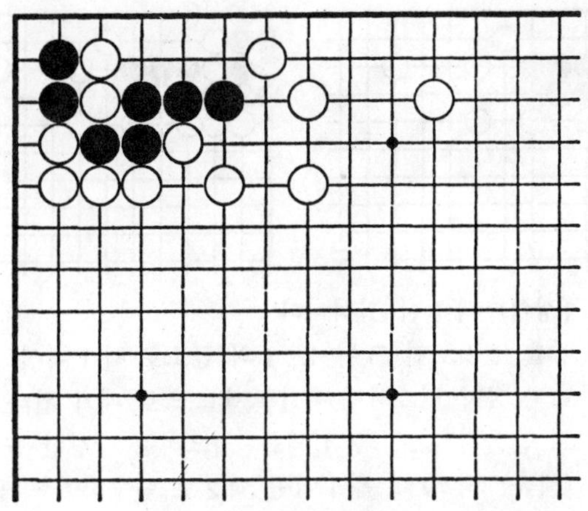

제55문

백이 먼저 둘 때

이 문제는 그다지 어렵지는 않으나, 수순이 잘못되면 실패하기 쉬우므로 신중히 생각하여 정확한 수순을 밟도록 해야 한다.

지금 흑에게 갇혀있는 백 두 점을 이용하여 흑집을 분쇄하는 것이 바람직하다.

실전에서도 자주 나타나는 문제이므로 유의하여 익혀두기 바란다.

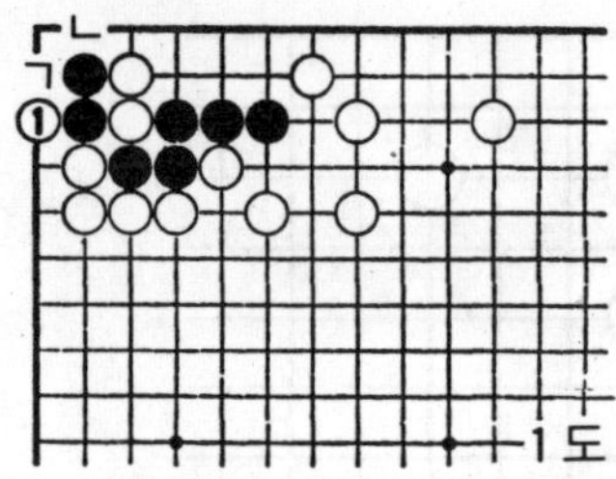

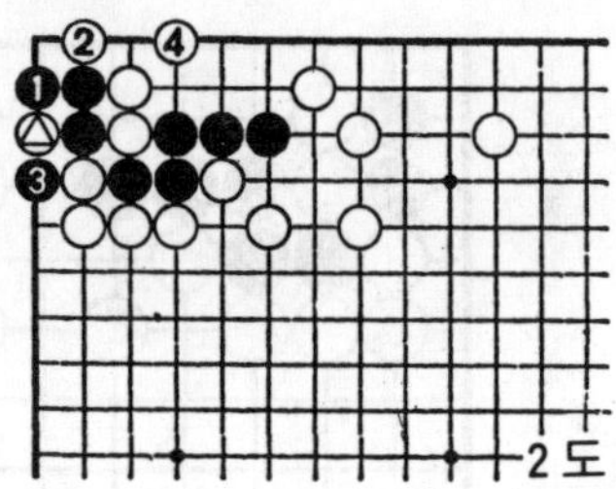

1 도 (정석) 백 1 이 정석이다.

이 모양을 얼핏보면 ㄱ이 2·1의 급소로 백 1 대신 백ㄱ으로 두고 싶겠지만 그러면 흑 1, 백ㄴ으로 패가 된다. 백 1은 패로 만들지 않고 흑 전체를 잡으려는 강경한 수다.

2 도 (계속) 백 ⓐ에 흑 1 이면 백 2 로 단수하여 흑 3 을 강요한 다음 백 4 로 마늘모 붙임수 하는 것이 교묘한 수이다.

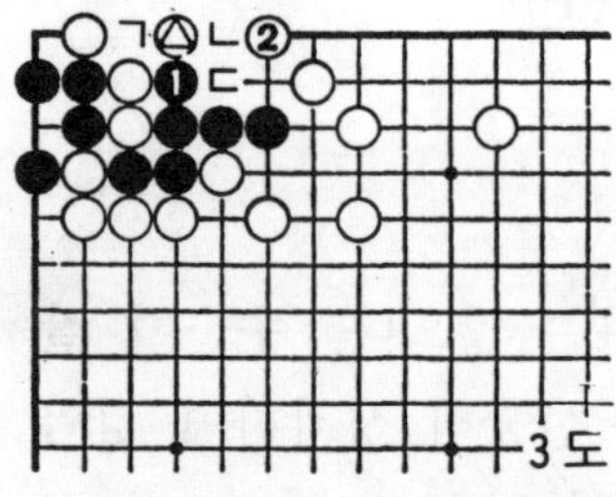

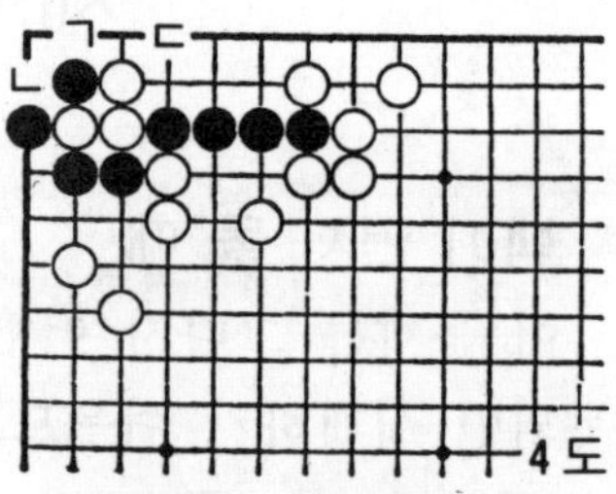

3 도 (계속) 계속해서 흑 1 이면 백 2 로 넘어간다.

흑ㄱ으로 두점을 따내도 백은 바로 되때려 흑의 집을 파괴한다. 흑 1 로 ㄴ에 두어도 백ㄷ으로 결과는 마찬가지이다.

4 도 현현기경에 삼호출협(三虎出峽)이란 이름으로 출제된 문제이다. 이것 역시 백ㄱ, 흑ㄴ, 백ㄷ으로 넘어가 전체의 흑이 죽는다. 이것은 앞에서도 나왔던 것이다.

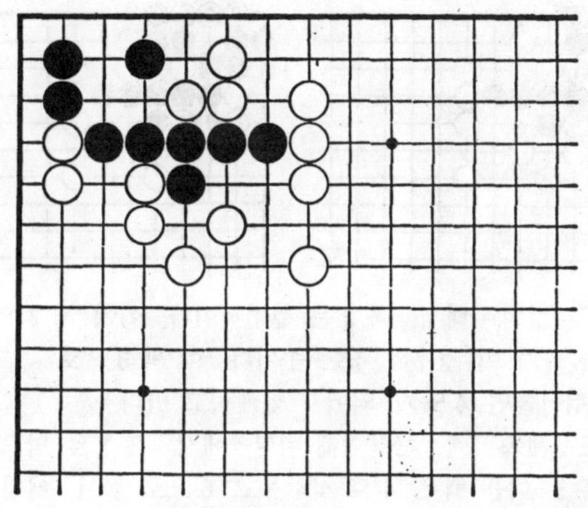

제56문

백이 먼저 둘 때

이 문제는 상당히 수준급의 문제이다. 만약 흑선이라면 백이 결코 흑집을 넘볼 수가 없다. 그러나 백선이라는데 이 그림이 문제로서 성립이 되는 것이다.

여기에서 백은 급소를 노려서 강력한 공격을 가해야 한다. 틈을 주게 되면 흑에게 오히려 역습을 당할 우려가 있으므로, 급속한 공격을 하는 것이 주효이다.

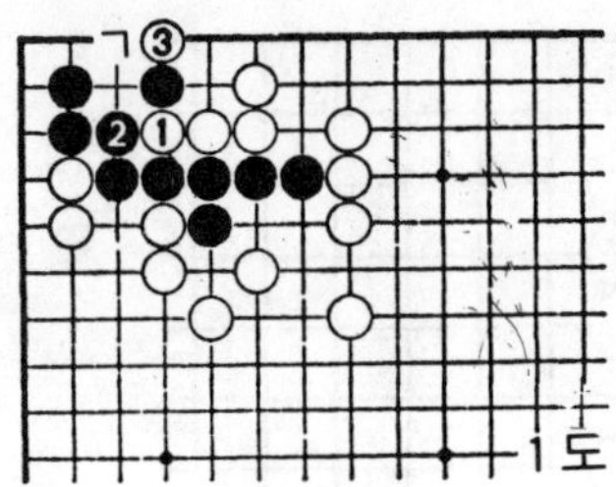

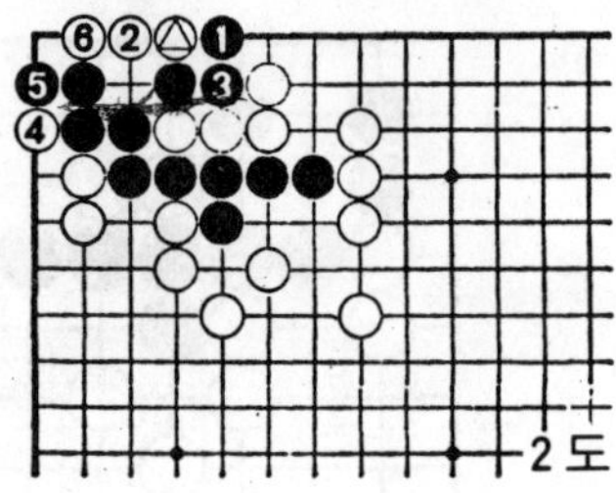

1 도 (정석) 백 1, 흑 2 는 필연적이다. 이에 백 3 으로 붙여두는 수가 이 경우의 잡는 수이다. 이 백 3 으로 ㄱ으로 먼저 뛰어들면 4 도가 되어서 실패하고 만다.

2 도 (계속) 백 ◬ 에 대해 바깥쪽에서 흑 1 로 막으면 백 2, 흑 3 다음 백은 4 로 젖혀두고 6 으로 늘어 이것은 석집 뛰어듦수가 된다.

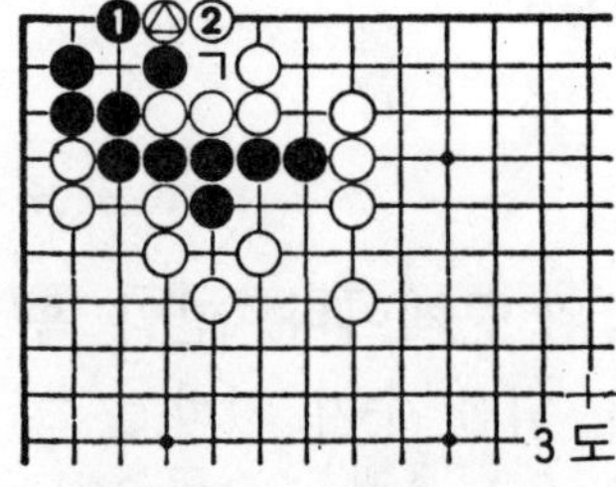

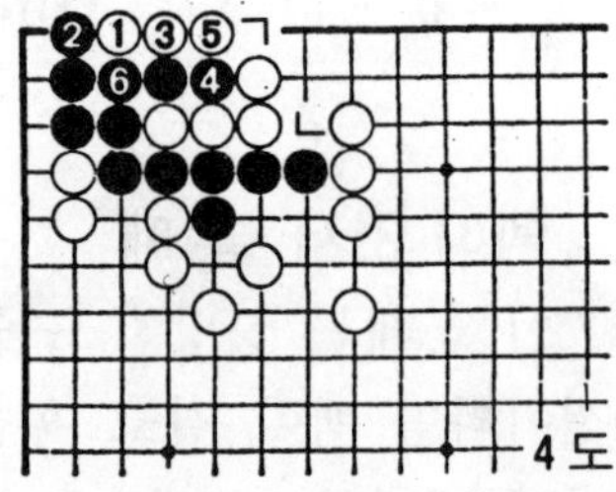

3 도 (변화) 백 ◬ 에 대해 흑 1 로 안쪽부터 방어 하면 백 2 를 당해 귀에서 두집을 확보하지 못하고 또 흑ㄱ에 둘 수 없으므로 이대로 흑은 죽게 된다.

4 도 (실패) 평범하게 백 1 로 뛰어들면 흑 2 이하 4, 6 으로 쫓기게 되는데 백ㄱ으로도 자충수가 되므로 이을 수가 없다. 만약 여기서 이을 경우 흑ㄴ으로 연단수에 걸려 백이 죽어버린다.

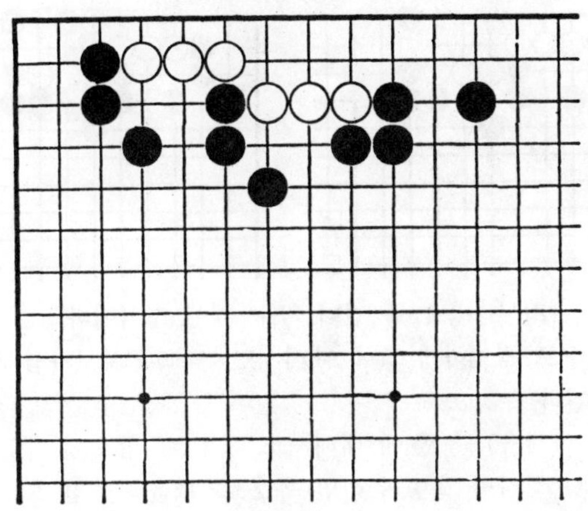

제57문

흑이 먼저 둘 때

이 문제는 그다지 어렵지 않은 모양이지만, 소홀하게 생각하면 의외로 어려운 문제로 둔갑을 하게 된다.

이 문제는 수순에 따라 패가 만들어질 가능성도 있다. 패는 백으로 하여금 저항수단이 되게 한다. 흑으로서는 어떻게 해서든지 패가 만들어지지 않도록 노력해야 할 것이다. 일격에 백을무너뜨릴 수 있도록 묘책을 강구해야 한다.

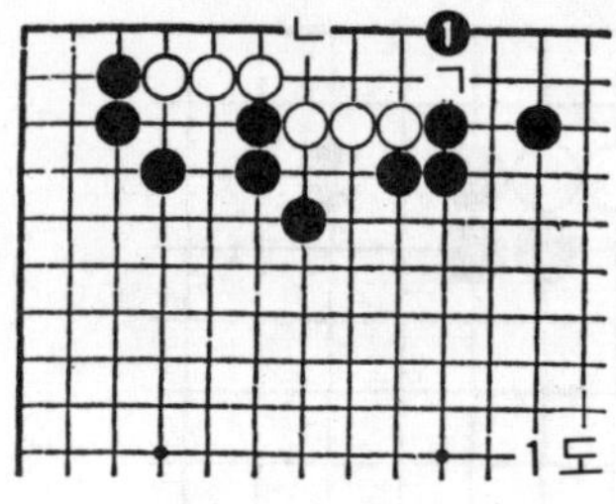

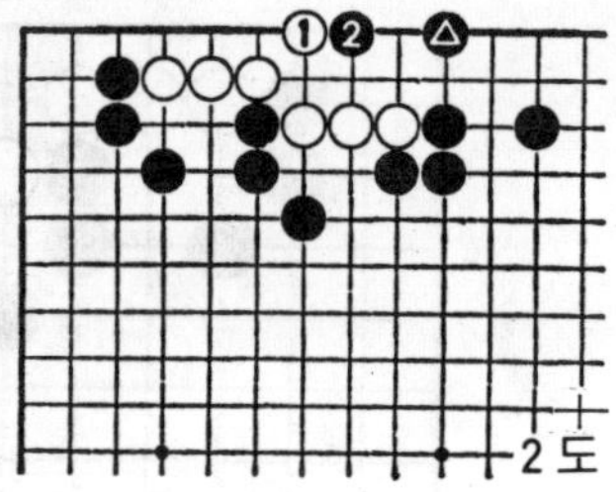

1 도 (정석) 흑 **1** 로 건너 뛰는 것이 정석이다.

이 수로 평범하게 ㄱ에 내려서면 백ㄴ으로 가볍게 살아나게 된다.

2 도 (계속) 흑▲에 대해서도 백 **1** 로 급소에 두는 것이 좋을 것 같지만 그렇게 하면 흑 **2** 로 백을 '옥집'으로 만들어버린다. 여기서 흑 **2** 로 둘 수 있는 것은 흑▲의 영향에 의한 것이다.

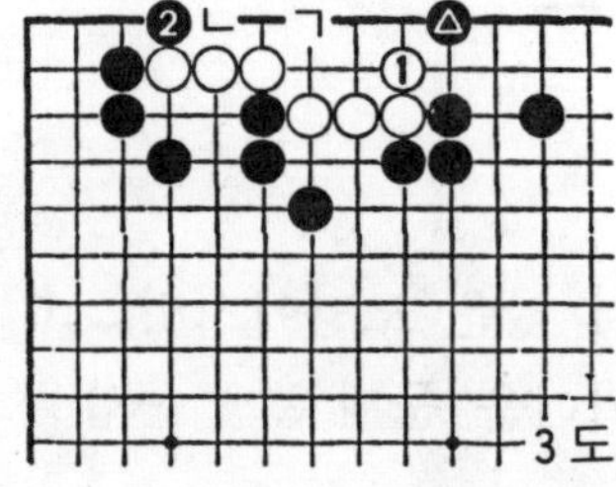

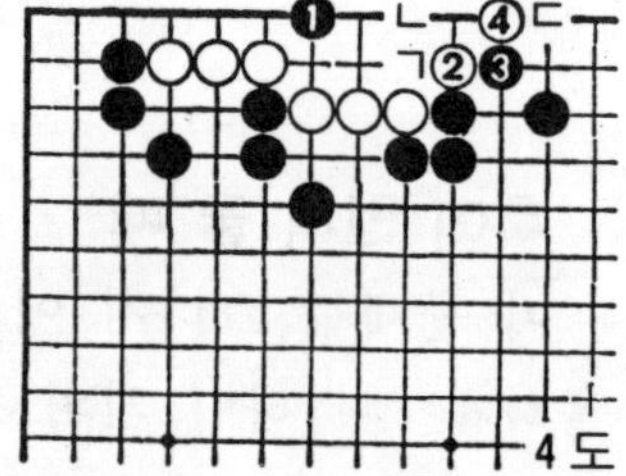

3 도 (변화) 흑▲에 대해 백 **1** 이면 흑 **2** 로 젖혀서 잡는다. 백ㄱ은 흑ㄴ, 또 백ㄴ은 흑ㄱ으로 맞보게 되므로 이렇게 되면 백은 모두 죽게 된다.

4 도 (실패) 그림의 흑 **1** 로도 잡을 수 있을 것 같지만 백 **2**, 흑 **3**, 백 **4** 로 패가 되어버린다. 흑ㄱ으로 두어도 백ㄴ으로 패가 되도록 유인한다. 흑ㄷ에 두면 당연히 백ㄴ으로 응수 한다.

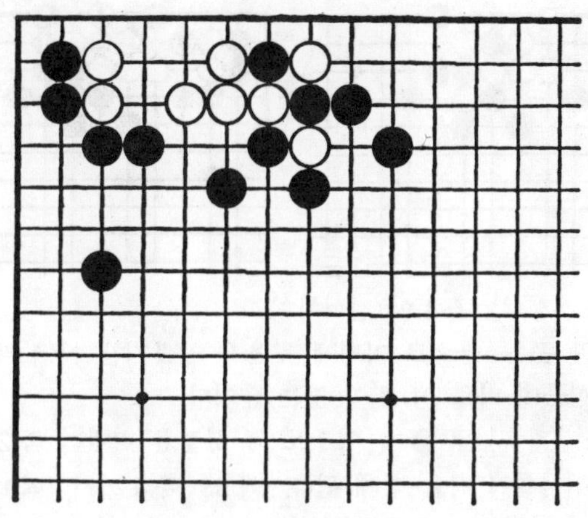

제58문

흑이 먼저 둘 때

이 그림은 실전에서도 자주 나타나는 문제이다.

이러한 문제를 대하면 대부분의 독자들은 수순을 잘못 밟은 나머지 실패하고 만다.

여기에서는 정석의 수순을 찾아야 한다. 수순이 그릇되면 성공을 거둘 수가 없다. 이 문제에서도 첫 착수가 중요함은 더 말할 나위가 없다.

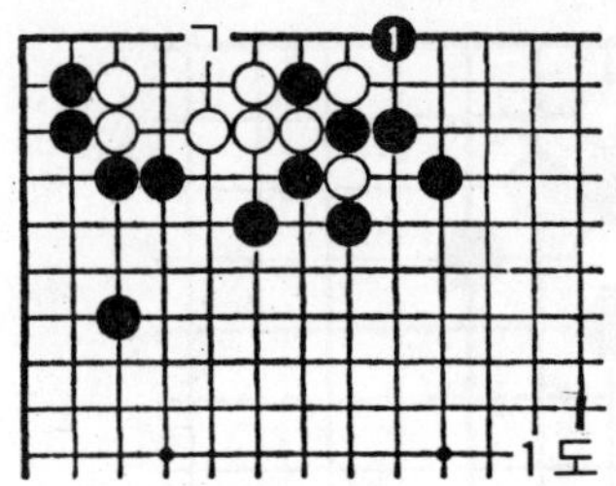

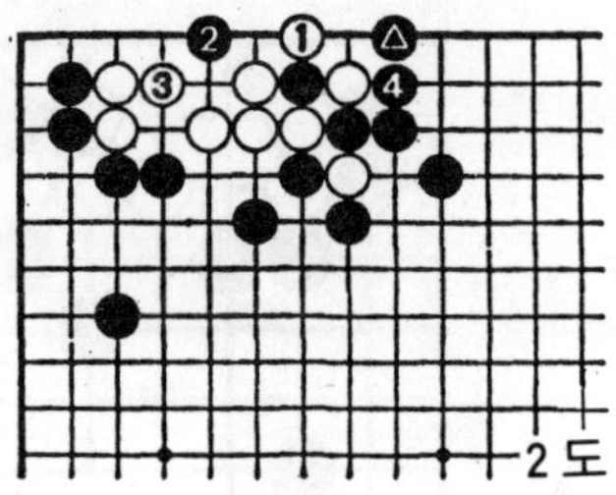

1도 (정석) 흑 1 이 정석이다.

ㄱ의 곳은 급소로 가볍게 찾을수 있겠지만 이 1의 수는 찾기 힘든데 바로 이 1이 잡는 수이다.

2도 (계속) 흑 ▲에 백 1로 흑 한점을 따내면 흑 2로 급소에 뛰어들어 백을 잡게 된다. 백 3, 흑 4까지, 백이 한점을 때린 자리는 집으로 갖추어지지 않는다. 이 ▲를 생략하고 즉시 2에 뛰어들면 어떨까?

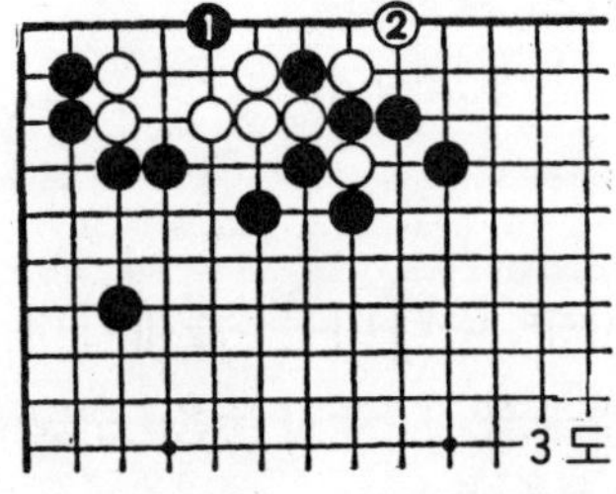

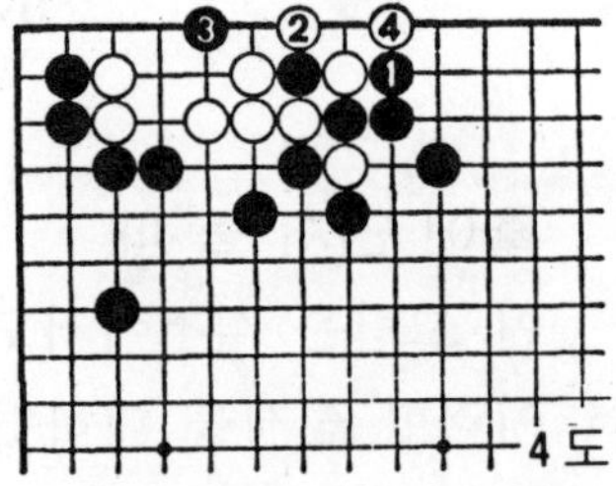

3도 (실패) 흑 1일 때 백 2로 마늘모 붙임수하여 저항한다. 2도의 수순이면 잘못이 없는데 이렇게 되면 주위의 상항에 따라서는 복잡한 싸움이 벌어지게 된다.

4도 (실패) 흑 1, 3 역시 주위의 상항에 의해서 복잡한 싸움이 되므로 정석이 되지 못한다. 다음 백 4로 문제의 급소에 젖혀두게 된다. 이렇게 되면 흑의 실패이다.

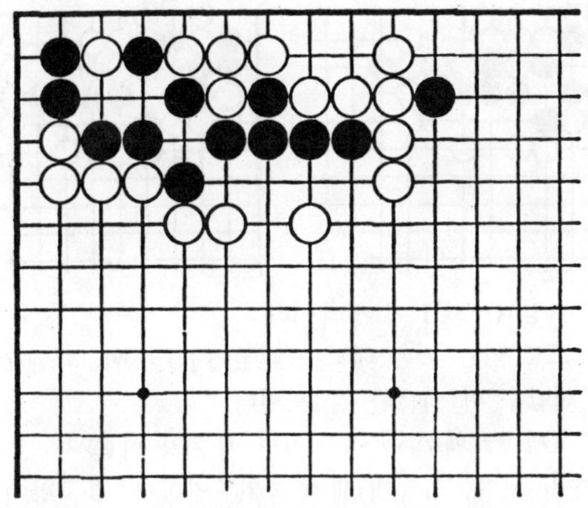

제59문

백이 먼저 둘 때

흑 대마가 백에 의해 포위되어 있다. 어떻게 해서든지 흑을 섬멸하고 싶다. 그렇다면 어떻게 해야 하는가?

백은 흑의 세력 안에 들어있는 백 한 점을 유념하여서, 이것을 최대한으로 이용하여야 한다. 흑의 단점을 포착하여 속공을 하는 것도 의의있는 일이다. 가장 중요한 것은 백이 흑으로 하여금 두 집을 확보하지 못하게 하는 일이다.

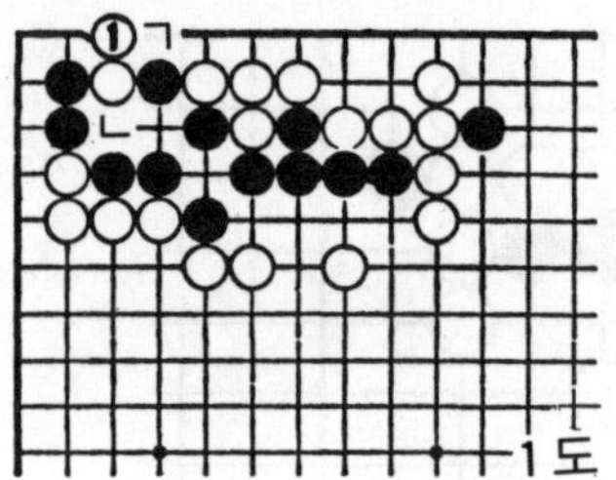

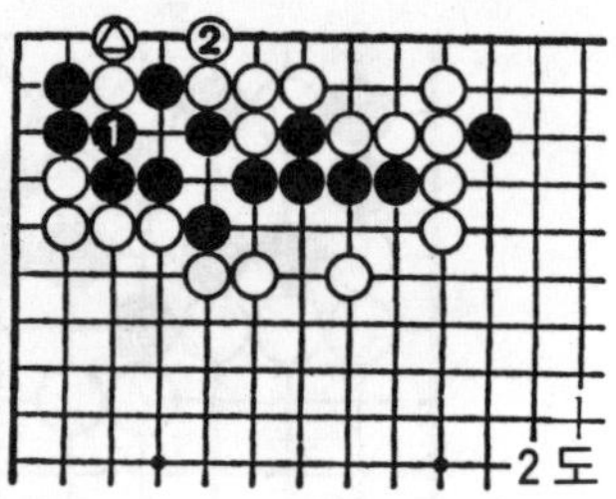

1 도 (정석) 백 1 이 정석이다.

백ㄱ으로 넘는 것은 대악수(惡手) 이다. 흑ㄴ의 패로 저항하여 '연단수'의 맥(脈) 을 노린다.

2 도 (계속) 백△에 흑 1 이면 백 2 가 백△와 호응하여 좋은 수가 된다. 이렇게 해서 흑의 '연단수'를 방지하므로 흑은 패로 버텨서 저항하지 못하게 된다.

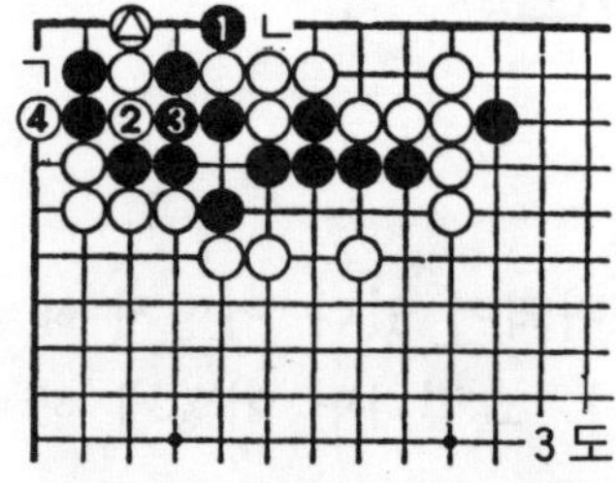

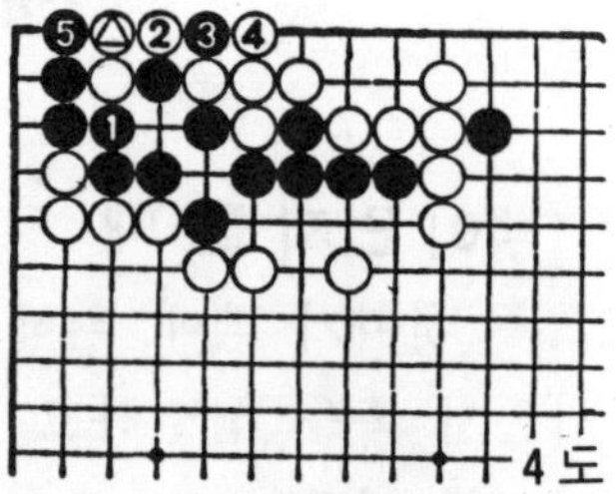

3 도 (변화) 백△에 대해 흑 1 로 젖혀둘 수도 있다.

이렇게 되면 백 2 로 끊어버린다. 흑 3 일 때 백 4 로 흑은 모두 죽는다. 흑ㄱ이라면 백ㄴ이다.

4 도 (실패) 올바르게 백△를 두었어도 흑 1 일 때 백 2 로 넘는 것은 흑 3 의 먹여치기를 당해 백 4, 흑 5 로 패싸움이 되어버린다. 백 2 를 생략하고 3 으로 내려서야 백△가 위력을 발휘할 수 있다.

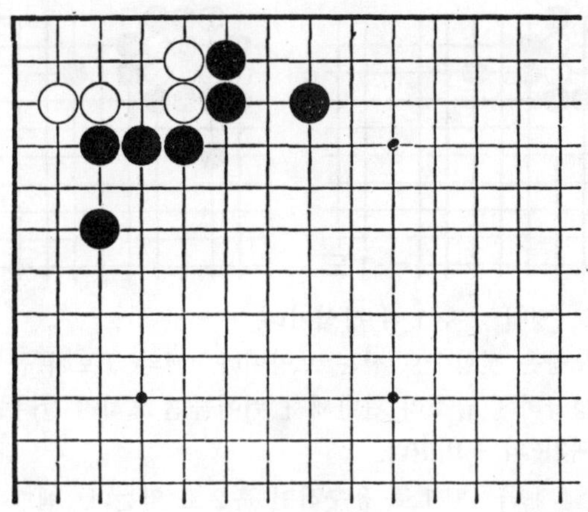

제60문

흑이 먼저 둘 때

이 모양은 그다지 어렵지는 않지만, 그렇다고 아무렇게나 두어서는 결코 성공을 거두지 못할 것이다.

이러한 유형의 문제는 실전에서도 자주 나타난다. 따라서 주의깊게 살펴두어야 할 것이다.

흑이 화점에 둔 상태에서 3·3에 침입을 하여 들어오면 곧잘 이러한 모양이 전개된다.

여기에서는 맥을 찾아 올바로 짚어야 한다.

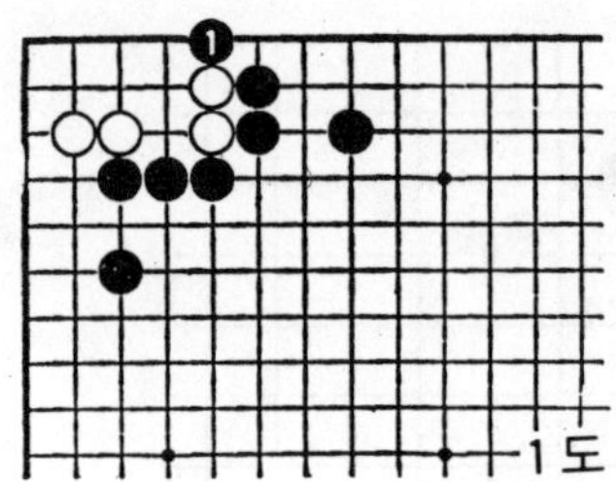

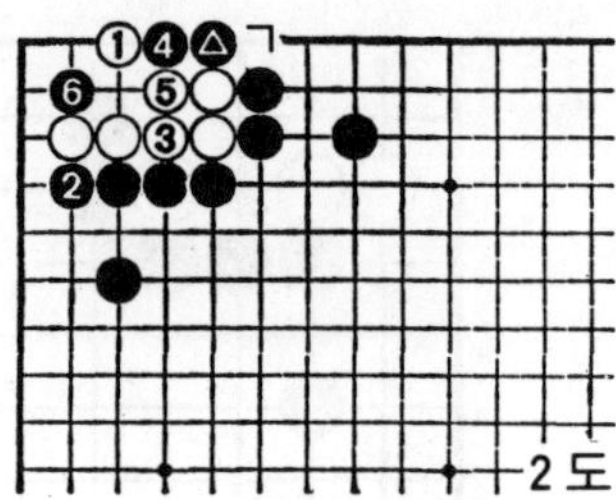

1도 (정석) 흑 1이 정석이다.

이 모양은 젖힘수로 잡는 모양이다. 백의 궁도가 좁기 때문에 성급하게 급소라 판단해서 뛰어들면 오히려 살려주게 되는 결과가 되어 버린다.

2도 (계속) 백 1로 응수하면 흑 2로 막는다. 백 3에 흑 4로 응수하고 백 5로 단수하면 흑 6으로 집을 파괴 한다.

백ㄱ에 두어 흑 두점을 때려도 흑△로 그만이다.

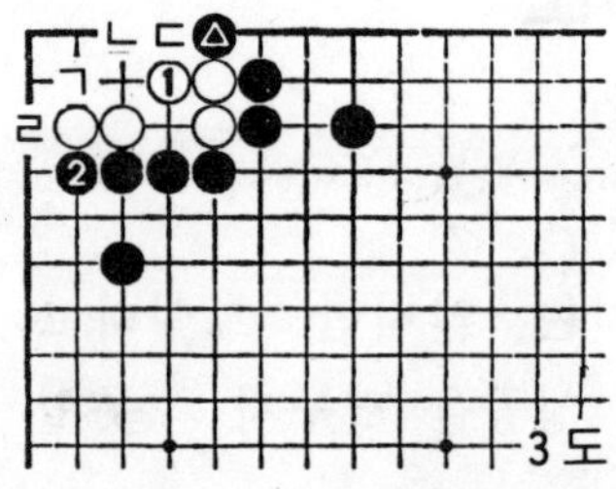

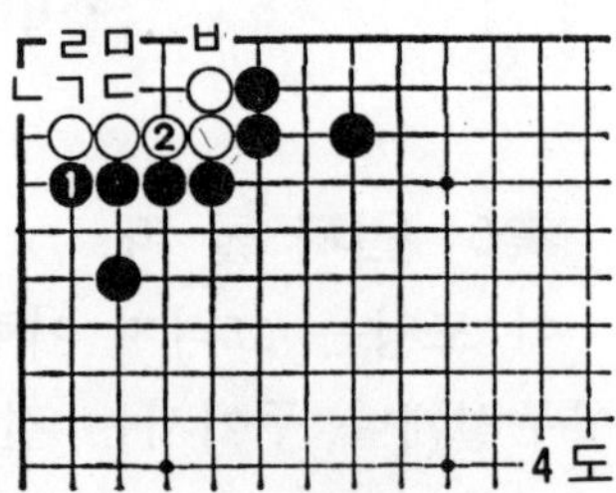

3도 (변화) 흑△에 대해 백 1로 응수하면 역시 흑 2로 막아 만족이다. 이하 백ㄱ에 두어도 흑ㄴ, 백ㄷ, 흑ㄹ까지 여서 두 집을 확보할 수 없다.

4도 (실패) 잠자코 흑 1로 밀면 백 2의 이음수가 있어 흑ㄱ, 백ㄴ,흑ㄷ, 백ㄹ, 흑ㅁ, 백ㅂ이 되어 소위 '만년패의 빅'이 된다. 흑 1로 두기 전에 ㅂ의 곳에 젖혀두는 것이 올바른 방법이다.

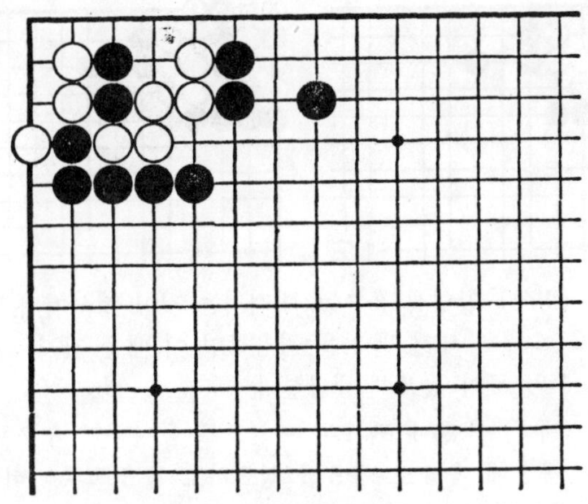

제61문

흑이 먼저 둘 때

흑선으로 귀의 백을 잡을 수가 있을까?

그림을 볼 때, 백은 품안에 뛰어들어온 흑 두 점을 잡는다면 무난히 두집을 확보하여 삶을 도모할 수 있게 된다. 따라서 흑은 어떻게 해서든지 백의 세력권 안에 들어있는 흑 두 점을 살리는 쪽으로 노력하지 않으면 안된다. 그러기 위해서는 어떠한 수순을 밟아야 할까?

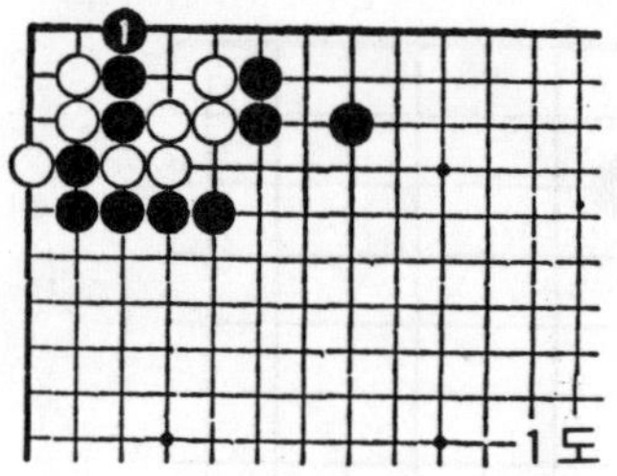
1도

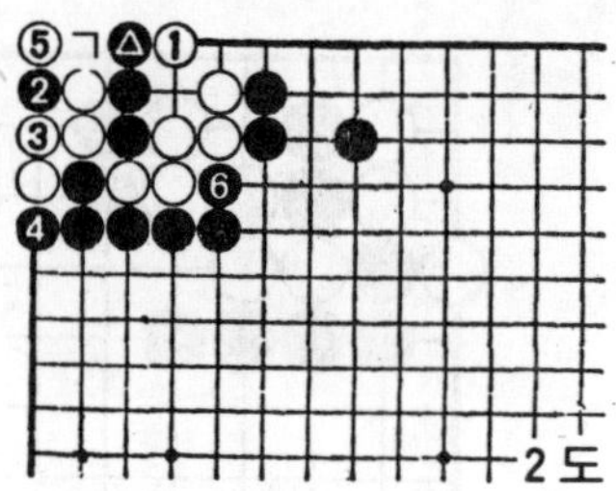
2도

1도 (정석) 이렇게 흑 **1** 로 내려서는 것이 정석이다.

이곳을 소홀히 해서 백 **1** 을 허용하면 이 백을 잡지 못한다. 이 **1** 의 곳이 급소에 해당한다.

2도 (계속) 흑▲에 백 **1** 의 마늘모로 붙여두면 흑 **2** 로 응수한다. 백 **3** 에 흑 **4** 로 백 **5** 를 강요하고 흑 **6** 으로 바깥쪽 공배를 메우면 백은 자충이 되어 그대로 죽어버린다.

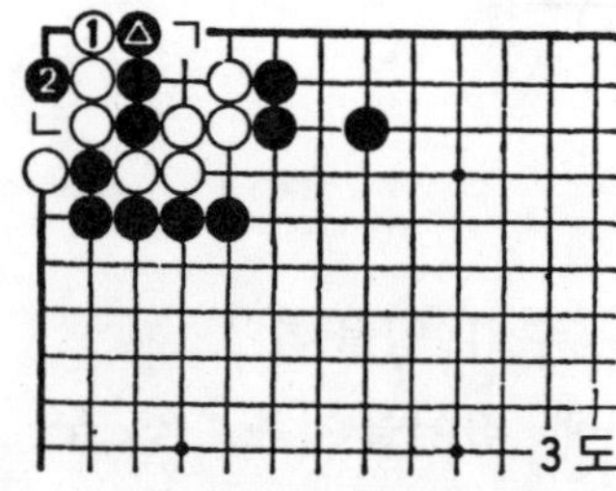
3도

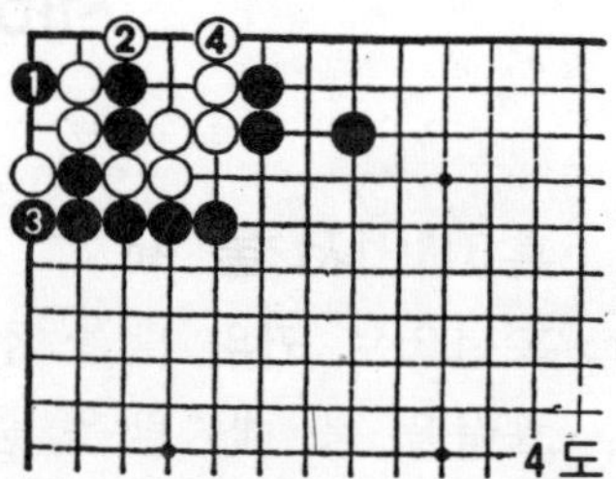
4도

3도 (변화) 흑▲에 백 **1** 로 왼쪽부터 공배를 메우면 흑 **2** 가 된다.

그때 백ㄱ으로 석점을 단수하여 흑ㄴ으로 백의 집을 파괴한다.

4도 (실패) 흑 **1** 로 붙여두면 백 **2** 로 살아버린다. 흑 **3** 해도 백 **4** 이다. 또, 흑 **1** 하는 대신 흑 **4** 로 먼저 젖혀도 백 **2** 로 살 수 있다.

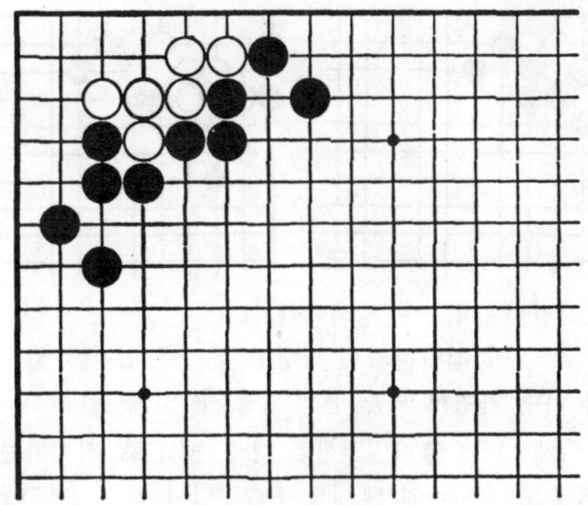

제62문

흑이 먼저 둘 때

여기에서는 수순이 중요하다. 소홀히 생각하다가는 결코 올바른 해답을 찾아낼 수가 없다.

언뜻 보면 귀의 백이 아직은 모양이 갖추어지지 않은 것처럼 보이지만 의외로 갑자기 힘든 모양이다.

여기에서 가장 중요한 것은 제 일착을 어디에다가 두느냐 하는 것이다. 첫수가 잘못 놓여지면 의외로 어려운 게임이 된다.

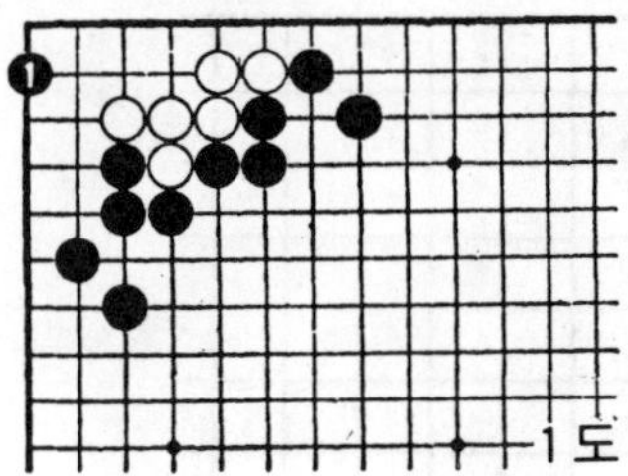

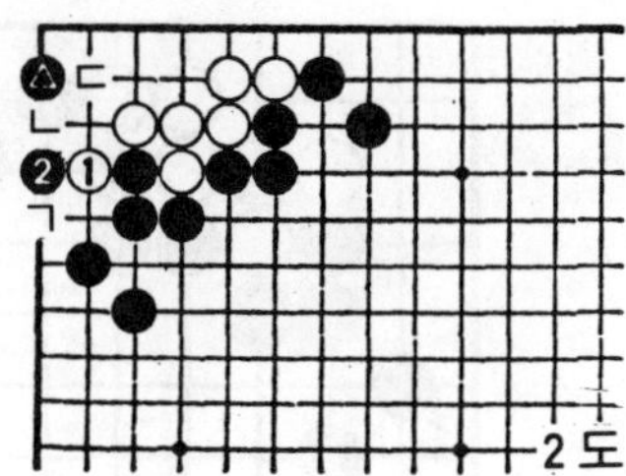

1도 (정석) 흑 1이 정석이다.

흑 1로 깊이 침입하려면 상당한 용기가 있어야 하는데 이렇게만 하면 가볍게 백을 전부 잡을 수 있게 된다.

2도 (계속) 흑△에 최선을 다해 백 1로 저항하는데 그러면 흑 2로 응수하여 백에게 후속수단이 없다. 백ㄱ은 흑ㄴ이며 백ㄷ으로 두어도 흑ㄴ으로 그만이다.

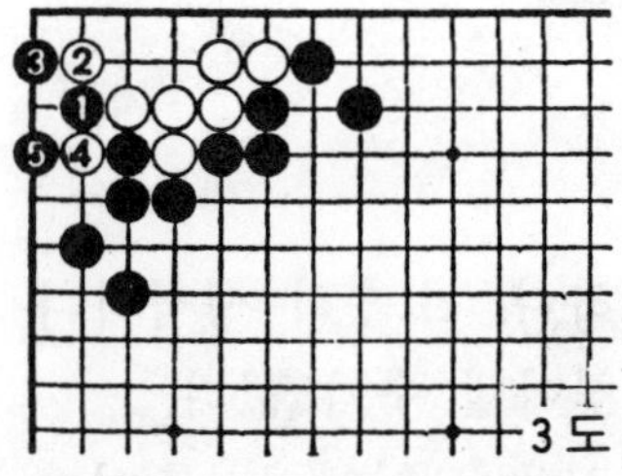

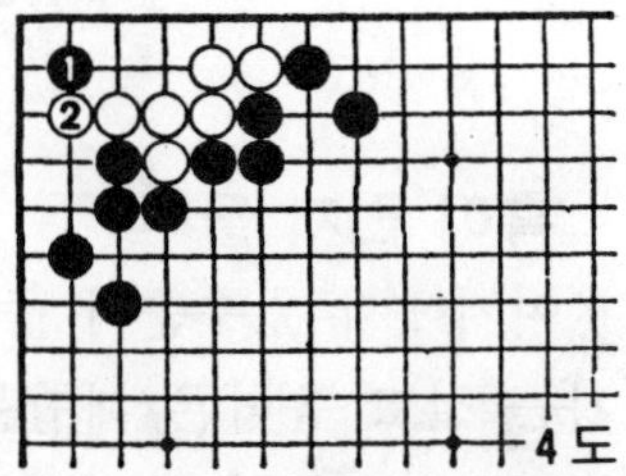

3도 (패싸움) 공격수단으로 먼저 흑 1, 3이 떠오를 것이다. 하지만 백 4, 흑 5로 사활(死活)을 건 패싸움이 되어버린다. 이처럼 잡을 수 있는 돌을 패로 만들어서는 실패다.

4도 (악수) 흑 1은 백 2로 끊어서 백은 가볍게 살아난다. 대 악수(惡手) 이다.

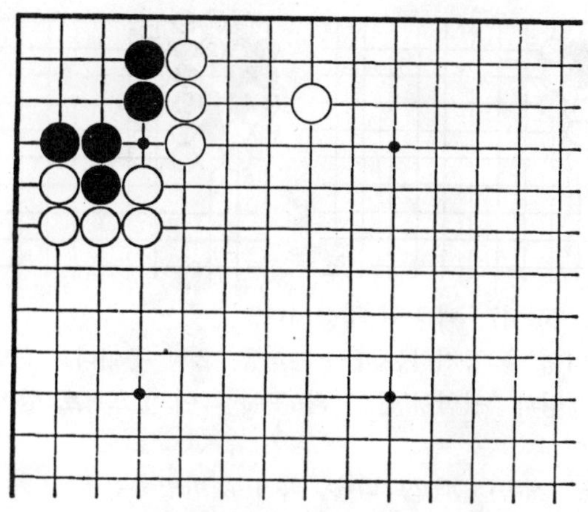

제63문

백이 먼저 둘 때

이 모양은 백이 맥을 짚지 못하면 흑이 두 집을 확보해 버리게 된다.

따라서 백은 우선적으로 흑이 두 집을 확보하지 못하도록 방해 공작을 펴야 한다.

수읽기를 하여 본 후에 급소를 찾아서 강력하게 찔러야 한다.

흑의 저항 수단에 대해서도 신경을 써야 할 것이다.

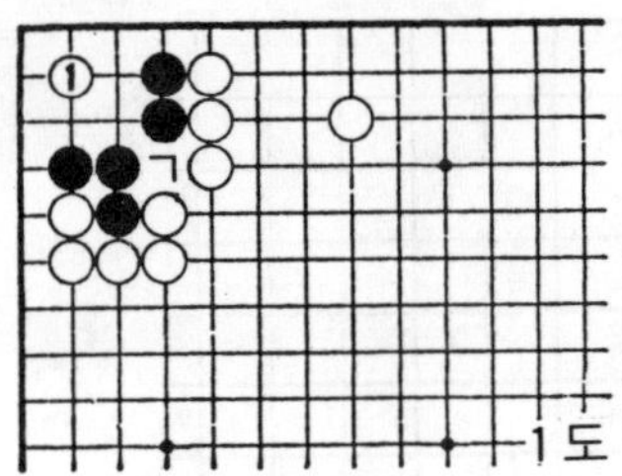

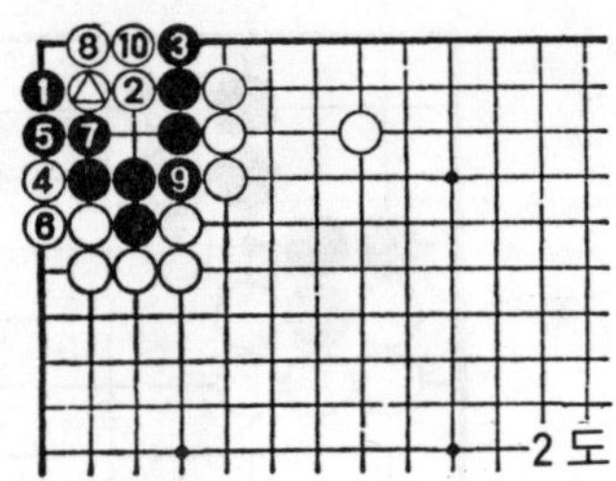

1도 (정석) 백 1이 정석이다.

'됫박형'을 공격하는 급소는 2, 2의 곳이다. 뿐만 아니라 그림의 '됫박형'은 ㄱ의 곳에 흑이 없으므로 살지 못하는 것이다.

2도 (계속) 백 Ⓐ 다음, 흑 1로 반발하면 백 2가 좋은 수여서 흑 3 다음 백은 4, 6으로 젖혀잇는다. 백10까지, 다섯집 뛰어듦수가 성립한다. 흑 9로 10에 두면 백 9까지이다.

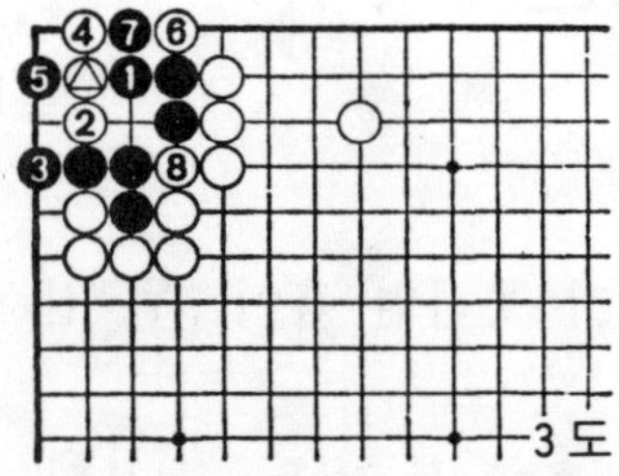

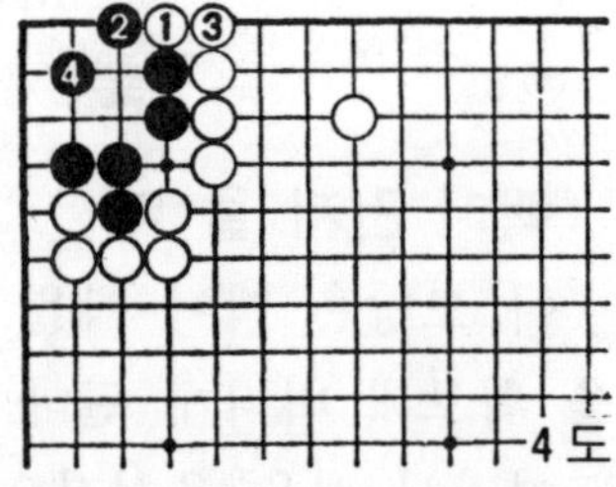

3도 (변화) 백 Ⓐ에 흑 1일 경우 백 2로 응수한다. 흑 3일때 백 4가 중요한 수로 다음에 백 5이면 '유가무가' 가 되거나 다섯집 뛰어듦 수가 되므로 흑 5는 어쩔 수 없는 것이고 백 6, 8하면 흑은 살지 못한다.

4도 (실패) 뛰어 들어서 잡을 수 있는 것을 백 1, 3 등으로 젖혀두면 오히려 흑을 쉽게 살려주는 결과가 되어 크게 실패한다.

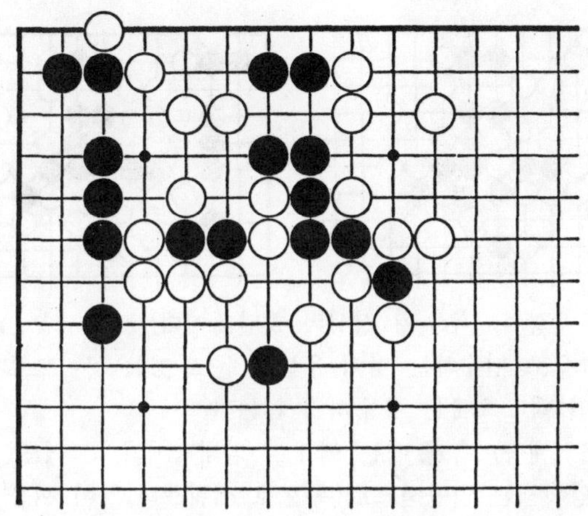

제64문

흑이 먼저 둘 때

이 그림 역시 상당히 복잡한 문제이다. 오른쪽의 흑이 백에게 쫓기고 있고, 중앙의 흑 두 점은 이미 사석이 되어 있다. 이러한 상황 속에서 과연 흑선으로 중앙의 백을 끊어서 포획할 수 있을까?

백은 흑에 대하여 끝없는 반격을 계속할 것이다.

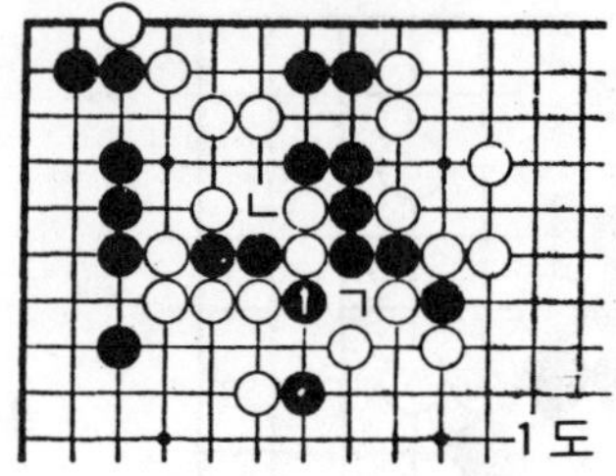

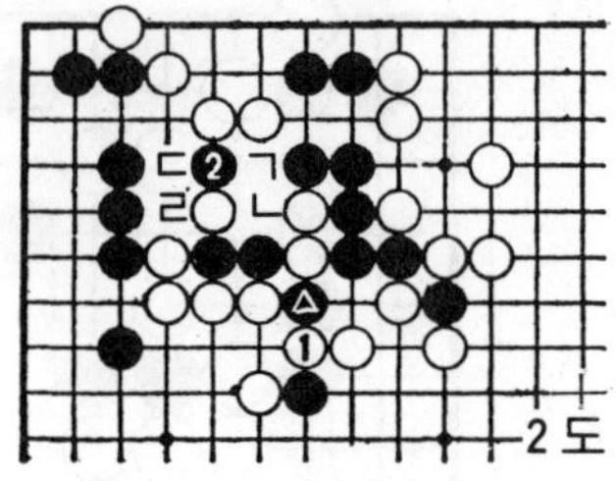

1 도 (정석) 흑 1 이 정석의 첫단계이다.

흑ㄱ으로 단수하는 것이 우선은 듣고 있는 곳이므로 흑 1 에 두면 백ㄴ으로는 응수하지 않는다.

2 도 (계속) 흑▲에는 백 1 이 절대적이다. 그러면 이러한 모양에서는 일반적으로 흑 2 로 끼워둔다. 이 끼움 수 외에는 흑을 구출하지 못한다. 그리고 흑 2 에 백ㄱ이면 흑ㄴ, 백ㄷ은 흑ㄹ로 끊겨 실패다.

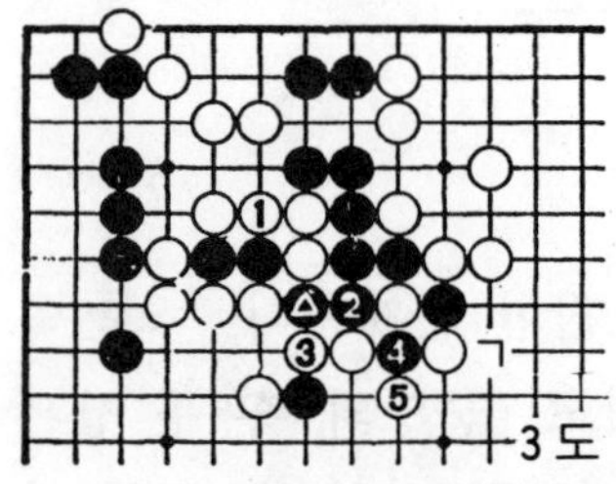

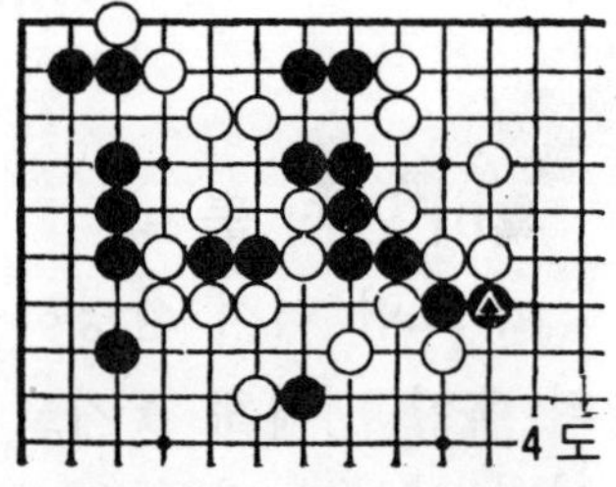

3 도 (패싸움) 원본의 그림은 흑▲일 때 백 1 로 때리는 강력한 수가 있으므로 흑 2, 백 3, 흑 4, 백 5 의 패가 되어버린다. 패를 이으면 백ㄱ으로 흑은 살아남지 못한다.

4 도 (다른모양) 그러므로 이 문제에서는 흑▲ 한점을 더 둘 필요가 있다. 이렇게 되면 백은 3 도의 패를 만들 수가 없다.

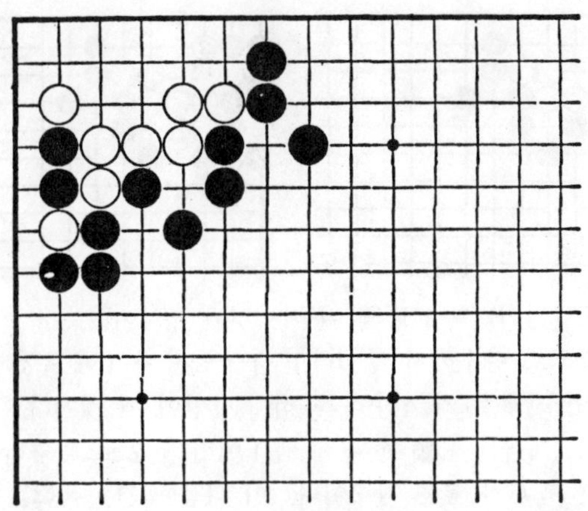

제65문

흑이 먼저 둘 때

백의 궁도가 상당히 넓다. 여기에서 흑선으로 과연 귀의 백을 점령할 수 있을까? 만약 점령할 수 있다면 그 수순은?

이 문제는 의외로 까다롭다. 평범한 수순으로는 결코 성공을 거둘 수가 없다. 묘수를 찾아야 한다. 또한 첫 착수가 중요하다.

과연 어디에서부터 시작해야 할까? 수를 찾아보자.

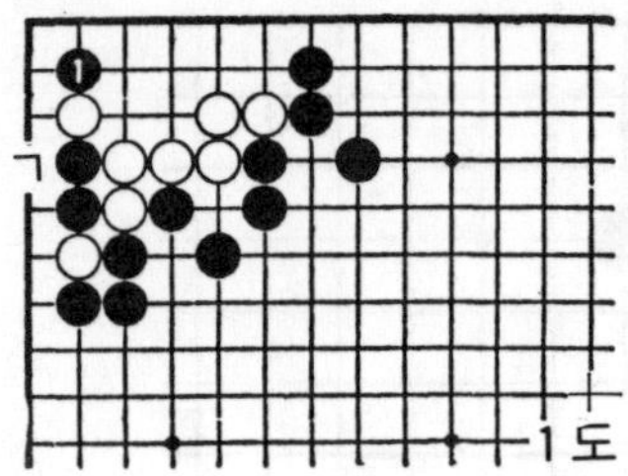

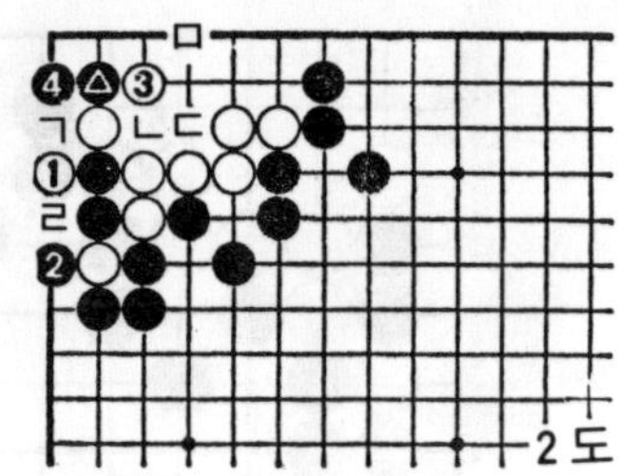

1도 (정석) 흑1로 붙여두는 것이 정석이다.

백ㄱ으로 단수하지 않았다면 누구든지 흑1에 두겠지만 백ㄱ의 단수(單手)가 선수라는 점이 불만이 될 것이다.

2도 (계속) 흑◭에 대해 백1이면 흑2로 응수한다. 백3이면 흑4가 좋은 착수이다. 이 다음 백ㄱ, 흑ㄴ, 백ㄷ, 흑ㄹ, 백ㄴ, 흑ㅁ으로 결정적인 일격을 가한다.

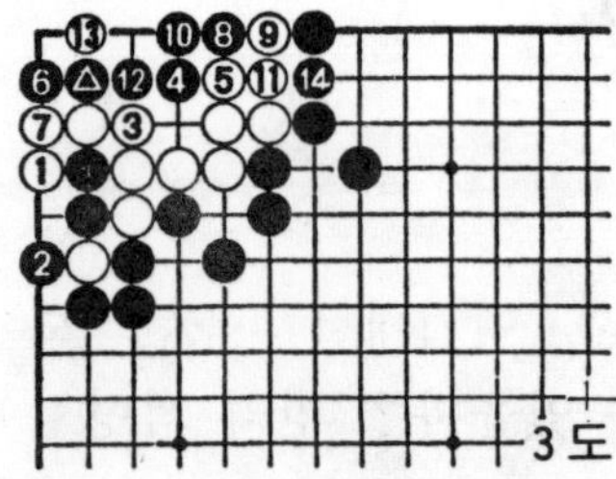

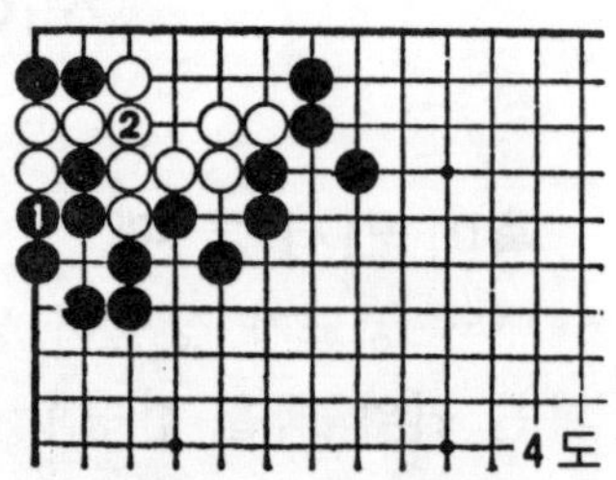

3도 (변화) 2도 백3의 수로 그림의 3으로 이으면 어떻게 될까? 이번에는 흑4로 뛰어들어 이하 흑12까지 적진속에서 삶을 도모한다. 백13으로 집을 파괴하면 흑14로 잇는다. 그러면 백은 자충수가 되어 그대로 죽는다.

4도 (실패) 2도의 다음 흑1, 백2를 교환해 버려서는 실패다. 흑1로 두기전에 2로 먹여치는 것이 빼놓을 수 없는 수이다.

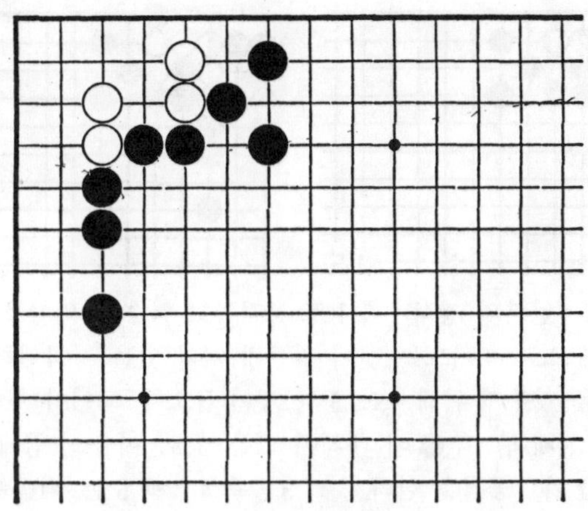

제66문

흑이 먼저 둘 때

흑선으로 귀의 백을 잡을 수 있을까?

이 그림 역시 수순이 중요하다. 백의 궁도를 보면, 넓기는 하지만 흑이 침입할 수 있는 여지가 있다. 백으로서는 이것이 큰 단점이다. 흑은 이 헛점을 이용하여 꿈을 실현시킬 수 있도록 해야 한다.

수읽기를 하여 보고, 가장 올바른 수순을 찾아내어 보자.

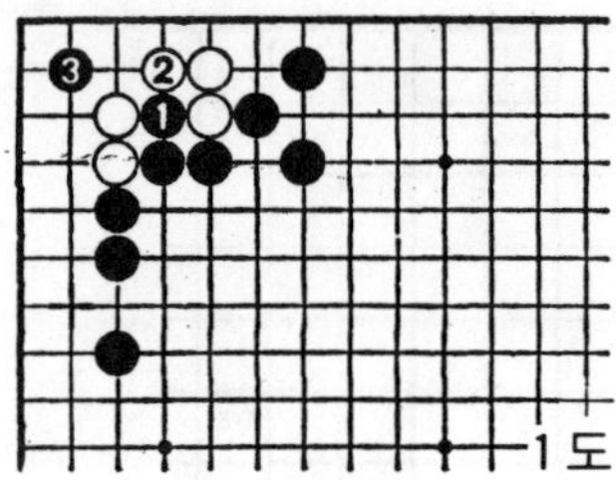

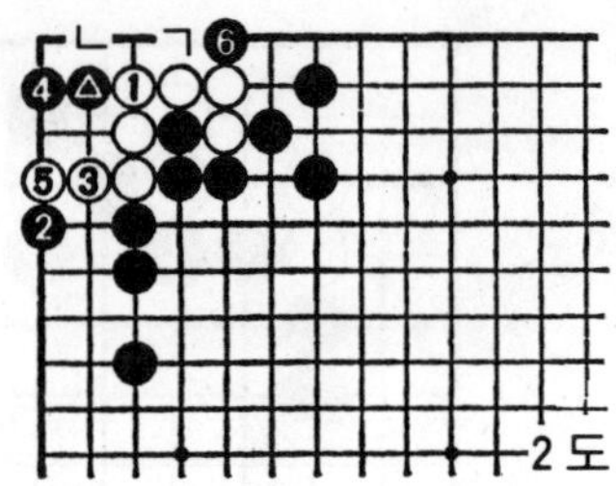

1 도 (원본의 정석) 흑 1 로 공격하고 백 2 로 막았을 때 급소인 3 으로 뛰어드는 것이 원본에 나와 있는 정석이다. 백은 집을 갖추기 위해서도 3 의 곳이 급소가 되어야 한다.

2 도 (계속) 흑 ▲에 대하여 백은 1 로 이을 수밖에 없는데 흑 2 가 공격을 한다. 백 3, 흑 4, 백 5 는 외곬수이다. 그러면 흑 6 이 결정적인 수이다. 이하 백ㄱ, 흑ㄴ의 진행이 된다.

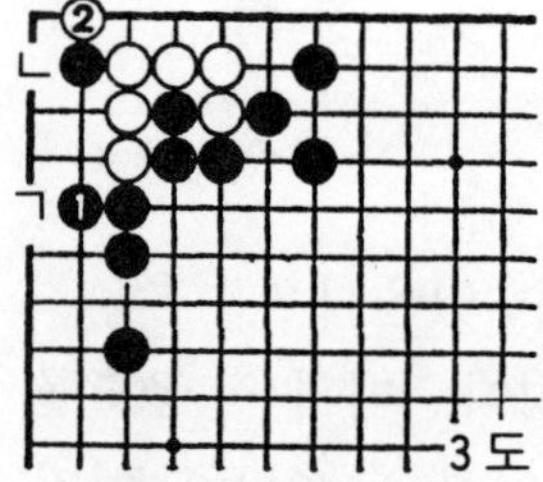

3 도 (나쁨) 2 도의 흑 2 로 그림의 흑 1 로 구부리면 백 2 를 당해 나쁘다. 왜냐하면 흑 1 대신 흑ㄱ에 두면 이 다음 흑ㄴ으로 넘어가지만 이 1 로는 넘을 수 없기 때문이다.

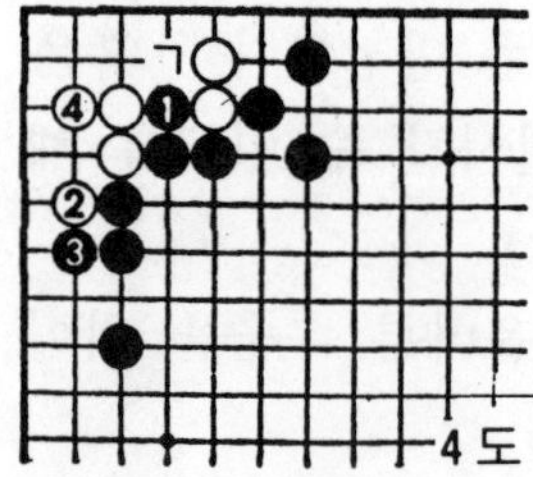

4 도 (부적당) 흑 1 일 때 백 2 로 젖혀두면 타개책이 있다. 흑 3 에는 백 4 로 응수한다. 그러므로 이 문제는 부적당한 것이다. 무조건 잡는 문제일 경우 흑 1, 백ㄱ의 교환이 필요한 것이다.

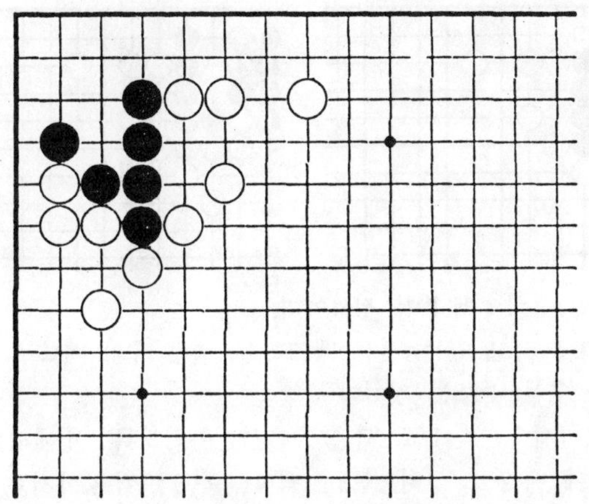

제67문

백이 먼저 둘 때

이 문제는 상당히 어려운 문제이다. 그러나 급소를 찾아서 수순을 올바로 진행시키면 충분히 찾아낼 수 있을 것이다.

이 모양은 실전의 대국에서도 곧잘 나타나는 문제이므로 충분히 이해하여 습득해 둘 수 있도록 노력하기 바란다.

백은 우선 흑의 궁도를 좁힐 수 있도록 수를강구해 보는 것도 하나의 방법이 될 것이다.

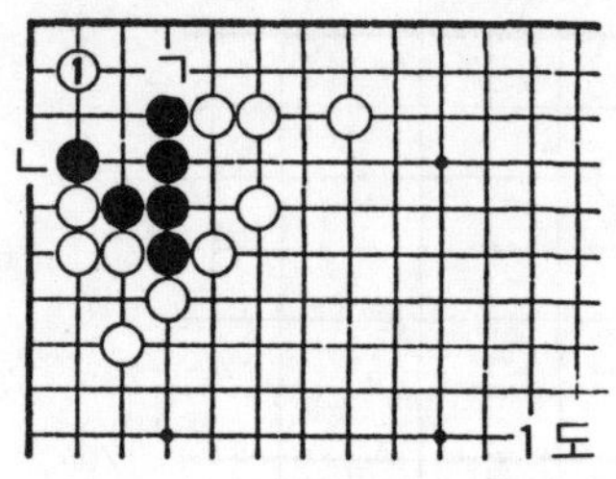

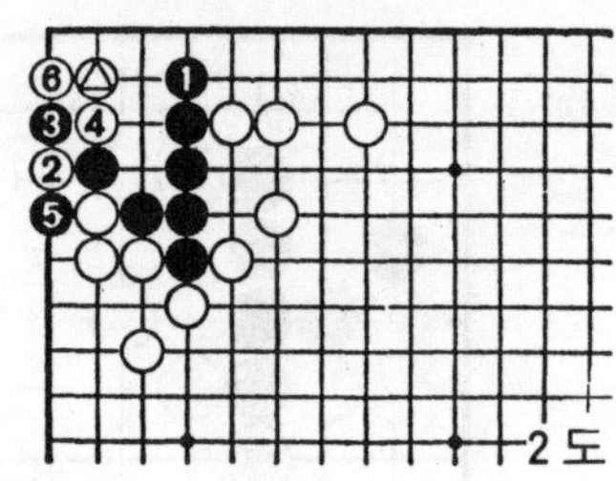

1 도 (정석) 백 1 이 정석이다.

백이 노리고 있는 것은 백ㄱ으로 넘는 수와 백ㄴ으로 공격하는 수를 맞보는 것이다.

2 도 (계속) 흑 1 로 백△를 넘지 못하도록 방해해야 한다. 그때 백 2 로 젖혀 흑 3, 백 4, 흑 5, 백 6 까지는 외곬수이다. 다음 백에게 단수(單手)를 당하면 이을 수가 없으므로 흑은 3 도에서처럼 먼저 이어버린다.

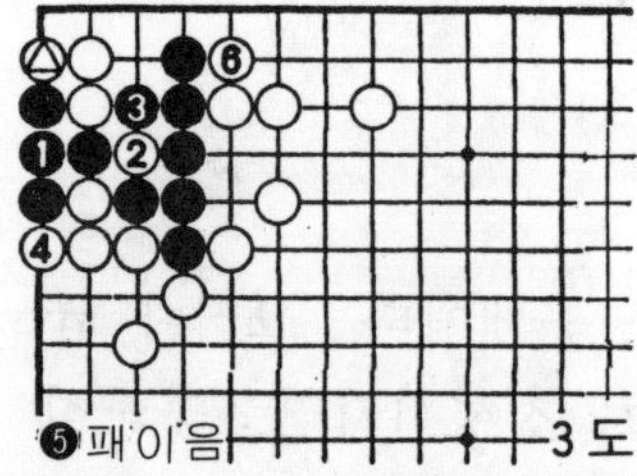

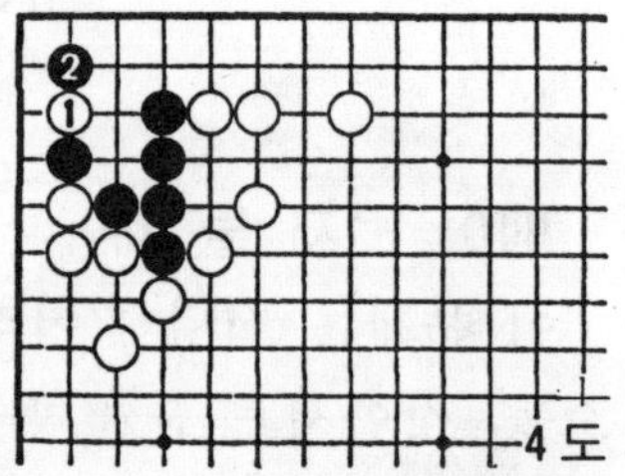

3 도 (계속) 2 도에 계속해서 흑 1 로 이으면 백 2 로 한번 먹여치는 것이 좋은 수순이다. 다음에 백 4 로 흑 5 를 강요한 다음 백 6 으로 넉집 뛰어듦 수로 유인해낸다.

4 도 (실패) 그림의 백 1 은 실패다.

예를 들어 흑 2 정도로 붙여와도 백은 이 흑을 잡기가 어렵게 된다.

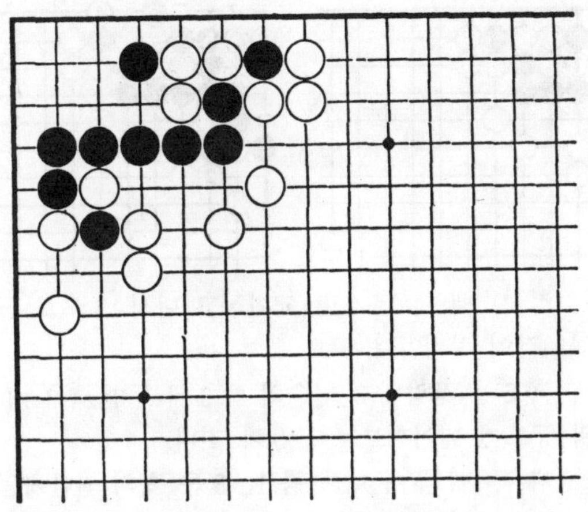

제68문

백이 먼저 둘 때

귀의 흑은 의외로 넓은 궁도를 가지고 있다. 백은 흑의 급소를 찌르지 않는 이상 흑을 공략하기가 쉽지 않다.

백은 윗변 쪽도 흑을 공격하는 기지로 삼아야 하겠지만, 왼쪽 변의 약점에 대해서도 신경을 써야 한다. 흑이 젖히고 들어오면 백이 받지 않을 수가 없기 때문이다.

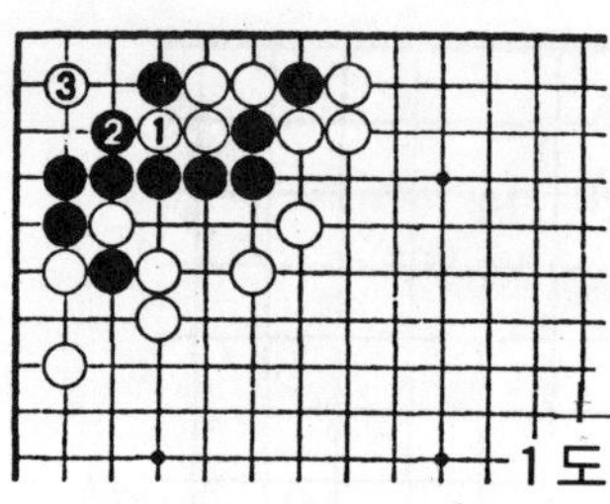

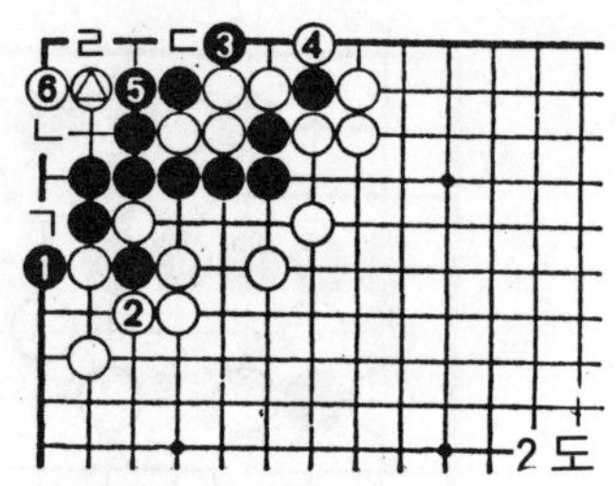

1 도 (정석) 백 1, 흑 2 를 교환하고 나서 3 으로 급소에 뛰어드는 것이 정석이다.

백 1, 흑 2 를 생략하고 단순히 백 3 에 두면 흑 1 에 의해서 흑의 궁도가 넓어지므로 곤란해 진다.

2 도 (계속) 백◬에 대해 흑 1, 3 은 흑의 권한에 속한다. 그리고 흑 5 로 이었을 경우 백 6 으로 결정타를 가한다. 이 다음 흑ㄱ이면 백ㄴ, 흑ㄷ, 백ㄹ이 된다.

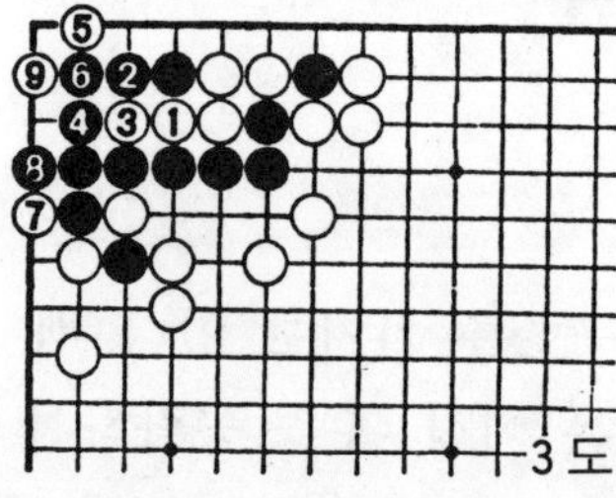

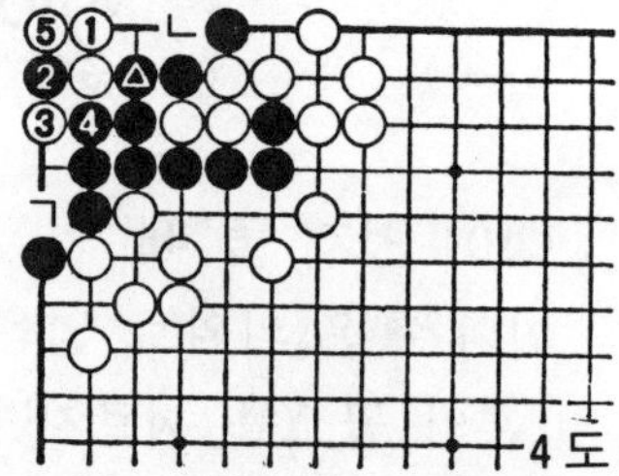

3 도 (변화) 여기서 백 1 일때 흑 2 로 뻗는 변화도 읽어두어야 한다. 이때는 백 3 으로 단수하고 흑 4 에 대해서는 백 5 로 급소에 뛰어들어 잡아 버린다.

4 도 (변화) 흑▲(2도의 흑 5)에 대해 백이 방향을 전환해서 1 의 곳에 내려서도 흑은 살수가 없다. 흑 2 에 두어도 백 3, 흑 4, 백 5 가 된다. ㄱ과 ㄴ을 맞보므로 이것 역시 다섯집 뛰어듦 수가 되는 것이다.

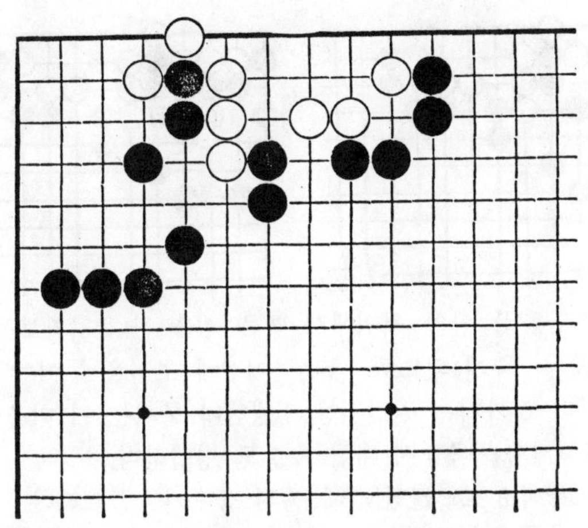

제69문

흑이 먼저 둘 때

이 모양은 한눈에 보아도 상당히 어려운 문제임을 알 수가 있다. 백은 이미 귀쪽으로 넘어가기 시작한 상태이다. 이것은 백이 왼쪽 윗귀에서 적어도 한집을 확보할 수 있다는 것을 예시해 주는 것이다.

그렇다면 흑으로서는 백이 왼쪽으로 뻗어나가는 것을 방지해야 할 것이다. 백이 왼쪽 윗귀에서 한집도 확보하지 못하도록 방해공작을 편다.

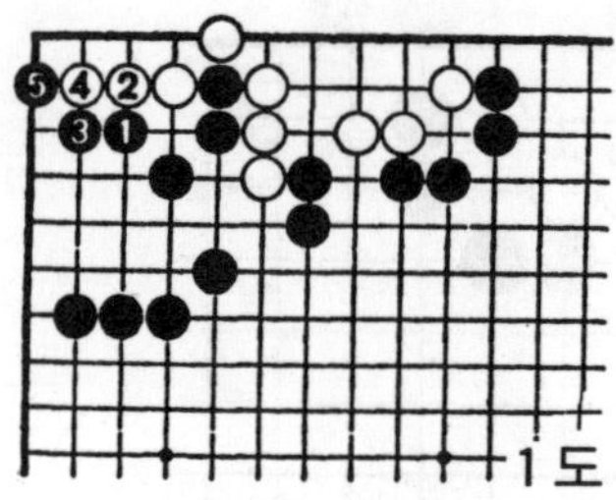

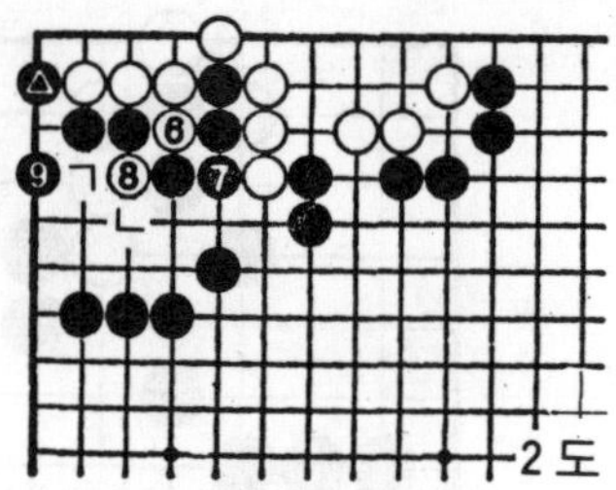

1 도 (정석) 왼쪽 윗귀에서 백은 집을 하나도 확보하지 못하면 모두 죽게 되므로 흑은 이점에 초점을 두어야 한다. 흑 1 부터 5 까지는 필연적인 진행인데 문제는 이 다음이다.

2 도 (계속) 백 6 에 대한 흑 7 도 당연하다.

그리고 백 8 로 끊었을 때 흑의 응수가 중요하다. 평범하게 흑ㄱ에 두면 백ㄴ으로 흑의 실패다. 여기서 흑 9 가 절묘한 수이다.

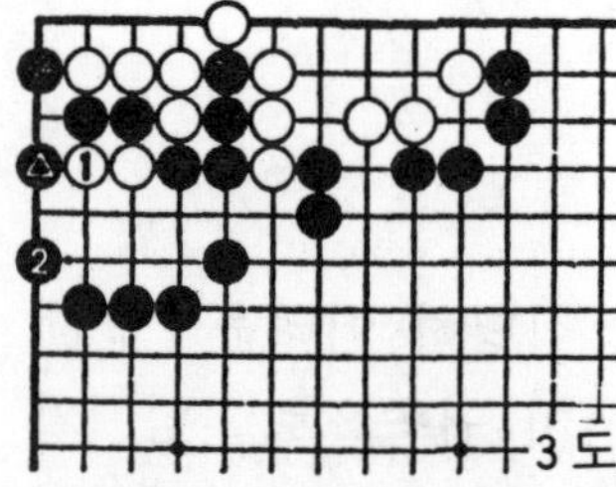

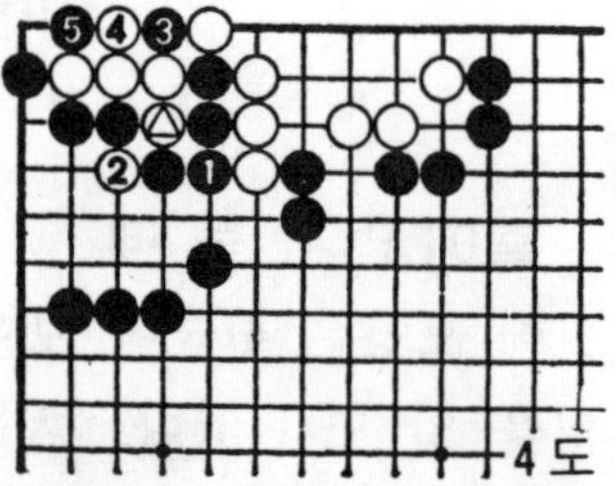

3 도 (계속) 흑▲는 훌륭하게 넘는 수이다. 백 1 로 단수해도 흑 2 로 넘어가 버린다. 백이 두점을 잡아도 흑은 되때려서 만족이다.

4 도 (패싸움) 백△으로 치받으면 흑 1, 백 2 일 때 흑 3 으로 먹여치면 백 4, 흑 5 로 패가 되어 버린다. 가볍게 잡을 수 있는 것을 이처럼 패로 만드는 것은 실패다.

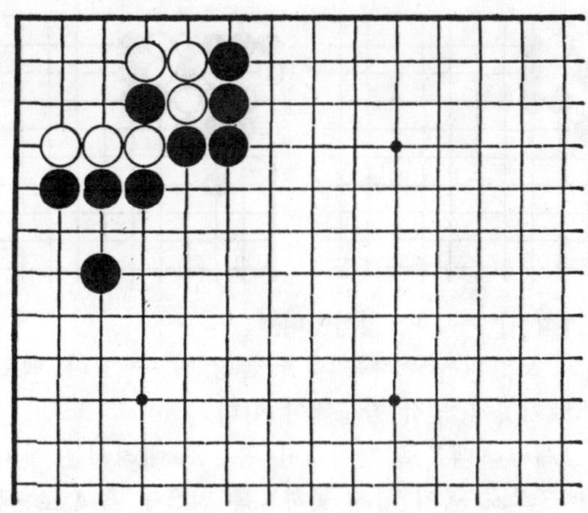

제70문

흑이 먼저 둘 때

흑선으로 귀의 백을 잡을 수 있는가 하는 점이 이 문제의 주요 안건이다.

그림에서 보는 바와 같이 백집 안에 단수 당해 있는 흑 한 점이 의외로 흑에게는 힘이 된다. 흑은 이 한 점을 의식하고, 백의 진영 속으로 특공대를 파견해 보는 것도 하나의 방법이 되리라고 본다.

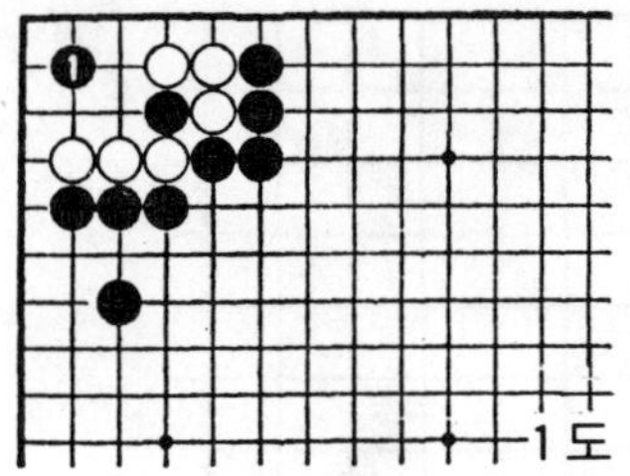
1 도

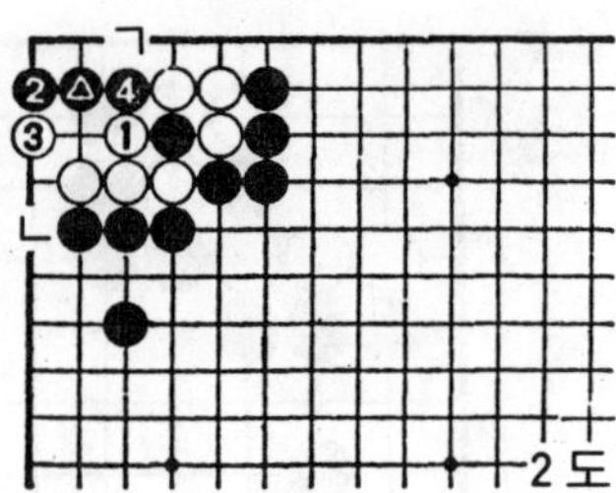
2 도

1 도 (정석) 흑 1 이 정석이다.

흑 1 이 모양의 급소라는 것을 금방 알 수 있다. 백도 삶을 꾀하려면 이곳에 먼저 착수해야 한다.

2 도 (계속) 백 1 로 빵때리면 흑 2 로 내려서는 것이 중요하다. 백 3 으로 흑이 넘지 못하도록 막으면 흑 4 로 백의 집을 파괴해서 잡는다. 백ㄱ에는 흑ㄴ이다.

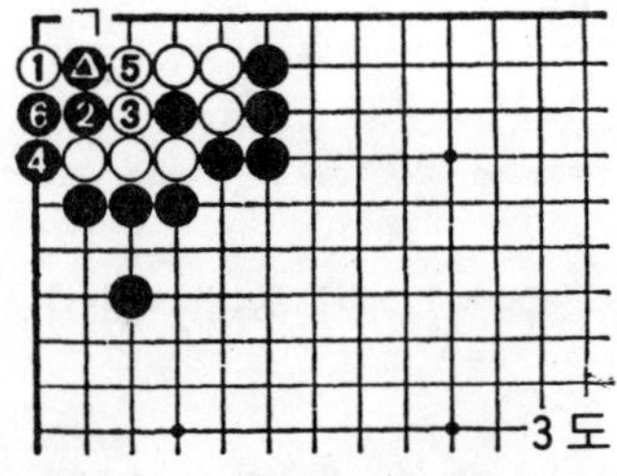
3 도

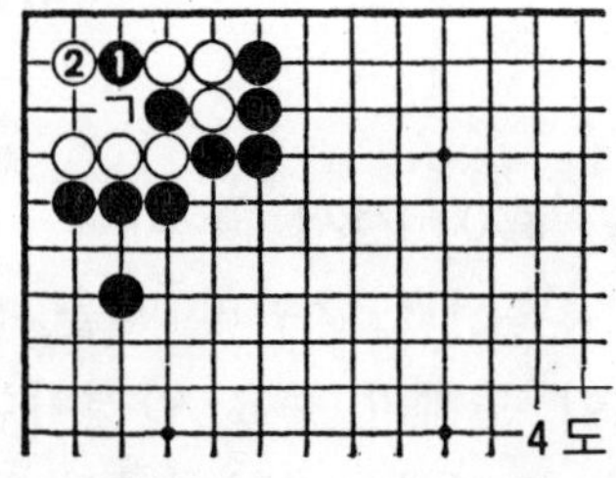
4 도

3 도 (변화) 흑△에 대해 백 1 로 붙여와도 흑은 평범하게 2, 4 로 넘어가고 여기서 백 5 에 대한 흑 6 이 중요하다. 이 6 으로 ㄱ에 두면 백 6 을 당해 어렵게 된다.

4 도 (실패) 너무 가볍게 생각해서 흑 1 에 두면 백은 ㄱ으로 빵때리지 않고 백 2 로 붙여 오히려 백을 살려주게 된다.

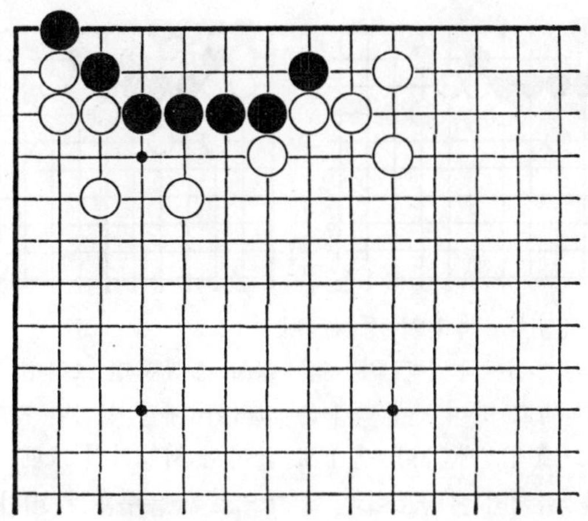

제71문

백이 먼저 둘 때

흑의 궁도가 의외로 넓다. 과연 흑을 무너뜨릴 수 있을까?

물론 백은 흑을 잡을 수 있는 묘책이 있다. 그러나 수순을 제대로 구사하지 못한다면 결코 흑을 붕괴시킬 수 없을 것이다.

여기에서 만약 패가 만들어지면 백은 손해를 보게 된다. 이 점에 유의하여 적정한 수를 찾아보자.

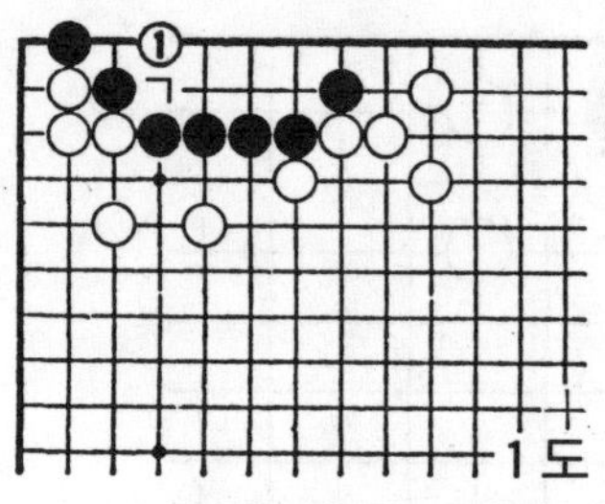
1 도

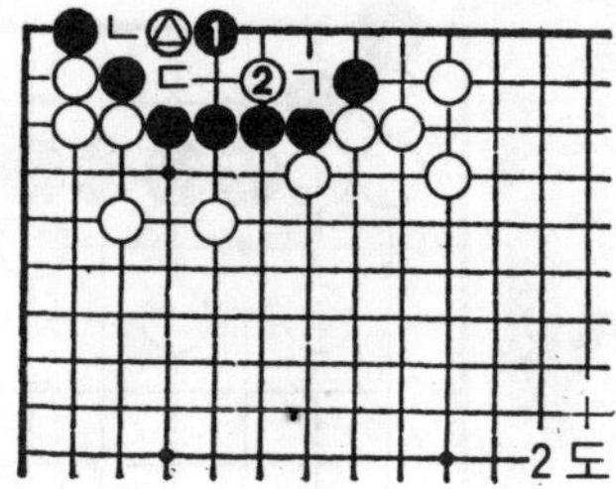
2 도

1 도 (정석) 백 1 이 정석이다.

이 백 1 로는 즉각 ㄱ의 곳을 끊고 싶겠지만 그러면 4 도의 패가 되고 만다. 이 백 1 은 그러한 패를 방어한 것이다.

2 도 (계속) 백 Ⓐ에 흑 1 로 붙여서 저항하면 그때 백 2 가 집을 파괴하는 급소이다. 흑ㄱ으로 끊음수를 수비하면 백 ㄴ, 흑ㄷ에 백ㄴ으로 다시 먹여치면 흑은 한집밖에 확보하지 못한다.

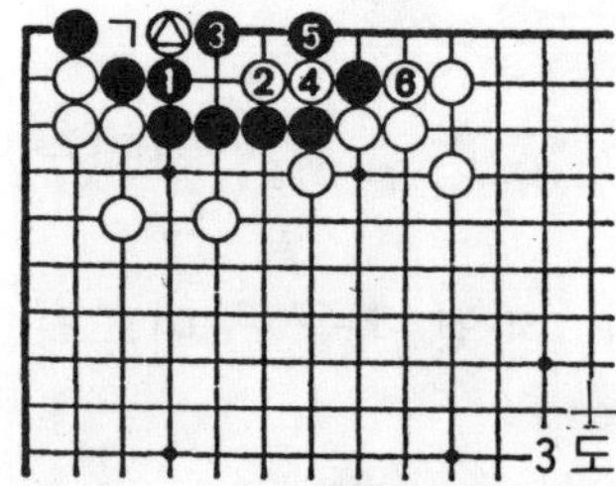
3 도

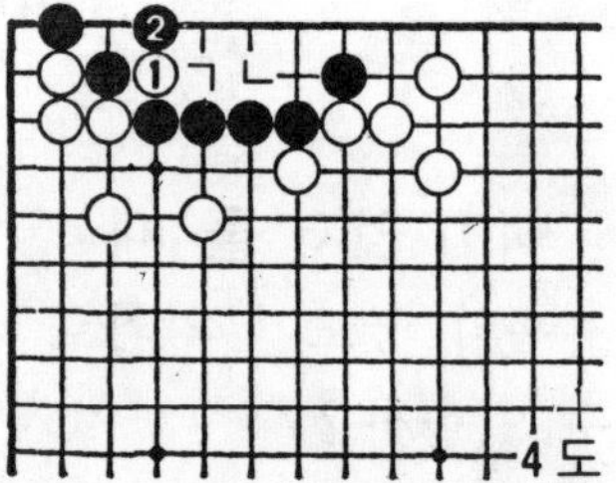
4 도

3 도 (변화) 백 Ⓐ에 흑 1 로 두어도 백 2 가 흑의 집을 파괴하는 급소이다. 흑 3 이면 이하 백 6 까지이다. 또 흑 3 으로 4 에 둘 경우 백ㄱ으로 두고 흑 3 으로 따내면 백ㄱ으로 먹여쳐 역시 흑은 전부 죽는다.

4 도 (실패) 백 1 로 즉시 끊으면 흑 2 로 저항하여 패가 되어버린다. 백ㄱ에 두어도 흑ㄴ으로 패가 된다.

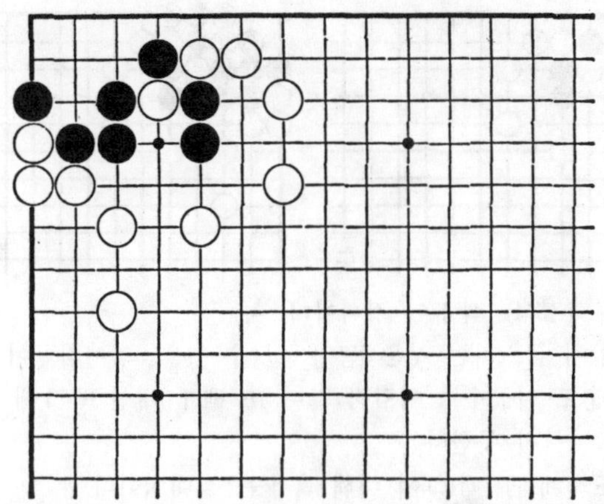

제72문

백이 먼저 둘 때

흑은 이미 백 한 점을 단수하여 한 집을 확보하고 있다. 여기에서 백선으로 귀의 흑 전체를 무너뜨리는 것이 가능할까? 만약 가능하다면 그 수순은 어떻게 될까.

백은 과감하게 흑의 진영으로 특공대를 파견할 필요가 있다. 왜냐하면 백으로서는 귀에서 흑으로 하여금 한 집도 허용해서는 안되기 때문이다.

신중히 생각하여 착수를 진행해 보자

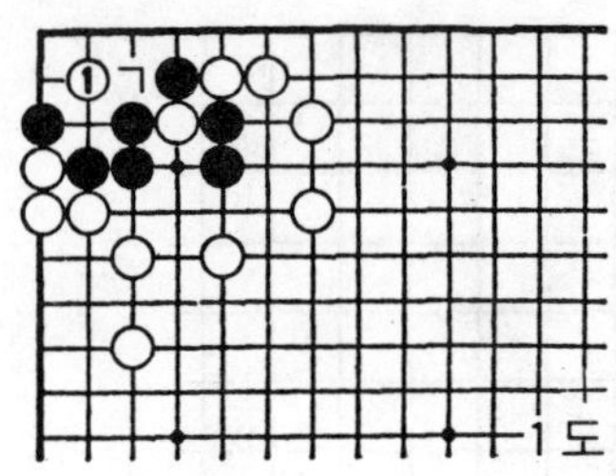

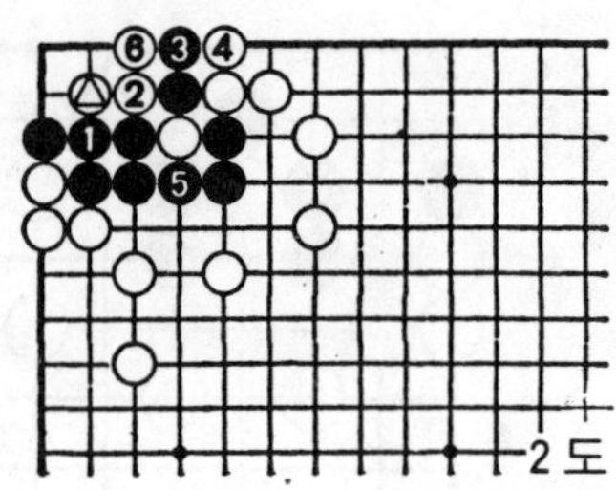

1 도 (정석) 백 1 이 정석이다.

백 1 이 급소라는 것은 금방 알 수 있을 것이다. 이 다음의 수순도 외곬수로 어렵지 않다. 또 백 1 대신 백ㄱ에 두어도 흑은 살지 못한다.

2 도 (계속) 백△에 대해 흑 1 은 절대적이다.

백 2 가 흑의 집을 파괴하는 중요한 수이며 흑 3, 백 4, 흑 5 일 때 백 6 으로 조여 흑을 응형(凝形)이 되도록 한다.

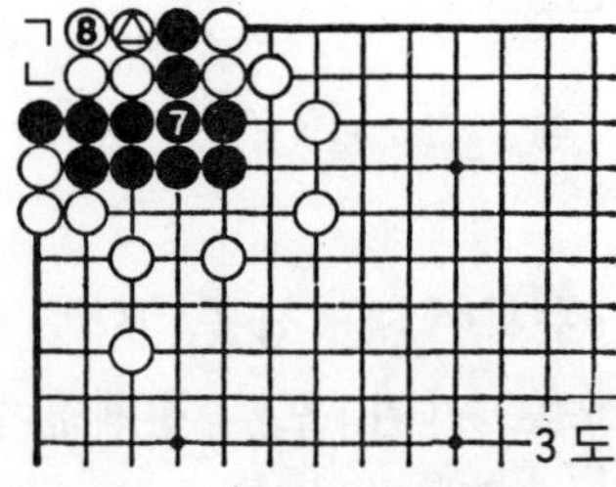

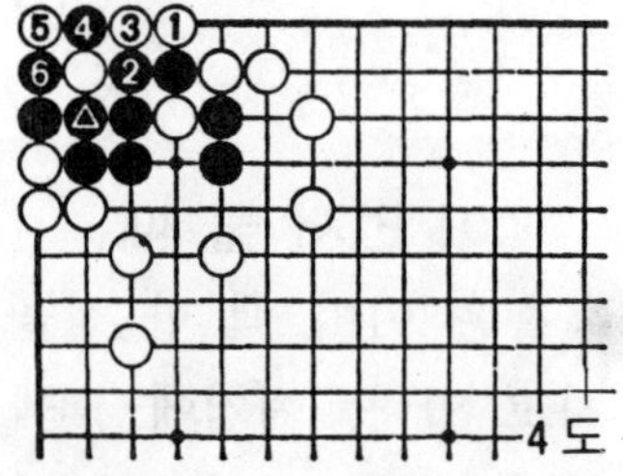

3 도 (넉집 뛰어듦수) 백△ (2도의 백 6)의 단수로 몰아 흑 7 로 이으면 백 8 로 이 흑은 넉집 뛰어듦 수로 죽는다. 백 8 을 생략하면 흑 8, 백ㄱ, 흑ㄴ으로 흑은 살아난다.

4 도 (실패) 넘어가기만 하면 된다고 생각해서 흑▲일 때 백 1 에 두면 흑 2 이하 6 까지 오히려 흑을 살려주는 결과가 되어서 실패다.

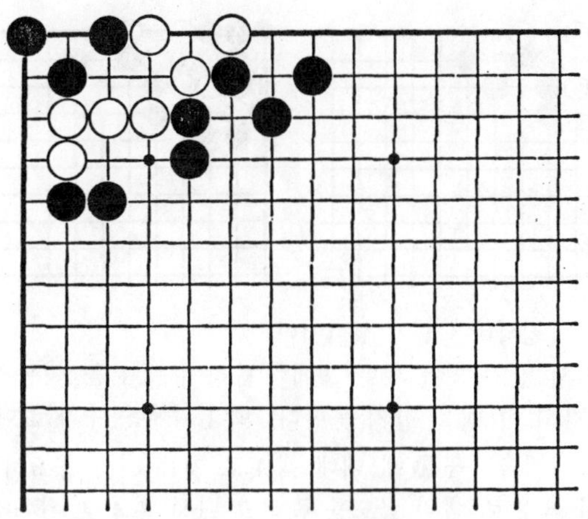

제73문

흑이 먼저 둘 때

흑이 귀의 백을 섬멸시키기 위해서는 어떻게 하든지 귀에 뛰어든 흑 3점을 효과적으로 이용해야 한다.

흑은 귀에서 백이 두 집을 확보하여 삶을 도모할 수 없도록 하기 위하여 적어도 5궁이나 4궁도로 만들지 않으면 안된다.

그렇다면 흑은 어떤 수순을 밟아야 할까?

수읽기를 통하여 올바른 수순을 찾아 보자.

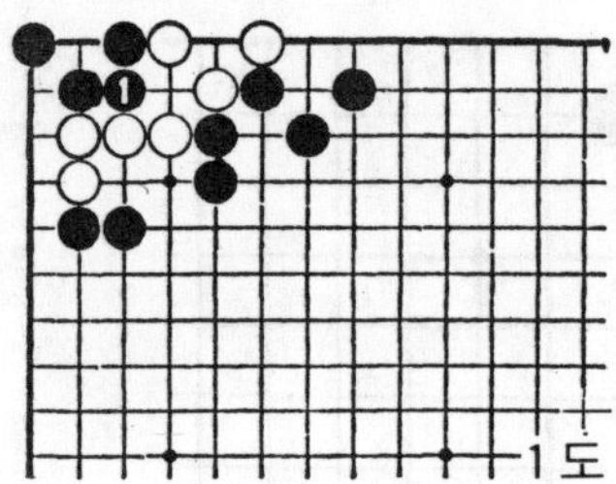

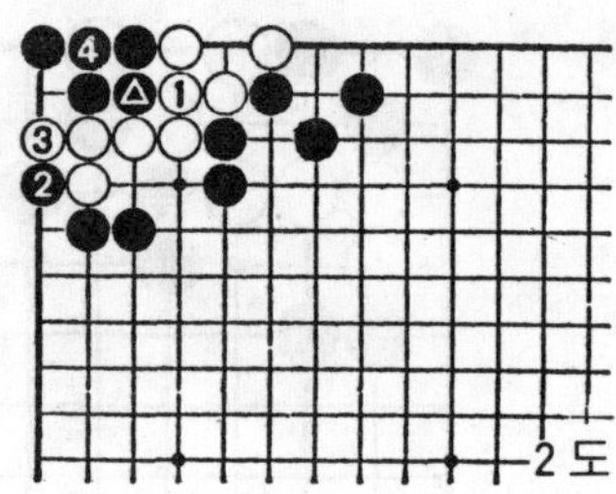

1 도 (정석) 흑 **1** 이 정석이다.

여기서 만약 흑이 다른 곳에 착수하여 백 **1** 을 허용하게 되면 도저히 이 백을 잡지 못한다. 백 **1** 외에는 수가 없다.

2 도 (계속) 흑◭에 대해 백 **1** 로 잇는 것이 중요하다.

다음 흑 **2** 로 백의 궁도를 좁히고 나서 흑 **4** 로 이어버린다. 이렇게 하면 다섯집 뛰어듦 수가 완전하게 성립된다.

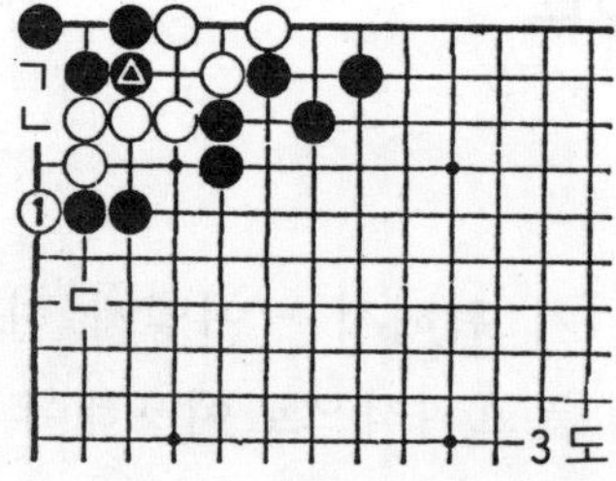

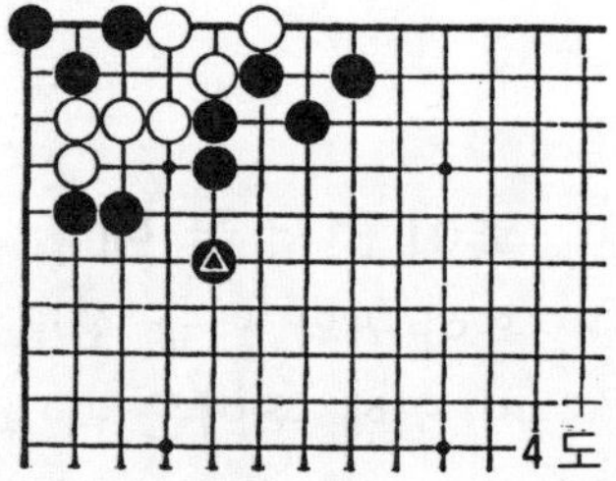

3 도 (변화) 흑◭일 때 백ㄱ, 흑ㄴ을 교환하고 나서 백 **1** 에 젖혀두는 수도 있다. 뒷맛이 좋지 않으므로 ㄷ쪽에 흑돌이 보강되어 있어야 할 것이다.

4 도 (발양론) 발양론에 출제된 것과 비슷한 문제로 흑◭가 더해져 있다. **3** 도의 변화를 생각해 볼 때 흑◭가 가해져야만 완벽한 문제라고 할 수 있을 것이다.

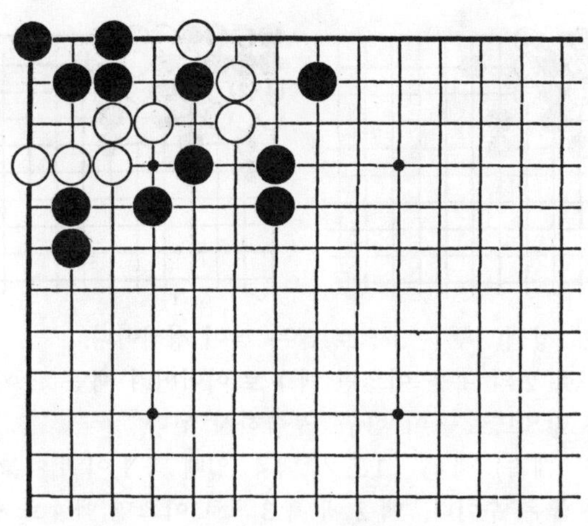

제74문

흑이 먼저 둘 때

이 그림은 상당히 복잡한 모양을 하고 있다. 여기에서 흑은 선수로 귀의 백을 무조건 섬멸하지 않으면 안된다. 과연 수가 있을까?

물론 수는 있다. 그러나 소홀히 생각하면 결코 성공을 거두기가 쉽지 않다.

수읽기를 한 연후에 차분한 일착을 진행하여 보자.

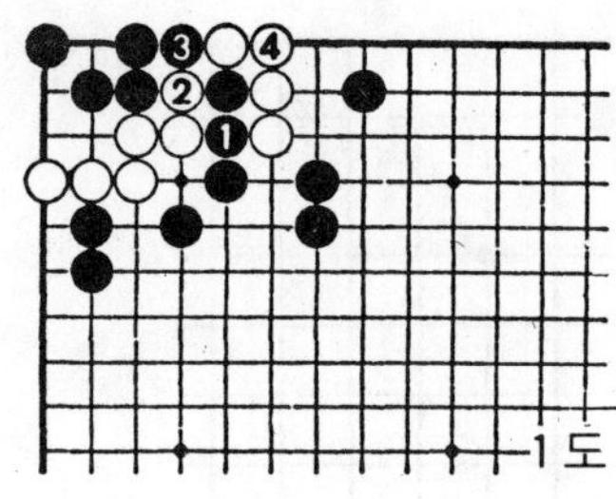

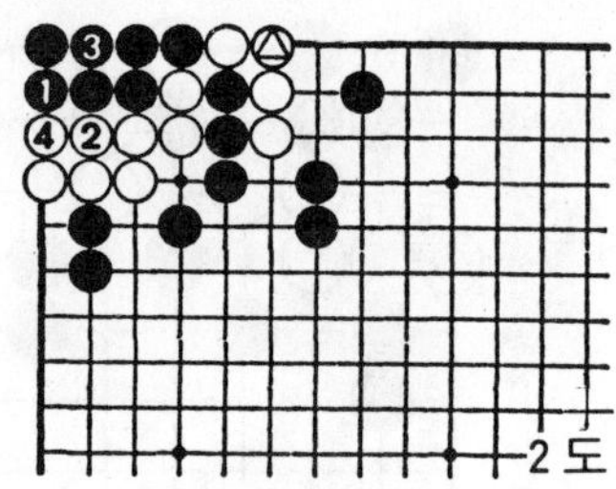

1 도 (정석) 흑 **1**, **3** 으로 끊는 것이 정석이다.

흑 **1** 로 **2** 의 곳을 이으면 백 **1** 로 이어버려 백은 외부에 공배가 많으므로 흑이 한수 부족하게 된다.

2 도 (계속) 백 ◬ (**1**도의 백 **4**)일때 흑 **1** 이 뛰어듦수를 노리는 좋은 수이다. 백 **2** 에 흑 **3** 으로 이으면 백 **4** 로 흑 일곱점을 따내도록 강요한다.

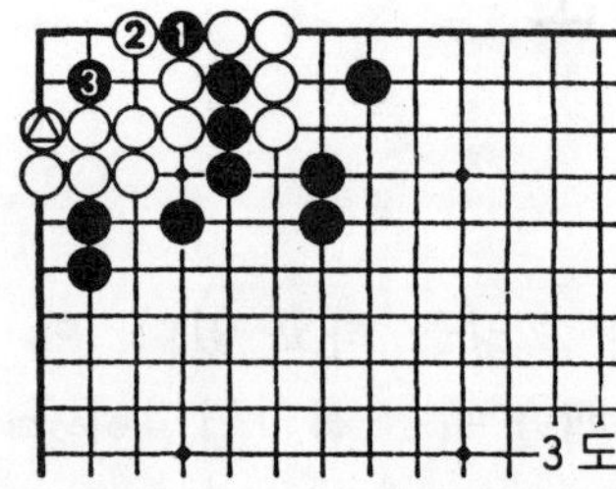

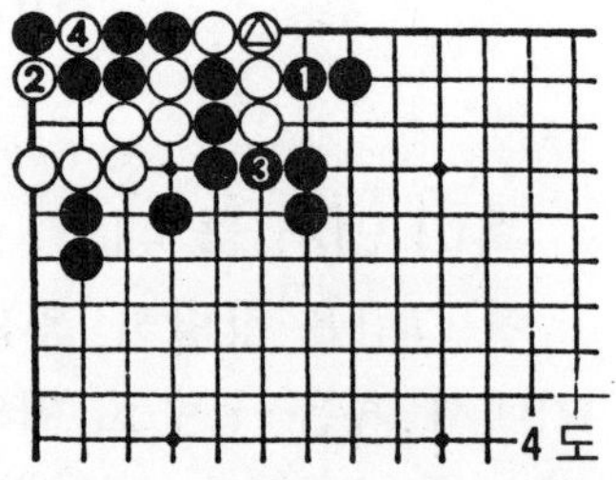

3 도 (계속) 백 ◬ 으로 흑 일곱 점을 따내면 흑은 따낸 자리에 흑 **1** 로 먹여쳐 백 **2** 일 때 흑 **3** 으로 뛰어들어 이 백을 사로잡아 버린다.

4 도 (실패) 백 ◬ 에 흑 **1** 이면 백 **2** 가 좋은 수여서 흑 **3**, 백 **4** 로 패싸움이 되어버려 실패가 된다.

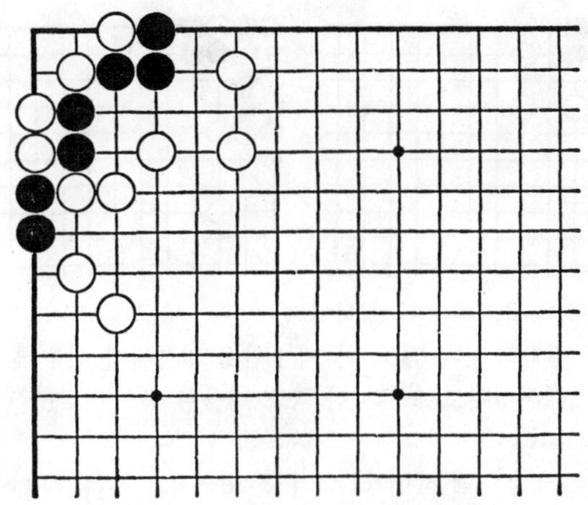

제75문

백이 먼저 둘 때

이 모양은 실전에서도 자주 등장하는 문제이다. 상당한 수준급의 문제이지만 맥을 찾아서 효율적으로 착수를 진행한다면 무난히 해답을 구할 수 있을 것이다. 여기에서도 수순이 중요하므로 수읽기를 하여 올바른 수순을 찾을 수 있도록 하여 보자.

제 일착을 신중하게 두어야 한다.

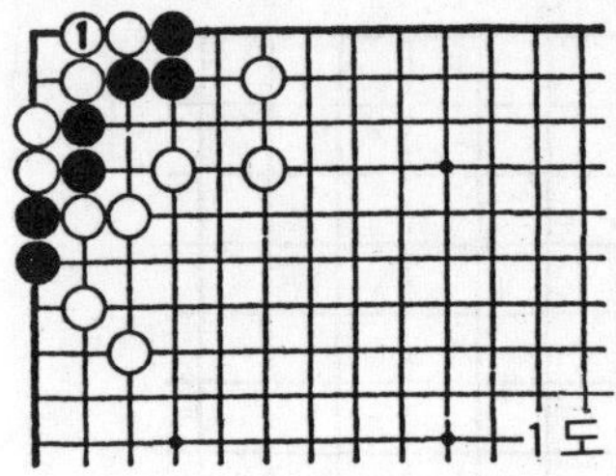
1 도

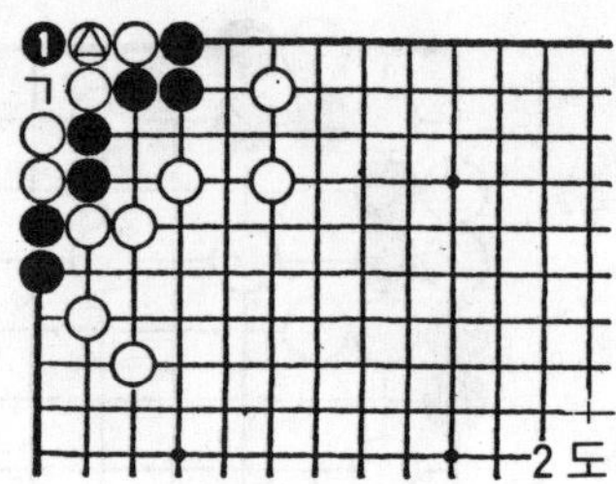
2 도

1 도 (정석) 백 1 이 정석이다.

수를 정확히 읽지 않고 이 백 1 만을 발견해서 쉬운 문제 라고 생각해버릴지도 모르지만 흑도 다음과 같이 저항하는 수가 있는 것이다.

2 도 (계속) 백△일 때 흑 1 로 먹여치는 수다. 다음에 흑 ㄱ으로 위, 아래의 백ㄱ을 한꺼번에 잡고 위, 아래의 어느 쪽인가에 집을 확보하게 된다. 백ㄱ으로 흑 한점을 따낸다.

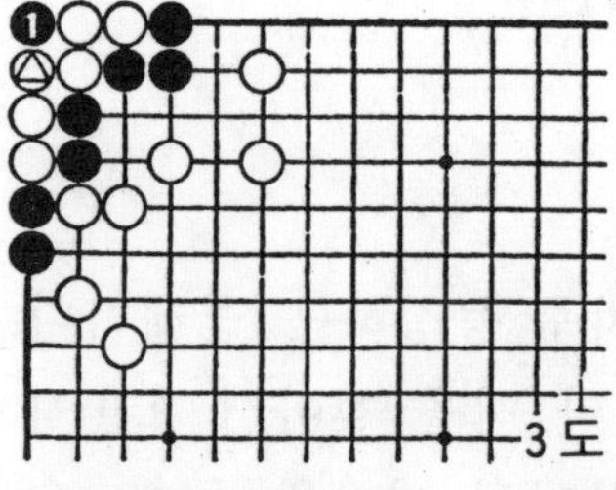
3 도

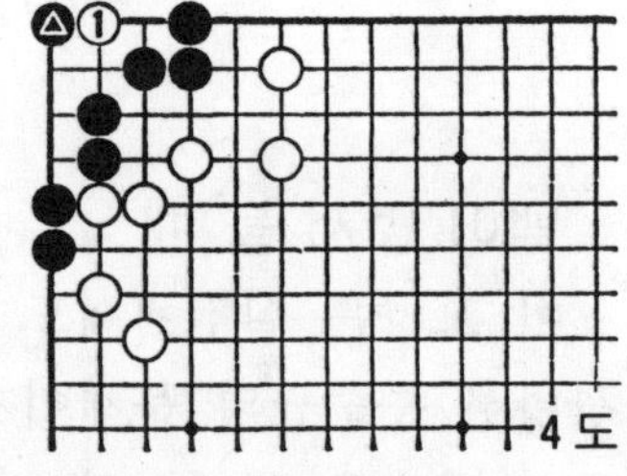
4 도

3 도 (계속) 백△가 먹여친 흑 한점을 따낸 수이다. 흑은 여기서 다시 1 로 되때려 백 여섯점을 따내게 된다. 그 결과는 다음과 같다.

4 도 (계속) 흑▲로 때린 자리에 백 1 로 먹여치므로 흑은 집을 하나밖에 만들지 못해서 모두 죽게 된다.

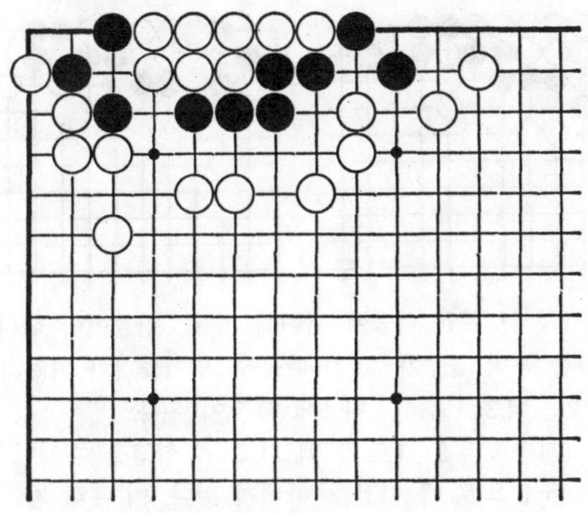

제76문

백이 먼저 둘 때

이 모양 역시 상당히 복잡한 그림이다. 수준급의 문제로, 아무렇게나 둘수 없는 문제이다.

여기에서는 흑집 안에 뛰어든 백을 이용하여 흑이 두 집을 확보할 수 없도록 5궁도, 또는 3·4궁도로 만들어야 한다. 이것은 충분히 가능한 일이다. 이것이 가능하면 백은 무난히 흑을 잡을 수가 있다.

그렇다면 신중하게 수순을 찾아 보자.

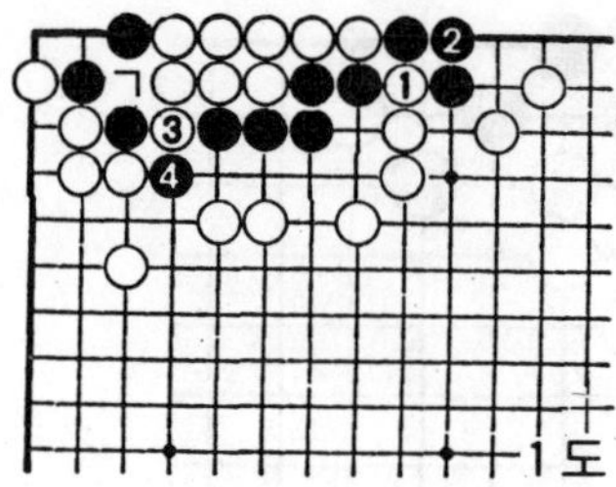

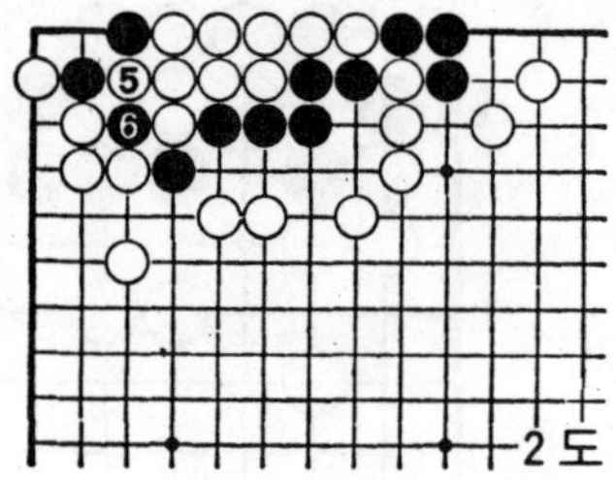

1 도 (정석) 끊은 다음에 뛰어듦 수로 만들어야 한다. 이 그림은 따낸 돌수가 많기 때문에 뛰어들기가 어렵다. 백 1, 흑 2, 백 3, 흑 4, 다음에 백ㄱ이 된다.

2 도 (계속) 백 5 (1도의 백ㄱ)로 흑 한점을 때리면 '환격'이 되어 흑 6 으로 백 열점을 따내게 된다. 이 때린 자리에 뛰어들어서 흑에게 집 하나만 허용하려는 의도이다.

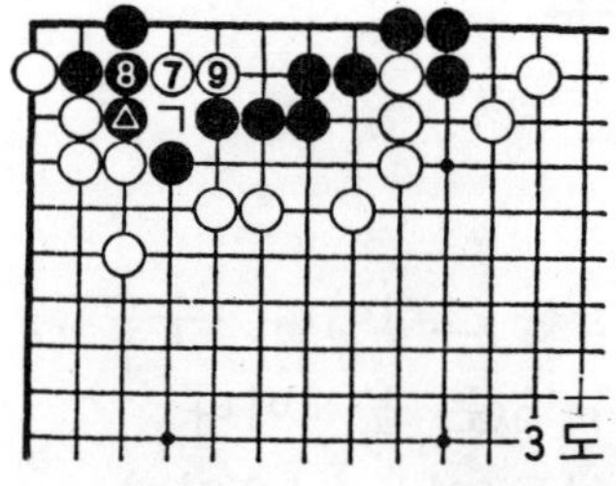

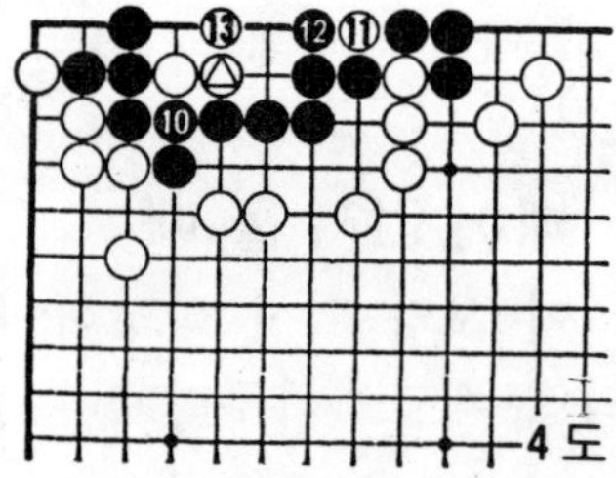

3 도 (계속) 당연히 백 7 로 뛰어든다. 흑 8의 이음 수도 이 한수이다. 그때 백 9 가 중요한 수로 흑은 살지 못한다. 백 9 대신 ㄱ으로 끊으면 흑 9 를 허용해서 백의 실패이다.

4 도 (계속) 백Ⓐ에는 흑10으로 이을 수 밖에 없으므로 그때 백11, 흑12를 교환해서 백13이 된다. 궁도가 넓고 따내는 돌도 많지만 생각외로 간단한 방법이다.

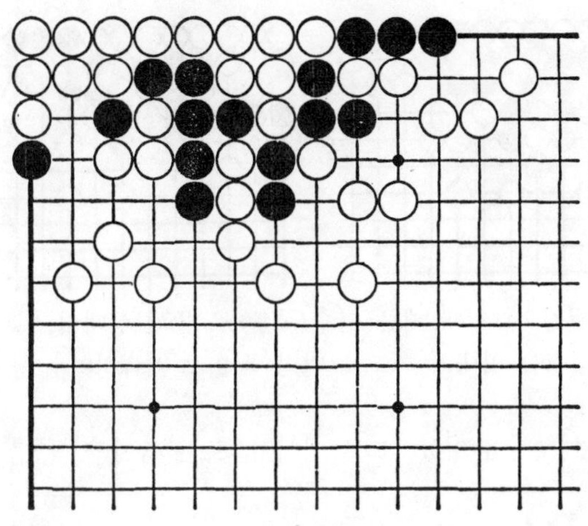

제77문

백이 먼저 둘 때

이 모양은 보기만 해도 엄청난 형상을 하고 있다. 백 15집이 단수당해 있다. 백은 흑 한 점을 따내지 않을 수 없을 것이다. 그렇다면 흑은 다시 백 16점에 대해서 단수를 할 것이다. 그러면 백은 어떻게 두어야 할까?

만약 초보자로서 이러한 문제에 부딪치게 되면 틀림없이 흑을 잡는다는 것은 포기하고 말 것이다.

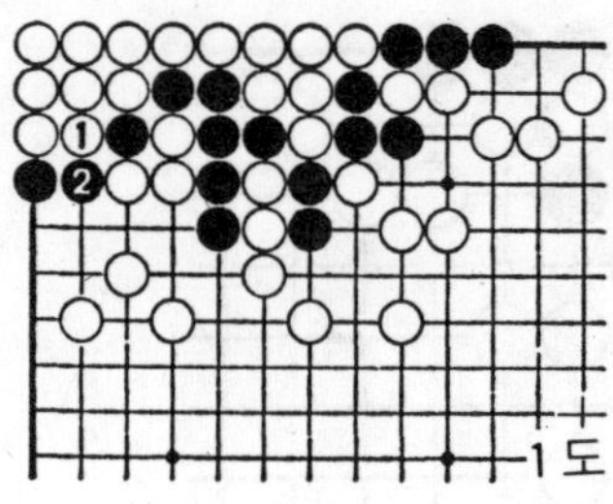

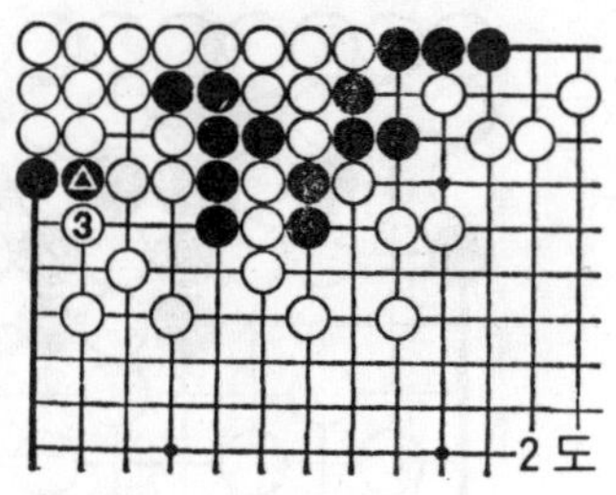

1 도 (정석) 현재 백은 단수(單手)로 몰린 상태이므로 우선 흑 한점을 따내야 하고 그러면 흑 2 로 계속하여 단수로 몬다.

백 열여섯점을 잡았으므로 상식적으로는 흑이 안 죽을 것 같지만—.

2 도 (계속) 흑 ◬ 으로 단수하면 백 3 으로 되단수하여, 대마(大馬)를 포기하는 것이 중요한 수순이다.

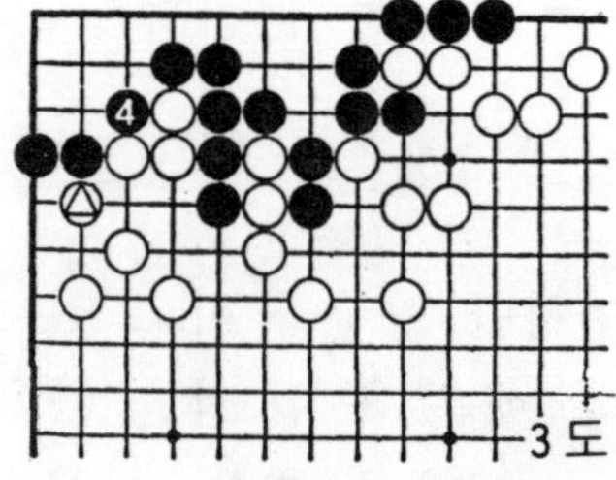

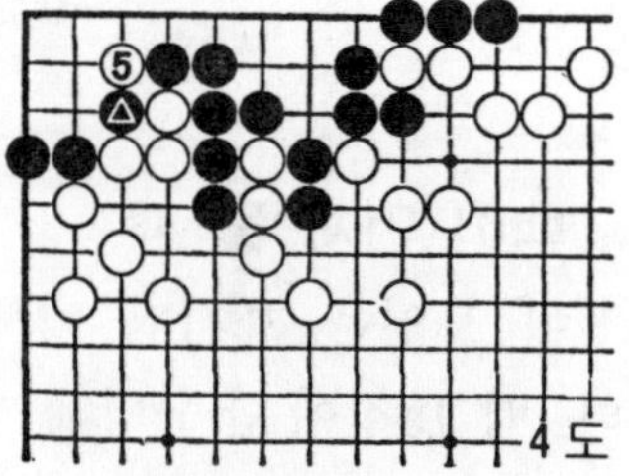

3 도 (계속) 이 장면은 흑 4 로 백 열여섯점을 따내 백돌을 반상에서 제거한 모습인데 이 흑은 거의 옥집이어서 여간해서 두집을 확보하기 어렵다는 것을 알 수가 있다.

4 도 (실패) 흑 ◬ 로 때린 자리에 백 5 로 끊는다. 이렇게만 해도 흑은 두집을 확보하지 못해서 전부 죽는다.

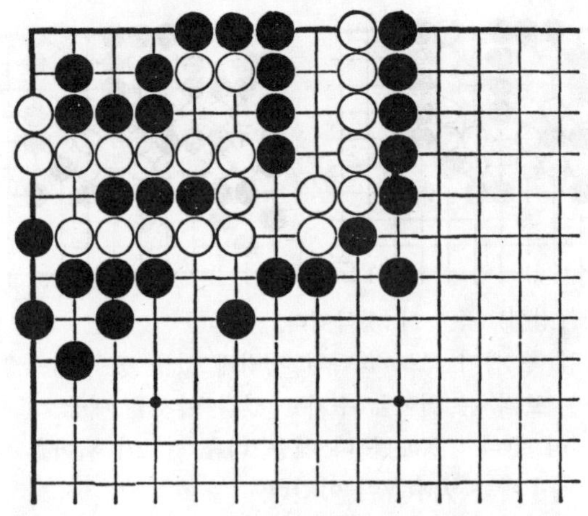

제78문

흑이 먼저 둘 때

이 그림은 보는 바와 같이 수싸움을 주제로 한 문제이다.

흑과 백이 둘 다 한 집씩밖에 확보하지 못한 상태이다. 이때 흑이 먼저 둔다면 백을 잡을 수 있을까?

모양이 대마인만큼 수순도 단순하지만은 않다. 여기에서는 묘수를 찾아야 한다. 수읽기로 결과도를 상상해 보자.

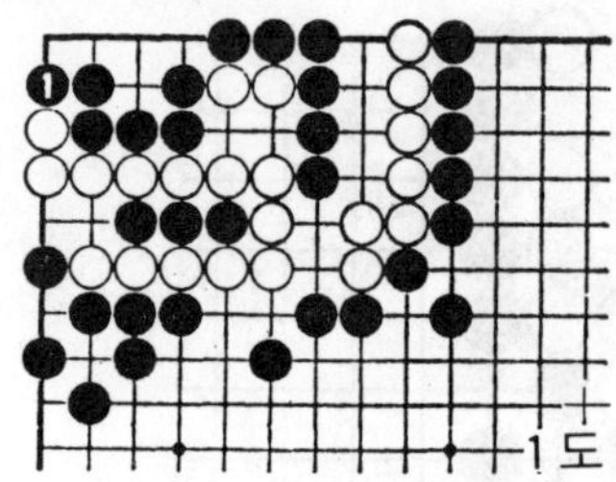
1 도

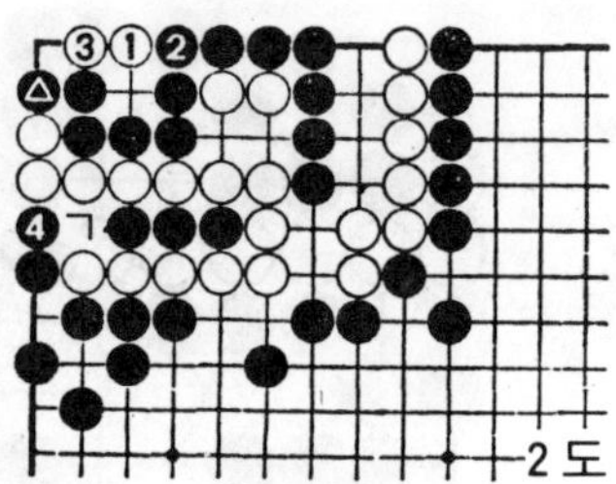
2 도

1 도 (정석) 흑 1 이 정석이다.

이처럼 흑 백이 모두 하나의 집밖에 없을 경우에는 작은 뛰어듦수 보다 큰 뛰어듦 수가 이긴다. 이것을 대중소중(大中小中)이라 한다. 공배를 다 메운 다음 서로가 뛰어듦 수로 공격할 경우에는 大中쪽이 이긴다.

2 도 (계속) 흑▲에 대해 백 1, 3 은 필연적이다. 이 때 흑 4 가 결정적인 수이다.

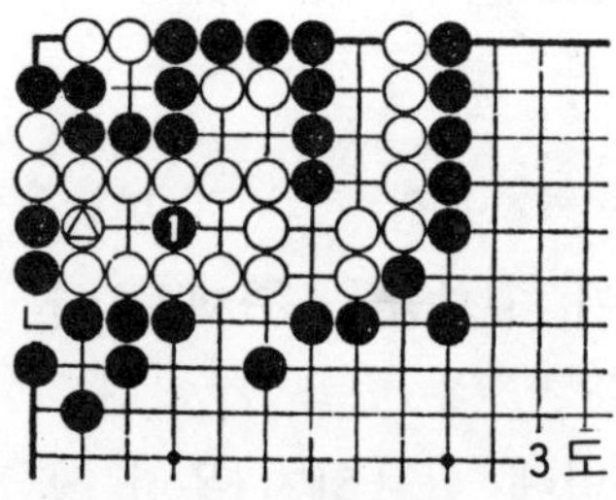
3 도

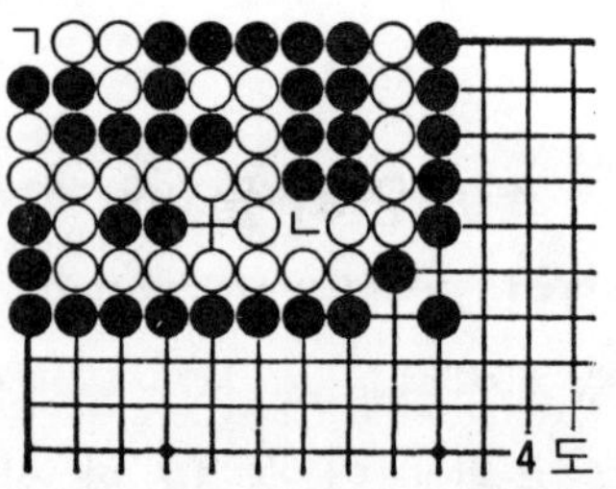
4 도

3 도 (계속) 백△ (2 도의 백ㄱ)으로 흑 석점을 때리면 흑은 곧장 1 로 뛰어든다. 백ㄴ으로 두점을 때리면 흑은 즉시 되때린다.

4 도 (흑승) 서로가 공배를 메우고나서 흑ㄱ으로 백 석점을 때리고 백이 뛰어들면 흑ㄴ으로 단수하여 大中쪽인 흑이 승리한다.

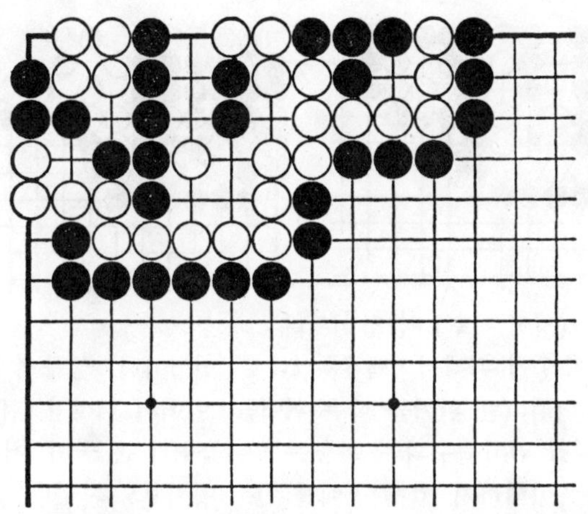

제79문

흑이 먼저 둘 때

흑선으로 백 대마를 잡을 수 있을까?

한눈에 복잡한 문제임을 알 수 있을 것이다.

여기에서도 수순이 무엇보다 중요하다. 따라서 흑은 수읽기를 하여본 연후에 보다 효과적인 수순을 찾아내지 않으면 안된다.

이 모양에 있어서는 상당히 중요한 곳이 있다. 그곳은 바로 제 일착의 지점이다. 그곳은 과연 어디인가?

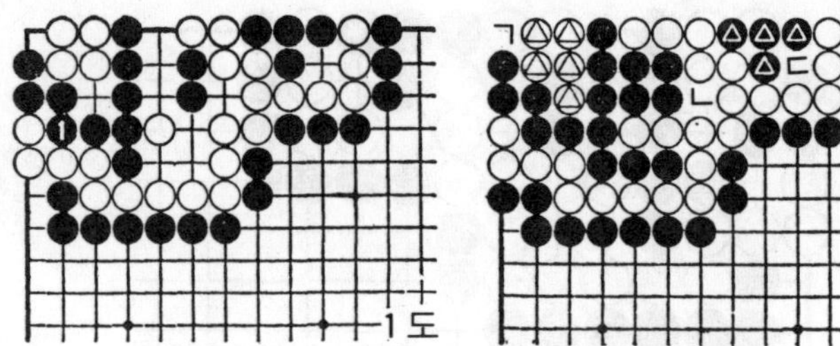

1도 (정석) 흑1이 정석이다.

이 흑1에 의해서 백은 그대로 전멸이다. 앞문제와 같은 大中小中 (큰 뛰어듦 작은 뛰어듦) 이어서 다섯집 뛰어듦수와 넉집 뛰어듦수의 수싸움은 뛰어듦수가 큰 쪽이 이기는 것이다. 이해하기 쉽게 공배를 전부 메워보도록 한다.

2도 (흑승) 공배를 전부 메운다음 흑ㄱ으로 때리면 백은 따낸 자리에 뛰어든다. 흑ㄴ으로 단수하면 백ㄷ으로 흑 넉점을 따낸다. 그때 흑이 뛰어들어 백이 먼저 단수를 당한다.

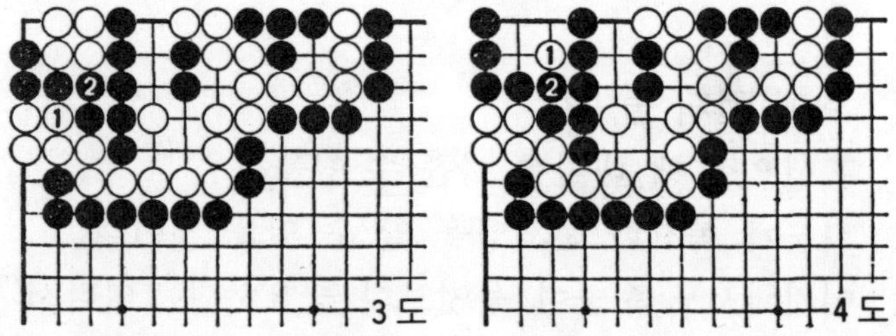

3도 (실패) 1도의 흑1을 생략해서 백1을 허용하면 흑2로 둘 수 밖에 없으므로 빅이 되고만다. 이것은 같은 넉집 뛰어듦수이기 때문이다. 흑2를 생략해서 백2를 허용하면 따낸자리에 뛰어듦 당해 그 결과는 4도이다.

4도 (백승) 이번에는 반대로 흑이 살지 못한다.

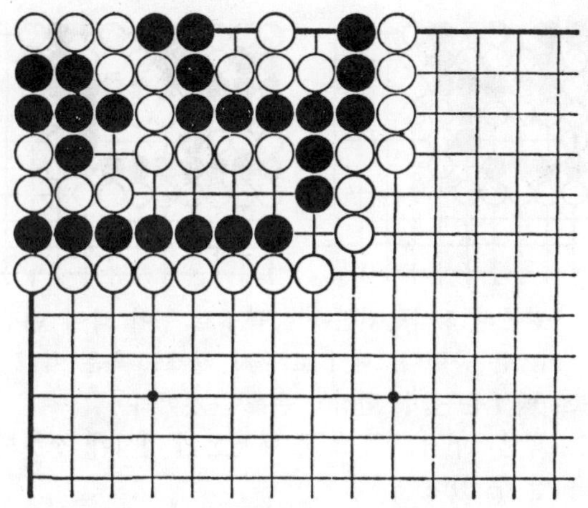

제80문

백이 먼저 둘 때

이 문제 역시 상당히 어렵고 복잡한 모양을 하고 있다.

이 문제의 출제 의도는 독자로 하여금 효과적으로 상대방의 수를 줄이는 방법을 연구할 수 있도록 하기 위해서이다. 호수를 찾아서 맥을 짚지 않으면 안된다. 상대방의 수를 줄임과 아울러 자기의 수는 늘일 수 있도록 하여야 한다. 맥을 따라 급소를 찌르는 것이 가장 바람직한 방법이다.

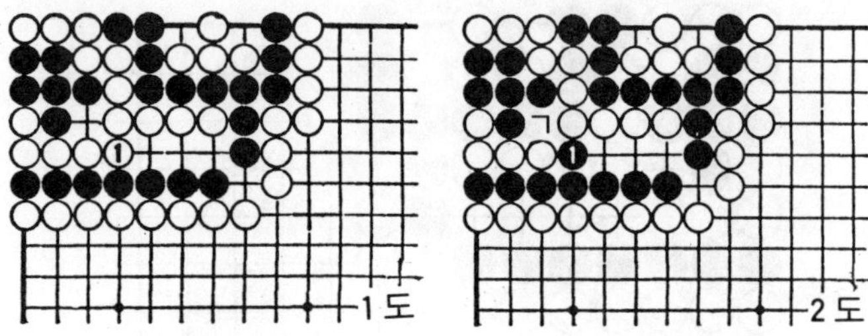

1 도 (원본의 정석) 원본에는 백 1 로 두어 백이 이긴다고 했지만 이것은 틀린다. 백 1 로 두지 않아도 흑은 이미 죽은 것이므로 백 1 은 한수 한집이 손해인 것이다.

2 도 (흑선) 먼저 흑 1 로 둘 때 원본의 정석이 잘못되었다는 것을 알 수 있다.

물론 백ㄱ으로 흑 여섯점을 따내고 흑은 때린 자리에 뛰어든다.

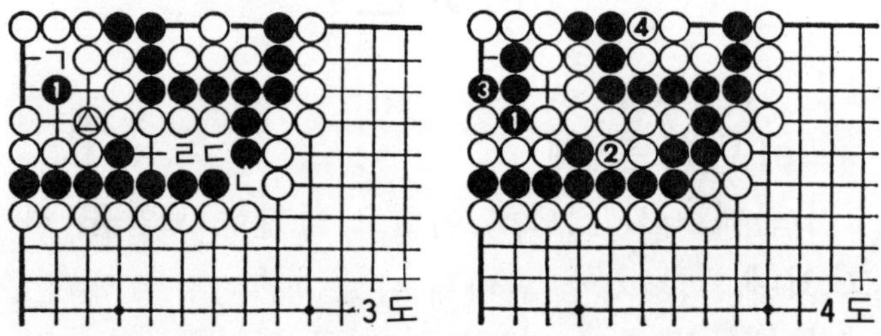

3 도 (손빼기) 흑 1 로 뛰어들면 이것은 흑이 한수 한집 손해이다. 왜냐하면 백은 이 상태 그대로 흑 대마(大馬)를 사로잡고 있기 때문이다. 백은 손을 빼었다가 흑ㄱ에 두어 마침내 백ㄴ, 흑ㄷ, 백ㄹ로 두어 한수 이긴다.

4 도 (백승) 흑 1 에 두어도 이하 백 4 까지 흑이 한수 모자라 모두 죽는다. 이 문제는 흑의 공배가 하나 더 있어야 적절한 문제가 되는 것이다.

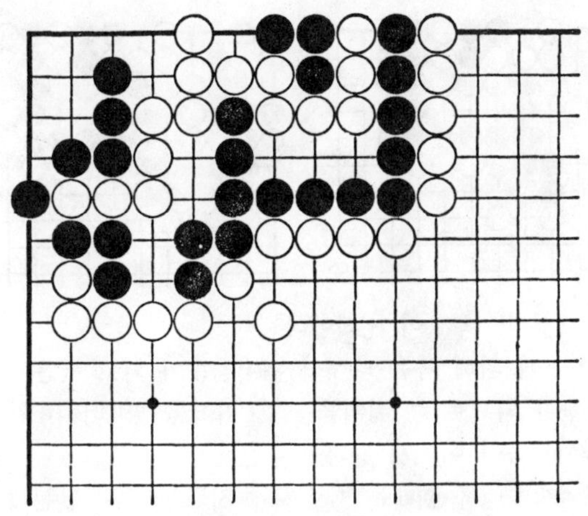

제81문

흑이 먼저 둘 때

이 문제도 일종의 수싸움을 주제로 한 것이다. 흑도 백에 의해서 포위당해 있고, 백 15점도 흑에 의해서 아직 두 집을 확보하여 삶을 도모하지 못한 채 포위당해 있는 상태이다. 여기에서 과연 누가 이길 것인가?

흑선으로 백을 섬멸하는 것은 과연 가능한 일인가? 여기에서 올바른 수순은?

수읽기를 하여 보고 적정한 수순을 찾아 보자.

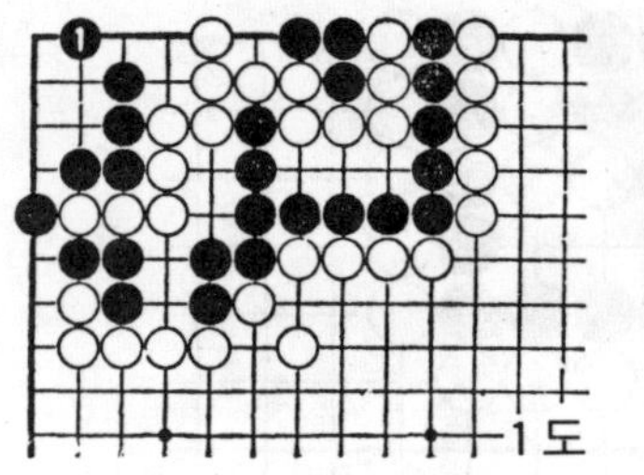

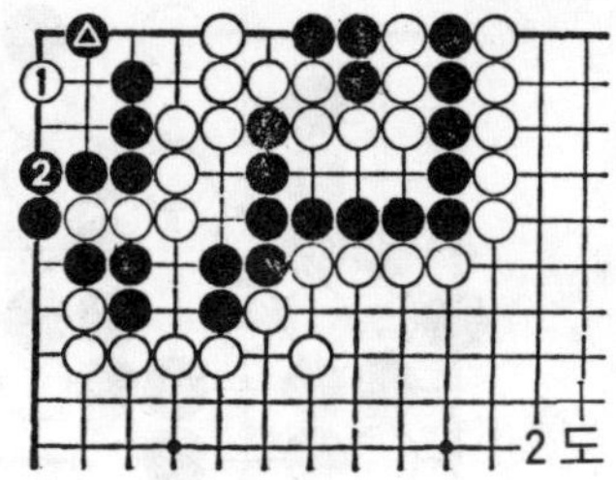

1 도 (정석) 흑 1 이 정석이다.

이 흑 1 에 의해 흑은 다섯집 뛰어듦수가 되고 백은 석집 뛰어듦수가 되므로 큰 뛰어듦 작은 뛰어듦(大中小中)의 원칙에 따라서 흑이 이기게 된다.

2 도 (계속) 흑 ▲ 에는 백 1 로 두지 않을 수 없는데 그때 흑 2 가 좋은 수여서 흑은 다섯집 뛰어듦 수가 된다.

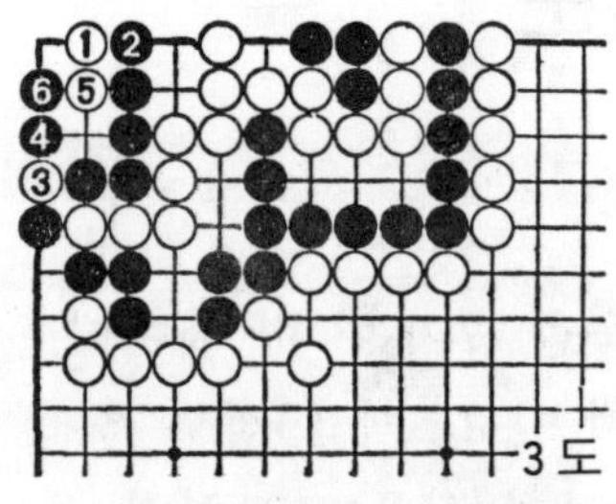

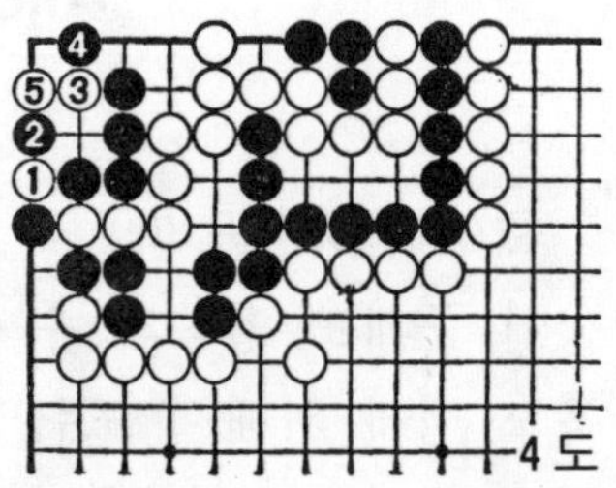

3 도 (백선) 백이 먼저 둔다면 어떻게 될것인가? 백 1 이 좋은 수이며 흑 2 부터 6 까지는 필연적이다. 이렇게 되면 백은 선수의 빅이 되어 버린다.

4 도 (후수) 백 1, 3 을 두는 것은 바람직하지 못하다. 이렇게 되면 백 5 까지 마찬가지의 빅이 되지만, 백은 후수가 되고 만다.

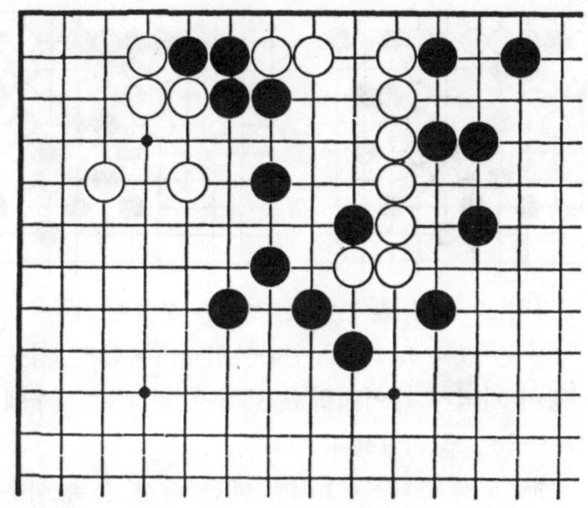

제82문

백이 먼저 둘 때

이 그림의 주요 안건은 좌우의 백이 협력하여 중앙의 흑을 공격하는 것이다.

현재 백은 흑에 의해 포위당한 상태이다. 생사를 무릅쓰고 흑에 대한 공격을 감행하지 않으면 안된다. 백은 흑의 세력권에서 탈출하지 않으면 삶을 도모할 수가 없다. 탈출구는 곧 중앙의 흑을 공략하는 것이다. 그것만이 백이 삶을 찾을 수 있는 유일한 방법이다.

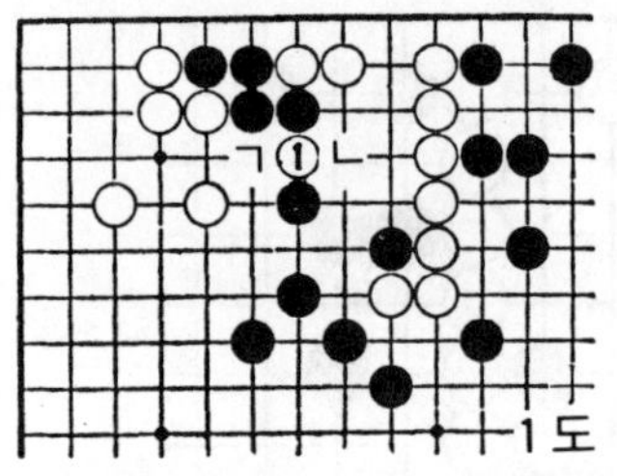

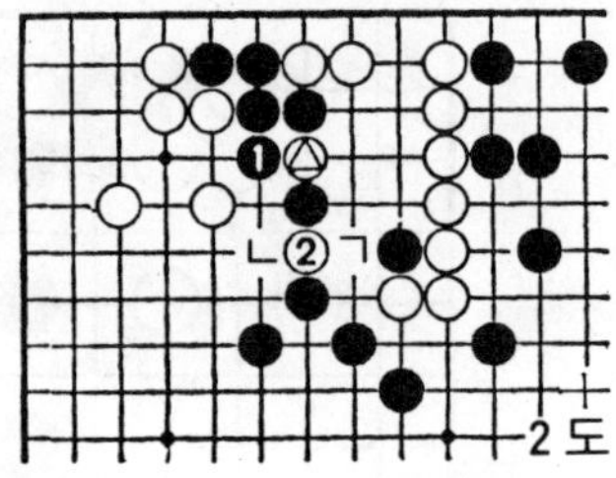

1도 (정석) 백1로 끼우는 것이 정석이다.

흑의 응수는 ㄱ과 ㄴ의 두가지가 있다. 흑ㄴ일 경우 백은 4도와 같이 가볍게 끊어버릴수 있지만 흑ㄱ일 경우에는 백도 다음 수순이 중요해진다.

2도 (계속) 백△에 흑1이면 백은 다시 2로 끼우는 것이 결정적인 수이다. 흑ㄱ일 경우 백ㄴ으로 흑은 위, 아래중 어느 한쪽은 끊기게 된다. 흑ㄴ이면 다음과 같이 된다.

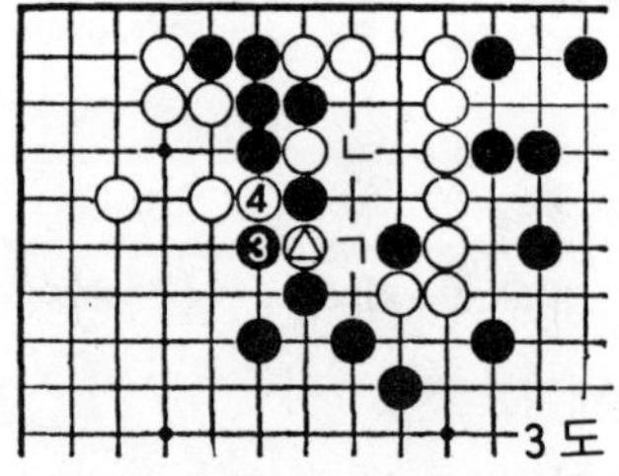

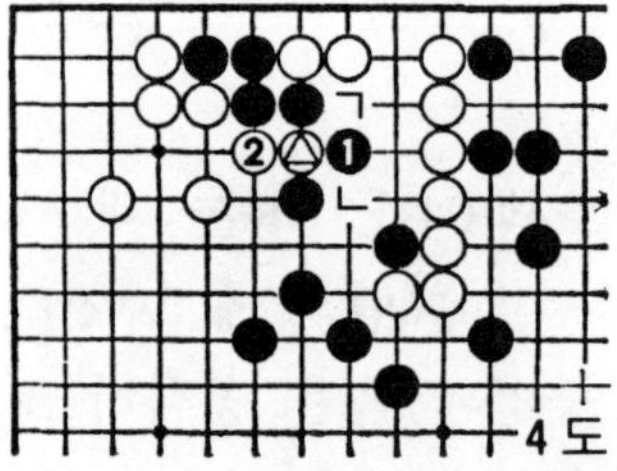

3도 (계속) 백△에 대해 할 수 없이 흑3으로 응수해야 되며 백4로 맞끊는다. 이렇게 하여 백은 ㄱ과 ㄴ을 맞보게 되므로 흑은 위쪽 다섯점이 잡혀버린다.

4도 (변화) 처음에 백△으로 끼워두었을때 흑1로 응수하면 백2로 뻗어 이것 역시 ㄱ과 ㄴ을 맞보므로 위쪽 흑 넉점은 도저히 구출할 수 없다.

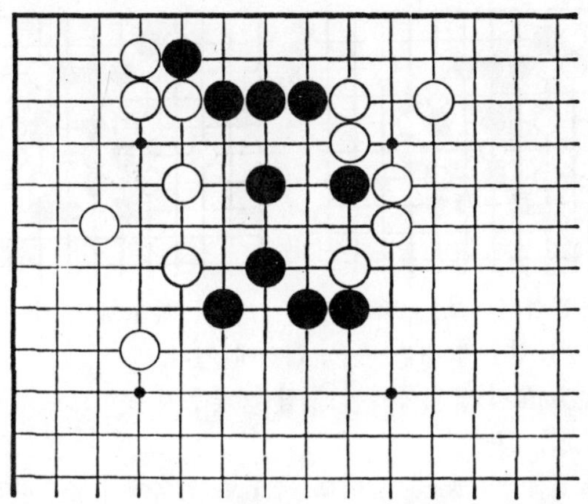

제83문

백이 먼저 둘 때

이 문제의 주요 포인트는 좌우의 백이 협공 작전으로 중앙의 흑을 공략하여 성공을 거둘 수가 있느냐 하는 것이다.

언뜻 보면 흑의 뻗어나감은 한 칸 뛰기에 의해서 단단히 이어져 있는 것처럼 보인다. 그러나 만약 수읽기를 할 수 있는 능력의 소유자라면 의외로 적절한 끊음수의 묘가 있다는 것을 알 수 있을 것이다.

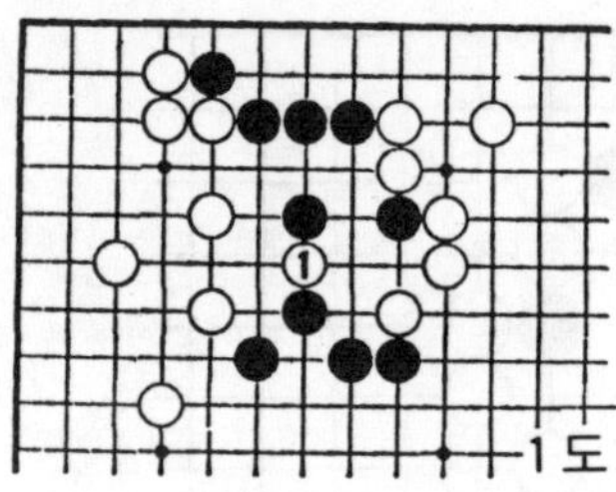

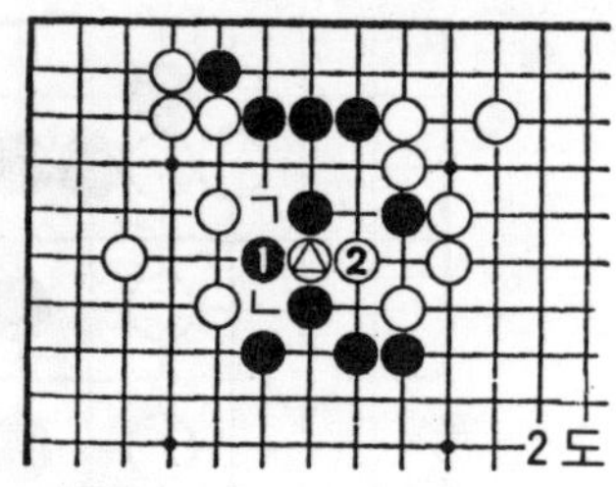

1 도 (정석) 보는 바와 같이 그림의 백 1 이 정석이다.

백 1 의 한수에 의해 흑은 끊기게 된다.

이렇게 끊기면 위쪽에서 두집을 갖추지 못하므로 백 1 의 한수는 큰 것이다.

2 도 (계속) 백 ◬에 대해 흑 1 로 왼쪽에서 응수하면 백 2 로 뻗어 가볍게 끊는다. 그러면 ㄱ과 ㄴ의 두곳이 끊기는 것이다.

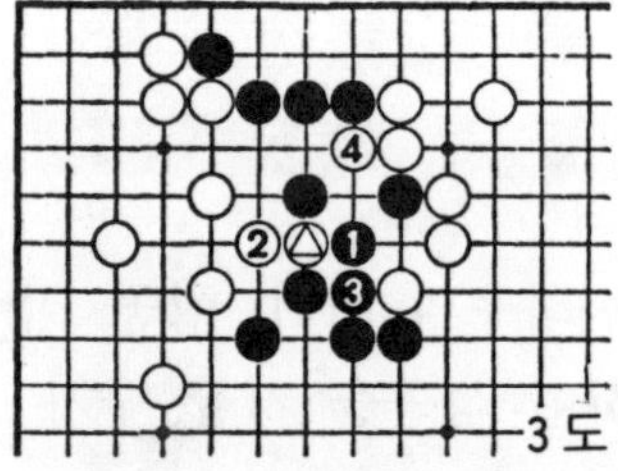

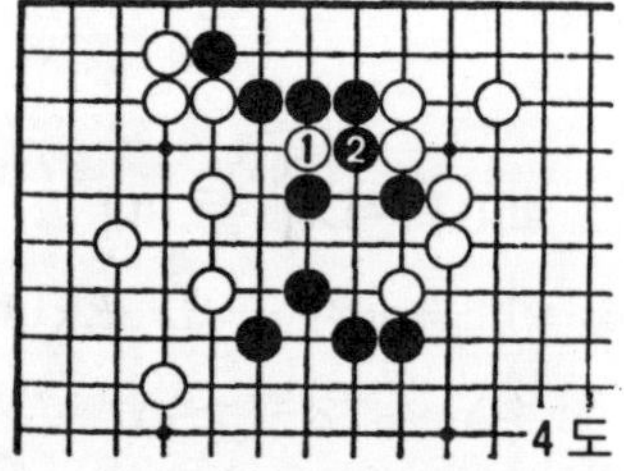

3 도 (변화) 2 도처럼 되어서는 너무 가볍게 죽으므로 이번에는 백 ◬일 때 흑 1 로 단수해 저항했다. 하지만 이것 역시 백 2, 흑 3, 백 4 로 위쪽 흑 넉점은 구출하지 못한다.

4 도 (실패) 정확한 수순을 몰라서 백 1 로 끼우면 흑 2 로 끊어 오히려 흑이 넘어가도록 도와주는 결과가 되어버린다.

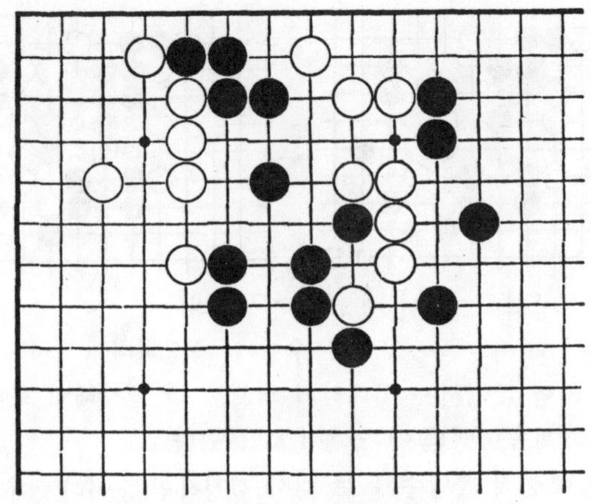

제84문

백이 먼저 둘 때

중앙에 갇힌 백 대마를 구출할 수 있는 묘안은 없을까?

여기에서 백은 중앙의 흑을 협공하여 사로잡지 않으면 안된다. 내가 살기 위해서는 상대방을 죽이지 않을 수 없는 것이다.

여기에서도 끊음수가 주효하다.

그렇다면 올바른 수순은? 수읽기를 하여 본 다음에 차분히 한 수 한 수를 진행하도록 하자.

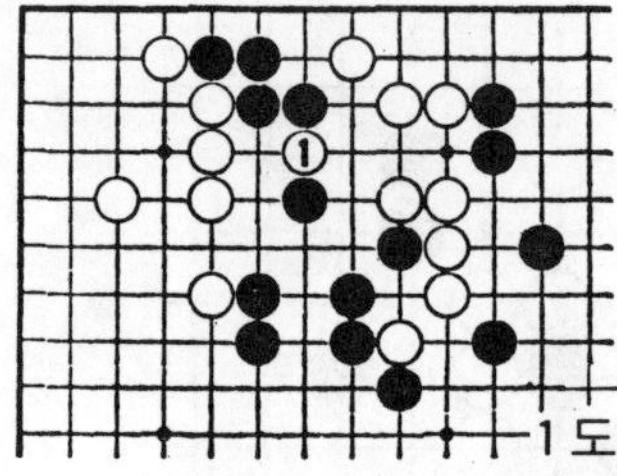

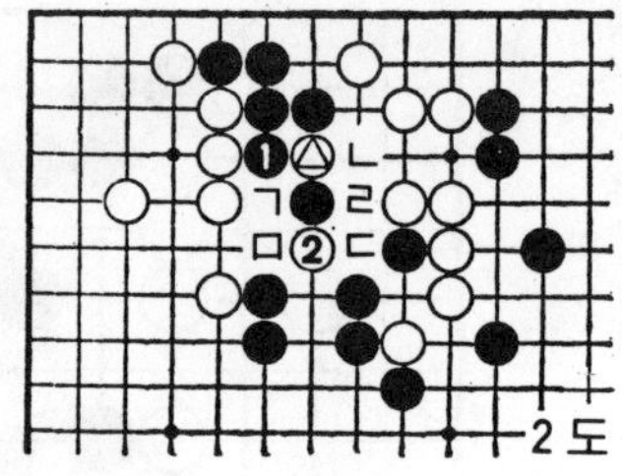

1 도 (정석) 그림의 백 1 이 정석이다.

끊기 위해서는 무엇보다도 수순이 중요하다.

4 도처럼 끊어서는 실패하게 되므로 잘 생각해야 한다.

2 도 (계속) 백 ◎에는 흑 1 로 끊는다.

그때 백 2 의 붙임수가 또 다시 결정적인 수이다. 이 백 2 의 수로 평범하게 백ㄱ에 두면 흑ㄴ, 백 2, 흑ㄷ, 백ㄹ, 흑 ㅁ의 패가 되어버린다.

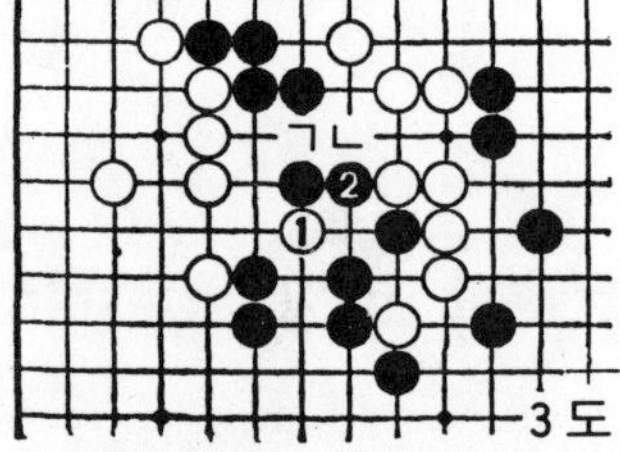

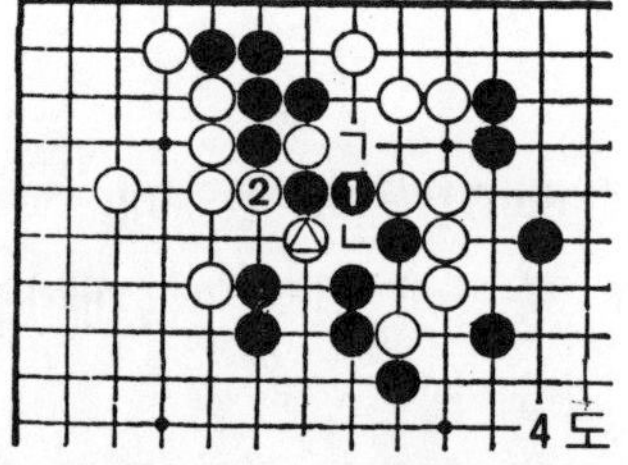

3 도 (계속) 백 ◎에 흑 1 이면 백 2 로 뻗어 ㄱ과 ㄴ의 곳을 끊는 수를 맞보게 되므로 위쪽의 흑 다섯점은 이미 구제하기에는 늦은 것이다.

4 도 (실패) 처음에 백 1 로 붙여두면 흑 2 를 허용하게 되므로 이 흑을 끊을 수가 없다. 그렇다고 백 ㄱ 에 두어도 흑ㄴ이면 그만인 것이다.

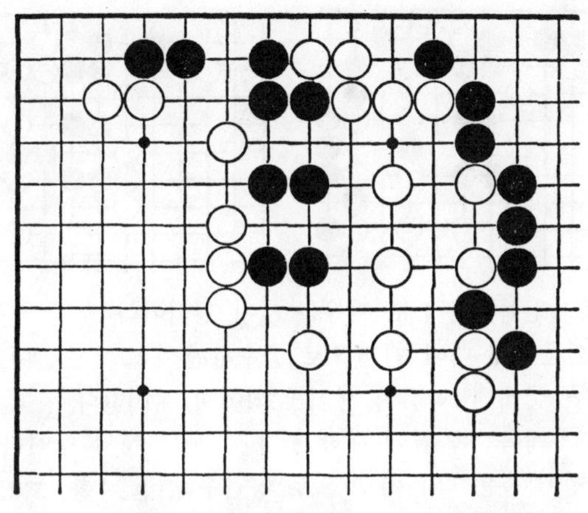

제 85 문

흑이 먼저 둘 때

이 그림 역시 상당히 복잡한 모양을 하고 있다. 왼쪽의 흑 대마는 아직 한 집도 확보하고 있지 못하다. 여기서 흑선으로 삶을 찾을 수 있는 호쾌한 방법은 없을까?

흑은 중앙의 백을 공략하여 사로잡지 않으면 안된다. 중앙의 백을 잡는 길이 바로 흑이 살아서 좌우로 연락을 취할 수 있는 유일한 방법이다.

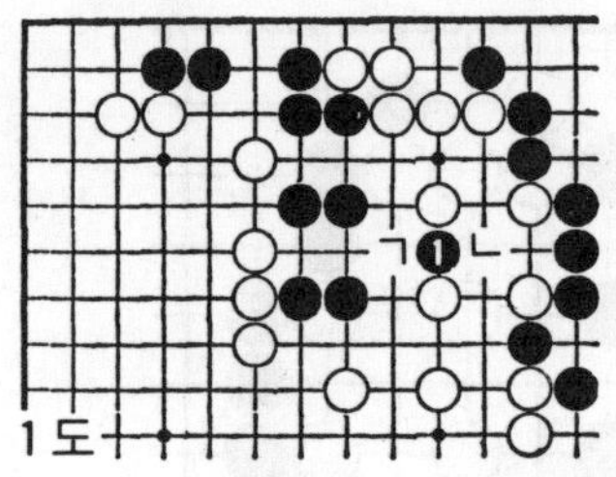

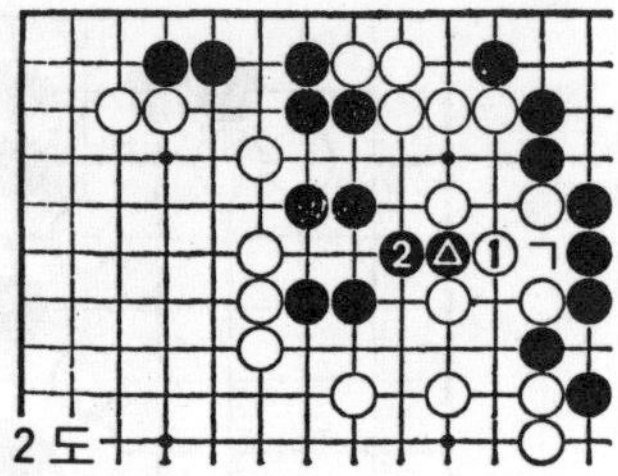

1도 (정석) 흑 1로 끼우는 것이 정석이다.

이 끼움수에 대해 백ㄱ으로 응수하면 흑ㄴ으로 백은 위,아래의 두 군데에 약점이 생기게 되어서 재미없다.

2도 (계속) 흑△에 대해 백 1로 두는 것이 당연하다. 흑 2로 뻗어 흑은 다음에 ㄱ으로 양단수(兩單手)를 보므로 백은 그것을 막아야만 한다.

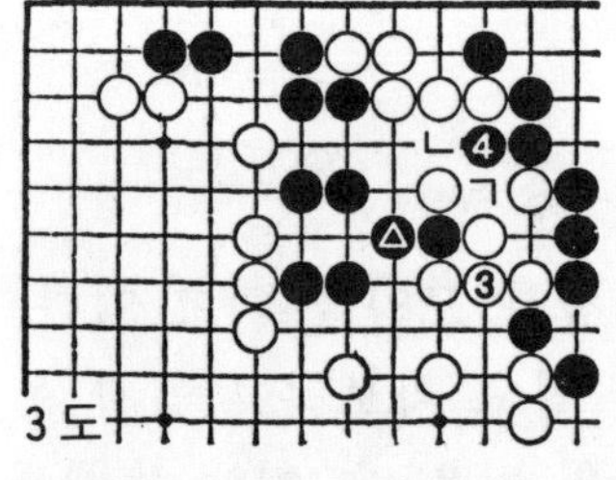

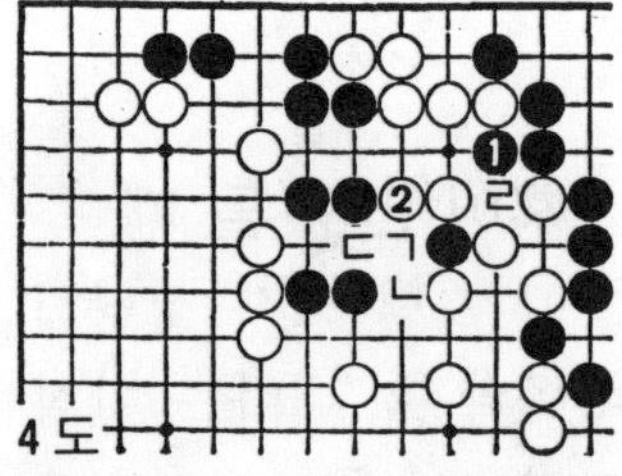

3도 (계속) 백은 3으로 이어 양단수(兩單手)를 방어 했지만 흑 4에 두면 백은 ㄱ과 ㄴ의 두군데에 생겨난 단점(斷點)을 한꺼번에 막지못하므로 실패다.

4도 (실패) 2도의 흑 2로 이처럼 1로 뻗으면 백 2를 허용해서 실패하게 된다. 백 2가 양쪽을 동시에 수습하는 좋은 수여서 다음 흑ㄱ, 백ㄴ, 흑ㄷ, 백ㄹ로 연결해 버린다.

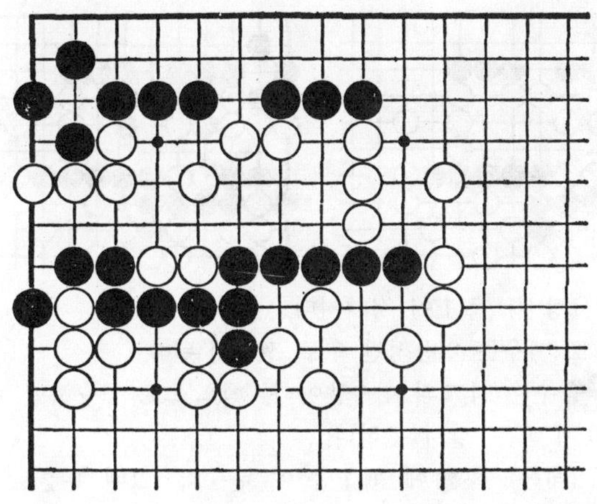

제86문

흑이 먼저 둘 때

그림에서 알 수 있듯이 백보다는 오히려 아랫쪽의 흑이 더 불안하게 쫓기고 있다. 그런데 이 그림의 주요 포인트는 위·아래의 흑이 가운데에 들어있는 백을 끊어서 잡을 수 있는가 하는 점이다.

물론 수는 있다. 다만 이 수를 찾기 위해서는 수읽기를 하여야 한다.

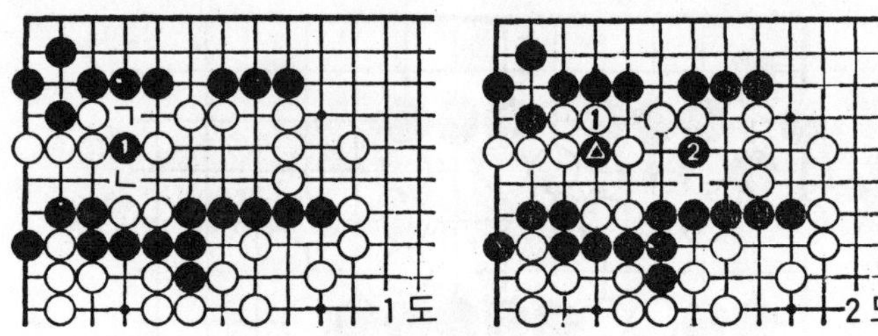

1도 (정석) 흑 1 이 정석이다.

흑 1 로 끼우는 일반적인 수로 정석이 된다.

백의 응수는 백ㄱ의 한수뿐이다. 백ㄴ으로 응수하면 흑ㄱ을 당하여 백은 살지 못한다.

2도 (계속) 흑◬에 백 1 은 이 한수다. 그때 흑 2 로 붙여두는 수가 정석이다. 하지만 이때 백ㄱ을 당했을때에 대비해서 대책을 마련해야 한다.

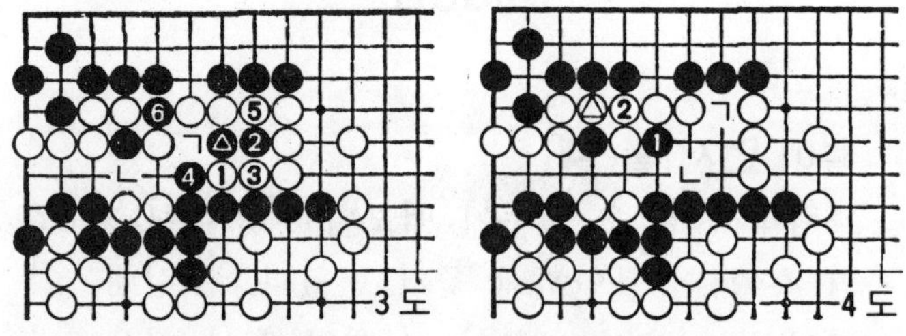

3도 (계속) 흑◬일 때 백 1 이 날카로운 반발이다. 여기서 흑 2 가 중요한 수순이다. 백 3, 흑 4, 백 5 에 흑 6 의 결정적인 수를 둔다. 이 다음 백ㄱ, 흑ㄴ이다.

4도 (실패) 백◬일 때 흑 1 로 두어도 좋은 것 같지만 그러면 백 2 를 허용해서 성공하지 못한다. 이 다음, 흑ㄱ은 백ㄴ으로 뛰어붙일 수가 있어서 끊기지 않는 것이다.

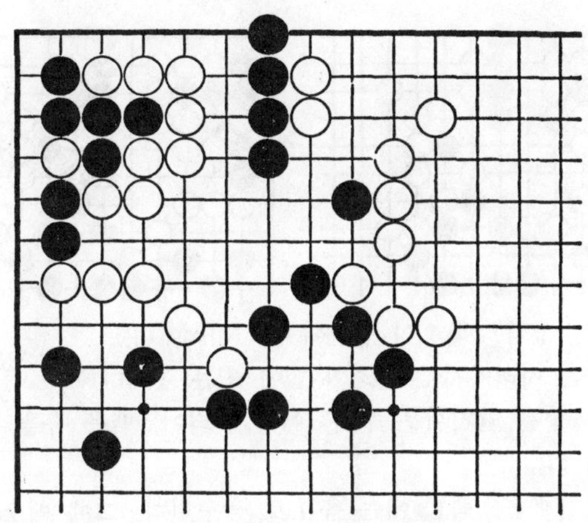

제87문

백이 먼저 둘 때

백선으로 중앙의 흑 4 점에 대한 공격이 과연 주효할 것인가? 만약 백선으로 흑 4 점을 잡을 수 있다면, 그 수순은 어떻게 되어야 하는가?

이 그림은 실전의 대국에서 자주 나온다. 초보자들은 이 문제의 진행도를 외워두면 기력(棋力) 향상에 많은 도움이 될 것으로 확신한다.

여기에서의 백이 어느 부분에서부터 착수를 시작할 것인지가 문제이다.

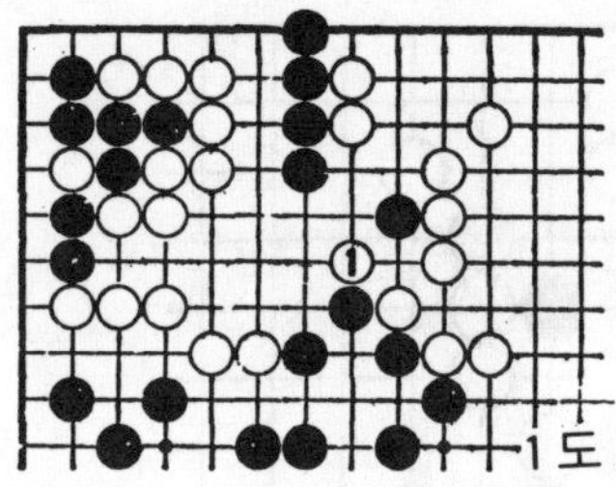

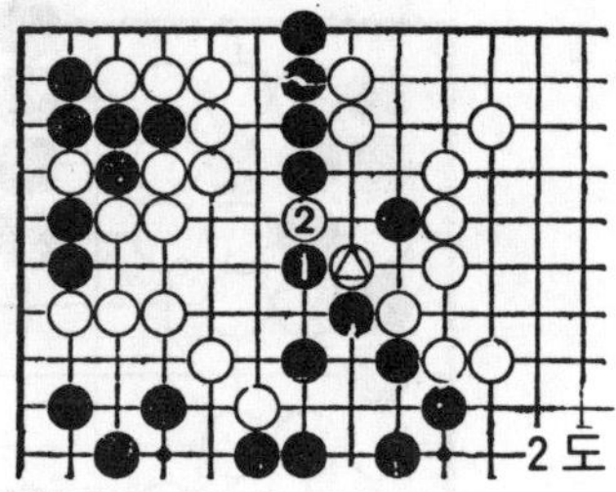

1 도 (정석) 백 1 이 원본에서의 정석이다.

이곳은 여러가지로 변화가 많이 있는 곳이다.

이 백 1 은 알기쉬운 수다. 이렇게 되어 백은 흑을 완벽하게 끊는다.

2 도 (계속) 백◎에는 흑 1 로 응수한다. 그때 백 2 의 끼움수가 훌륭한 맥 이어서 이 다음 흑 넉점을 구출하지 못한다.

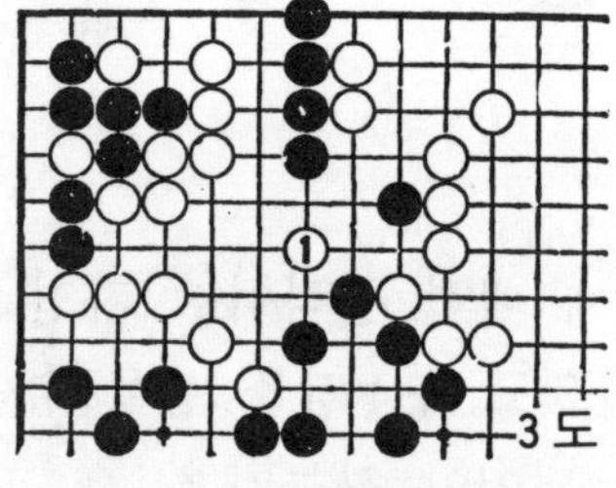

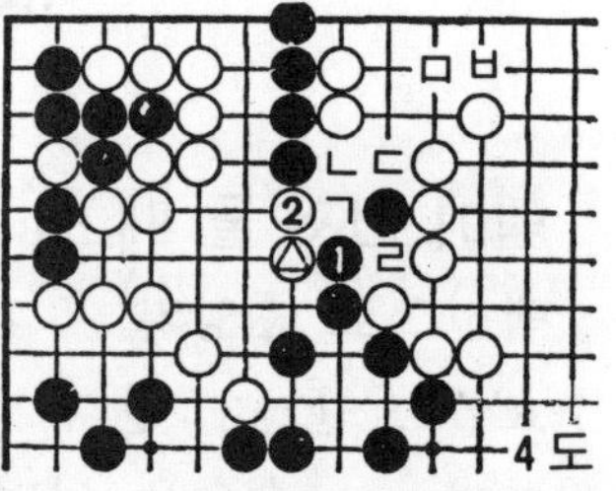

3 도 (정수) 백 1 로 즉시 급소에 두면 어떻게 될까? 실은 이 수가 1 도의 방법보다 좋은수다. 1 도는 3 도에 비해 손해를 본다.

4 도 (계속) 백◎이면 흑 1 로 둘 수밖에 없다. 그러면 백 2 로 치받아 흑ㄱ, 백ㄴ이 된다. 이 흑ㄱ으로 ㄴ에 두어도 백ㄱ, 흑ㄷ, 백ㄹ이 되고 흑ㅁ에 두면 백ㅂ으로 결국 흑은 살지 못한다.

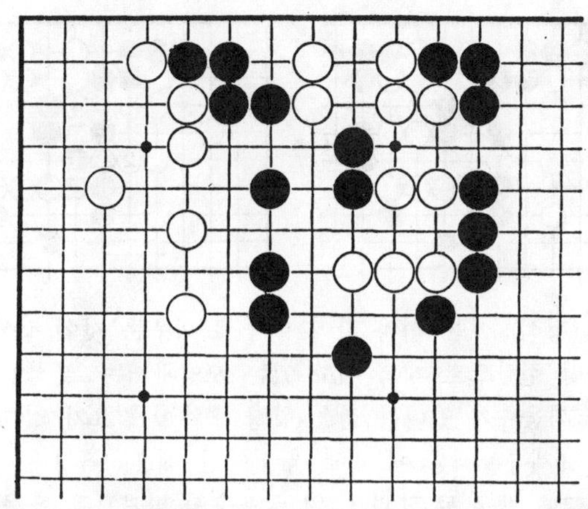

제88문

백이 먼저 둘 때

윗변쪽의 흑 4점을 잡는 것이 이 문제가 지니고 있는 주요 안건이다.

오른쪽의 백이 아직 흑의 세력권 속에 갇혀있는 상태이므로 신중을 기하여 탈출의 수순을 찾아 보도록 하자.

여기에서는 수읽기가 필요하다. 경과도와 함께 결과도를 머릿속에 그려보고 올바른 착수를 진행하도록 하는 것이 바람직한 일이다.

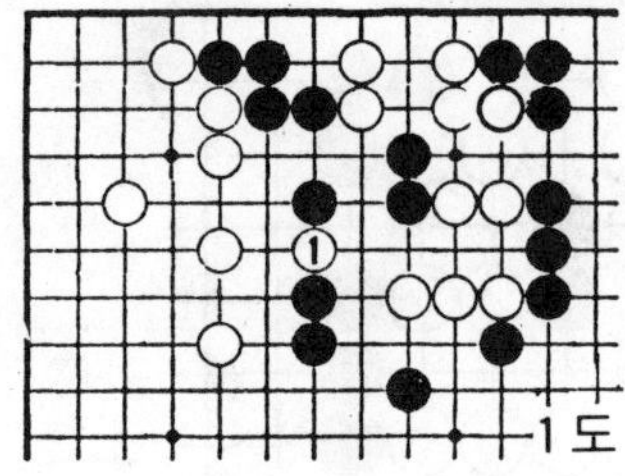

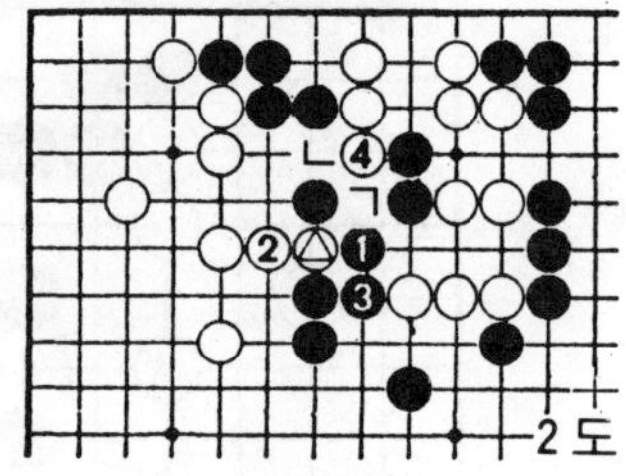

1 도(정석) 보는 바와 같이 백 1 로 끼우는 것이 정석이다. 이처럼 한칸으로 계속 뛰고 있는 모양에서는 실전일 경우 이러한 끼움수가 있다는 점을 항상 주의할 필요가 있다.

2 도 (계속) 백△에 대해 흑 1 이면 백 2 , 흑 3 은 외곬수이다. 그때 백 4 로 ㄱ과 ㄴ의 끊음수를 맞보므로 흑은 두군데의 약점을 동시에 막지는 못한다.

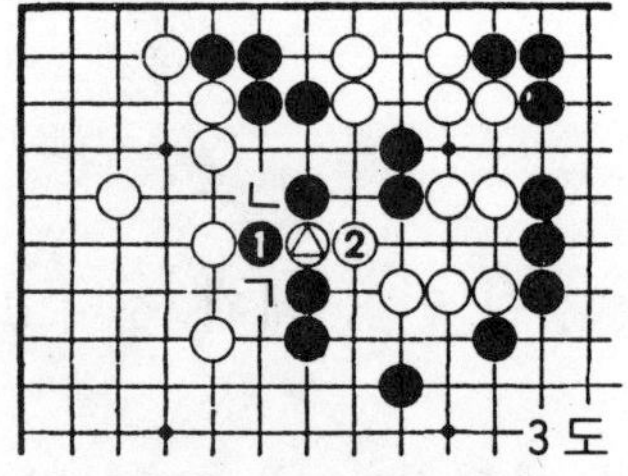

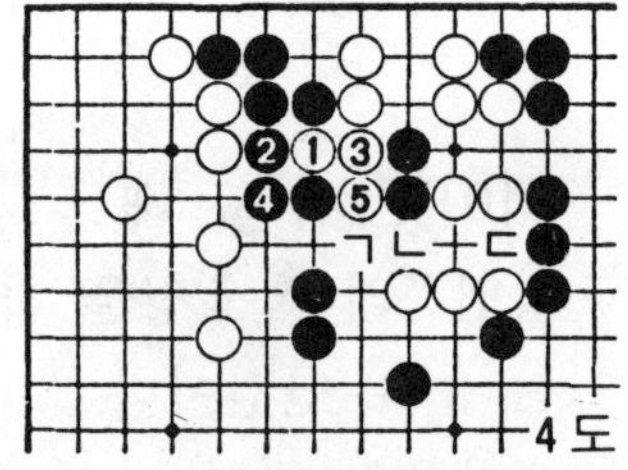

3 도 (변화) 백△에 흑 1 이면 백 2 로 뻗어 ㄱ과 ㄴ에 단점(斷點)이 생기므로 흑은 큰 손해다. 흑ㄴ, 백ㄱ으로 두면 수싸움이지만 흑의 수수(手數)가 너무 부족하다.

4 도 (실패) 먼저 백 1 로 두어서 흑 2 에는 백 3 으로 잇고 흑 4 일 때 백 5 로 흑 두점을 잡아서 살려고 하면 흑ㄱ, 백ㄴ, 흑ㄷ으로 되어 오히려 백은 가볍게 잡혀버린다.

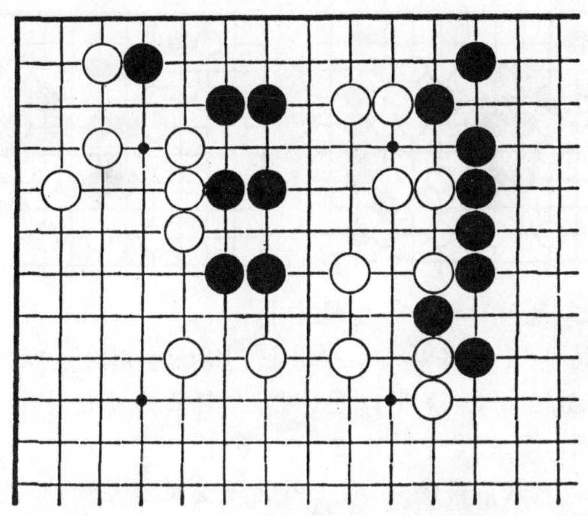

제89문

흑이 먼저 둘 때

흑선으로 중앙의 백을 끊어서 잡을 수 있을까?

여기에서는 수순이 중요하다. 흑은 백의 단점을 찾아서 공격을 진행해야 한다. 끊음수를 이용하여 백을 차단하고, 공략을 시도하도록 한다.

이러한 모양은 실전의 대국에서도 자주 볼 수가 있다. 그 수순을 잘 익혀두면 기력(棋力) 향상에 적지않은 도움이 될 것이다.

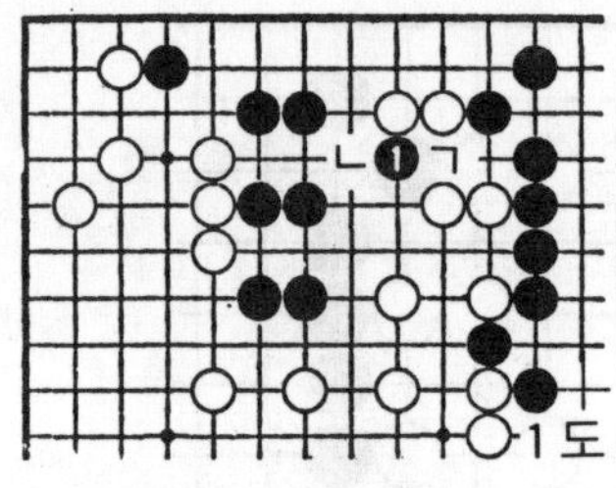
1 도

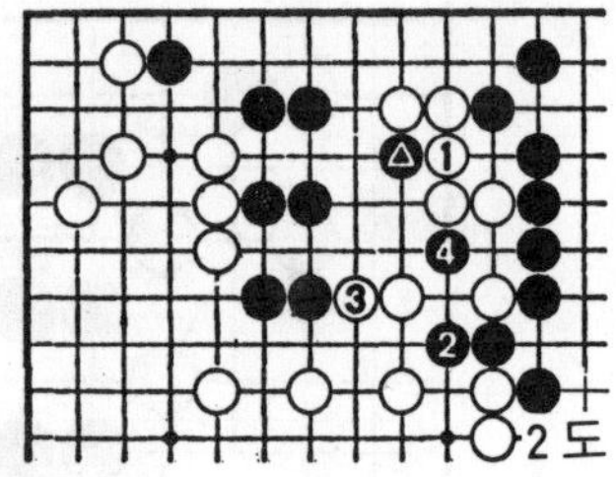
2 도

1 도 (정석) 흑 1 이 정석이다.

이 문제 역시 올바르게 수순을 진행해야 한다. 백이 응수할 수 있는 곳은 ㄱ과 ㄴ뿐인데, 백ㄱ으로 응수하면 2 도가 되고 백ㄴ으로 응수하면 3 도가 된다.

2 도 (계속) 흑▲에 백 1 이면 흑 2 로 진출한다. 이에 대해 어쩔 수 없이 백 3 으로 두어야 하며 그때 흑 4 로 붙여두는 것이 결정적인 수로 백은 어떻게 응수해도 끊기고 만다.

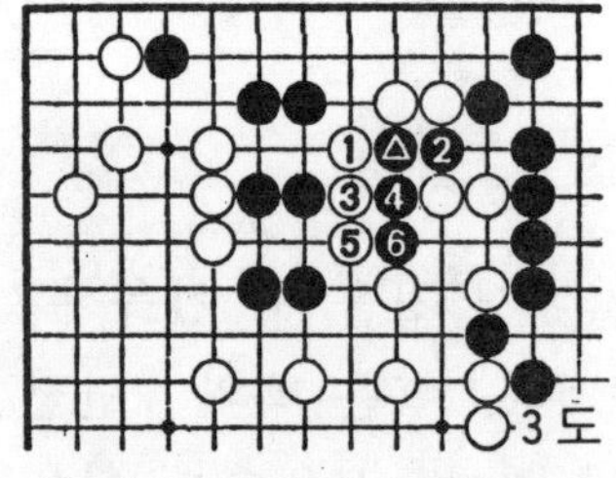
3 도

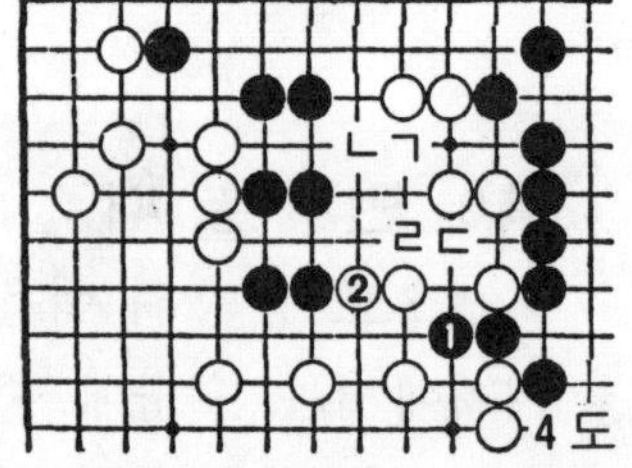
4 도

3 도 (변화) 흑▲에 대해 백 1 로 반발하면 흑 2 로 뻗는다. 이하 백 3, 흑 4, 백 5 해도 흑 6 으로 치받으면 결국 백은 끊기게 된다.

4 도 (실패) 여기서 흑 1 로 나가 백 2 를 허용해서는 실패다. 이 경우 흑ㄱ에 두어도 백ㄴ으로 그만이며 흑ㄱ 대신 흑ㄷ으로 두어도 백ㄹ 까지이다.

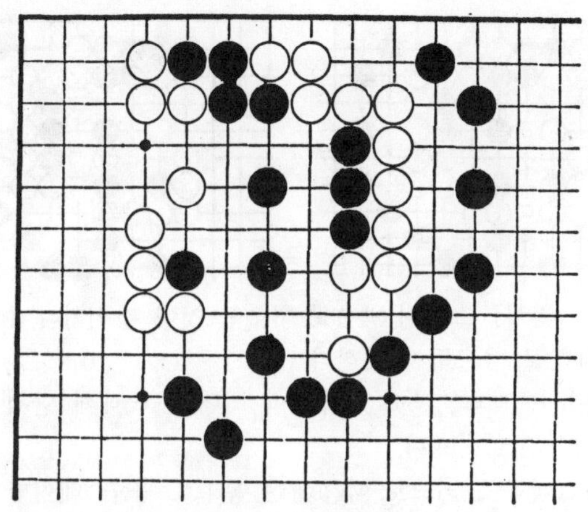

제90문

백이 먼저 둘 때

백선으로 중앙의 흑을 공략하여 성공을 거둘 수 있을까 하는 것을 주안점으로 한 문제이다.

백은 흑의 급소만을 골라서 공격을 하지 않으면 안될 것이다.

소홀히 하면 결코 성공을 거둘 수가 없다. 그러므로 수읽기를 하여 꼭 올바른 수순을 진행하도록 해야 할 것이다. 신중한 착수여야만 비로소 백이 삶을 확보하면서 아울러 흑을 잡을 수 있다.

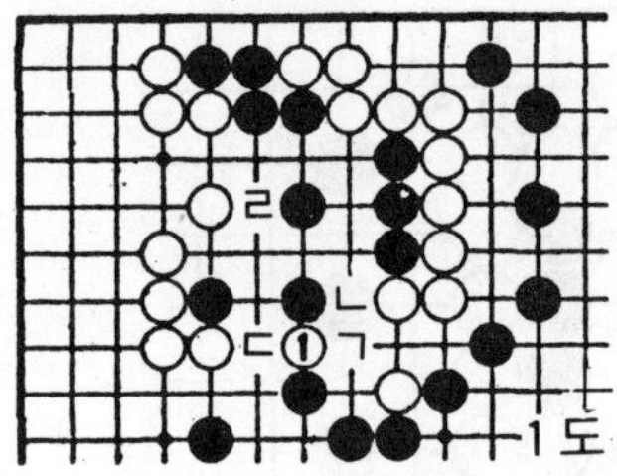

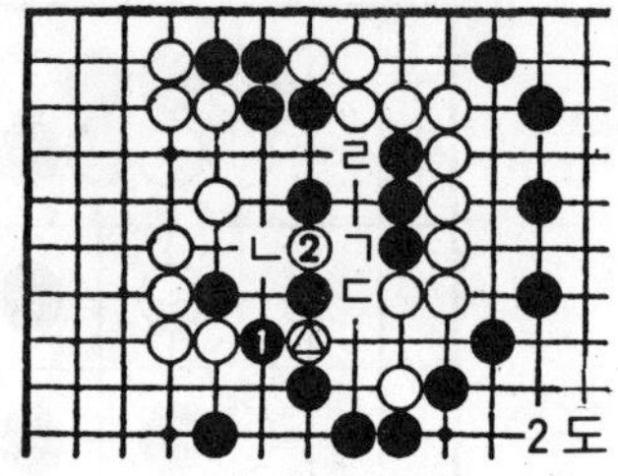

1 도 (정석) 그림의 백 1로 끼우는 것이 정석이다. 이에 대해 흑ㄱ으로 응수하지 못한다.

그이유는 백ㄴ, 흑ㄷ, 백ㄹ이 되어 두 군데에 단점(斷點)이 나타나기 때문이다.

2도 (계속) 그러므로 백△에는 흑1로 응수 해야만 한다. 그때 백2로 끼우는 수가 두번째이다. 백2에 대해 흑ㄱ으로 두면 백ㄴ, 흑ㄷ, 백ㄹ로 되어 흑이 끊기게 된다.

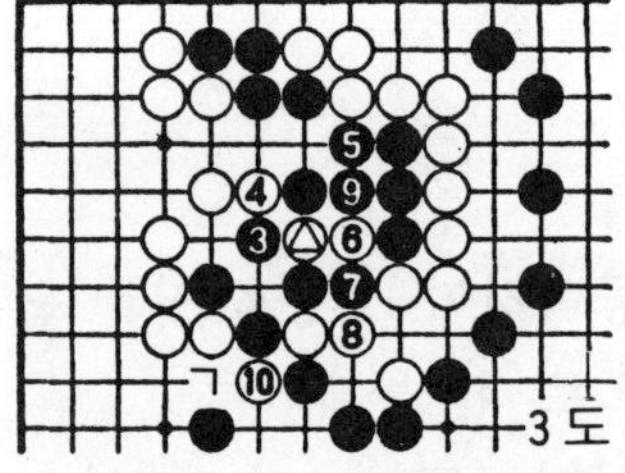

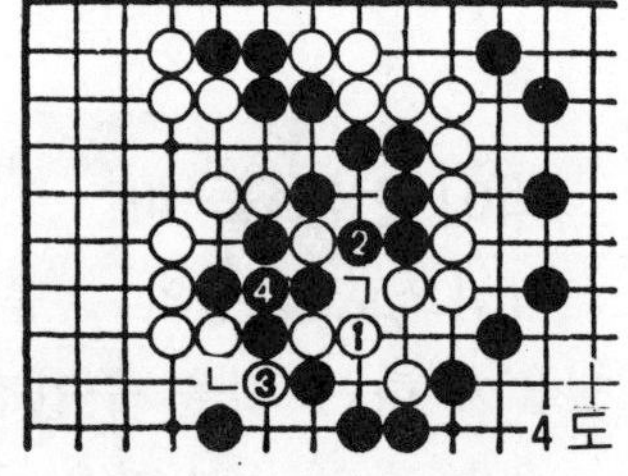

3 도 (계속) 백△에 흑3으로 끊는다. 백4, 흑5는 필연적이다. 백6으로 뻗어 두점으로 키워서 버리는 것이 좋은 수순이다. 흑7, 백8, 흑9로 되면 백10으로 단수하고 흑ㄱ으로 커다란 패싸움이 되어 버린다.

4 도 (실패) 3도의 백6으로 단순하게 백1로 뻗으면 흑2로 때리고 백3에는 흑4로 이어 ㄱ의 삶과 ㄴ의 끊음수를 맞보게 되므로 백은 살지 못한다.

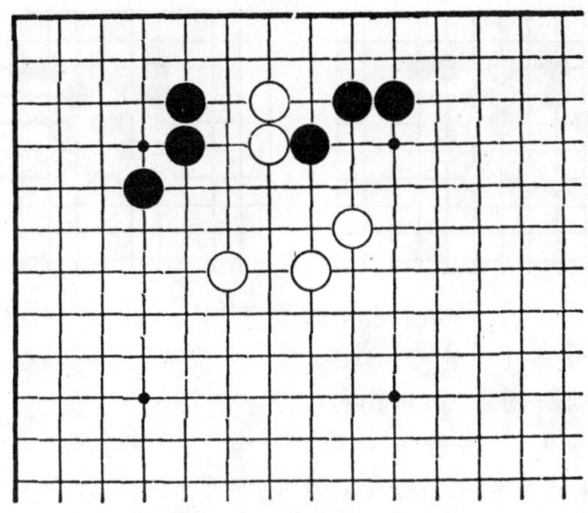

제91문

흑이 먼저 둘 때

흑선으로 중앙의 백 두 점을 잡을 수 있는가 하는 것을 주안점으로 한 문제이다. 여기에는 비상한 수순보다는 일반적으로 곧잘 사용되는 맥수가 적절할 것 같다.

'잡으려면 젖혀라'라는 바둑의 격언이 있다. 이 문제에서도 이 격언을 한번쯤 되새겨볼 필요가 있다고 본다.

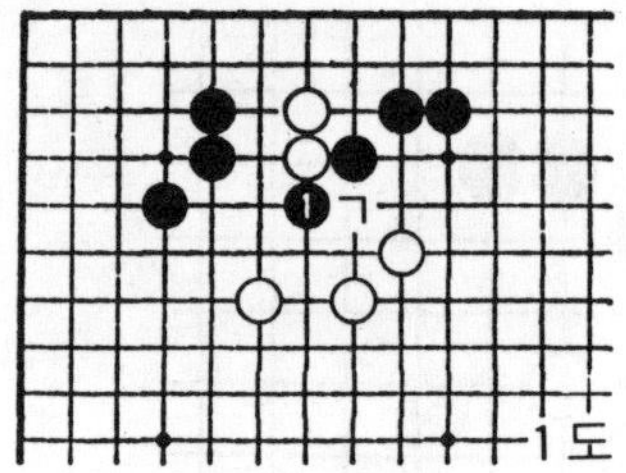

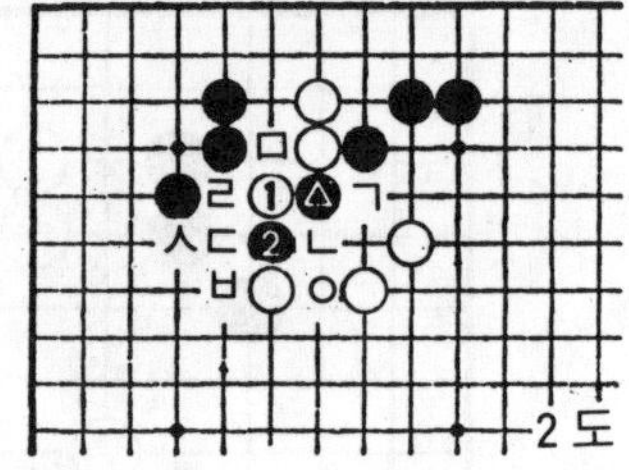

1 도 (정석) 이렇게 흑 1 로 젖혀두는 것이 정석이다.

여기서 흑 1 대신 흑ㄱ으로 뻗으면 백 1 을 허용해서 도저히 이 백을 잡을 수가 없다.

2 도 (계속) 흑 △에 대해 백 1 일 경우 흑 2 로 젖혀끼우는 수가 절묘해서 이렇게 되면 백 두점은 그대로 죽어 버린다.

이 다음 백ㄱ, 흑ㄴ, 백ㄷ에 두어도 흑ㄹ, 백ㅁ, 흑ㅂ, 백ㅅ, 흑ㅇ 이다.

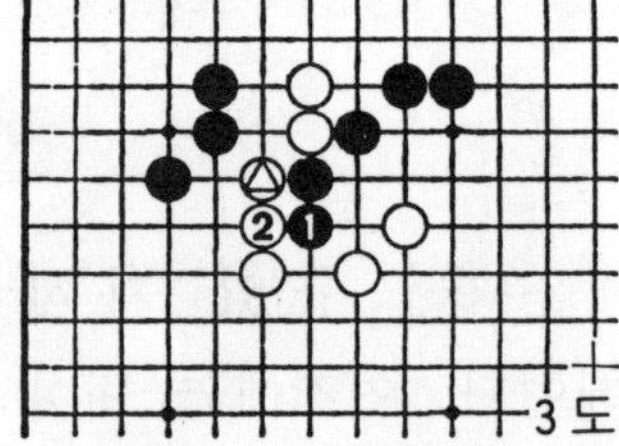

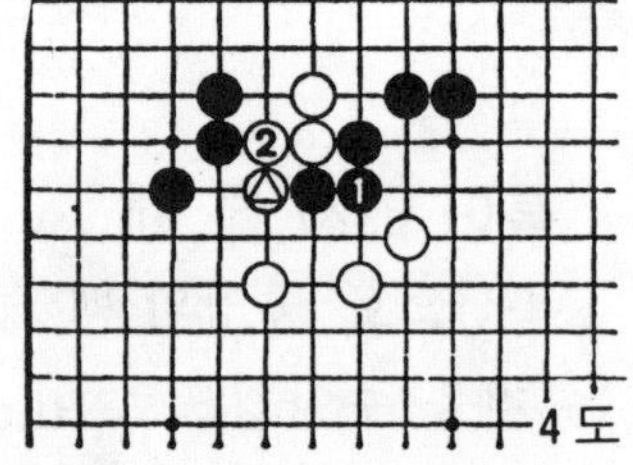

3 도 (실패) 올바르게 정석의 수를 찾아냈어도 백 △ 일 때 소극적으로 흑 1 에 두면 백 2 로 잇고 말아 어렵게 된다. 이 흑 1 은 오히려 두지 않는 것이 보다 좋았다.

4 도 (탈출) 3 도의 흑 1 로는 차라리 그림의 흑 1 로 꽉잇는 것이 좋지만 이렇게 해도 백은 2 로 이어서 탈출해버리므로 성공하지 못한다.

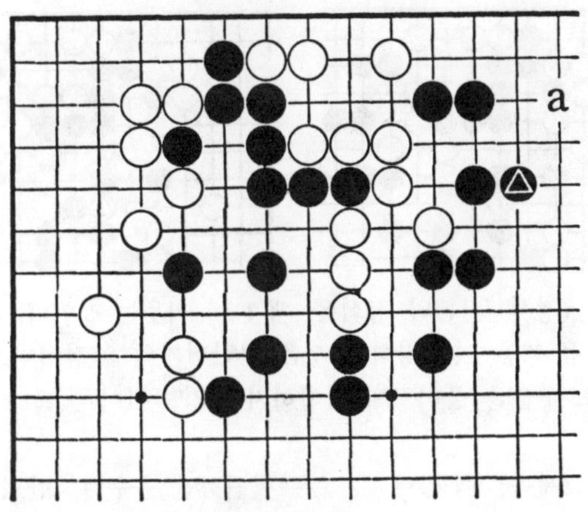

제92문

백이 먼저 둘 때

이 그림은 상당히 복잡한 모양을 하고 있다. 더구나 오른쪽의 백은 흑에게 쫓기는 입장이다. 그런데 이 그림의 주요 포인트는 좌우의 백이 중앙의 흑을 끊어서 사로잡을 수 있느냐 하는 것이다.

이러한 모양은 실전에서도 자주 나타난다. 초보의 단계에 있는 사람들은 이 문제의 진행도를 잘 습득하여 두기 바란다. 많은 도움이 될 수 있을 것이다.

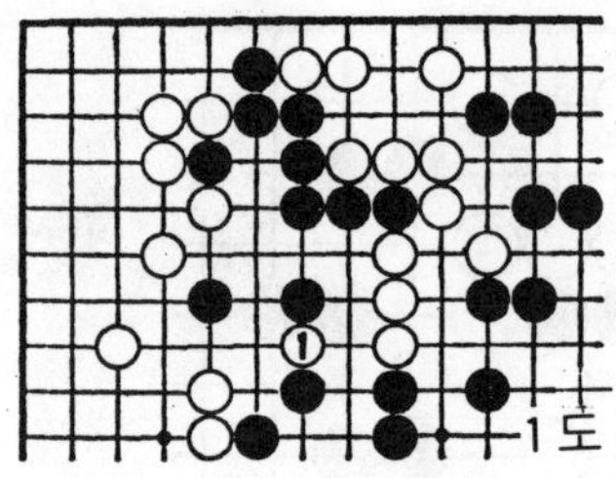

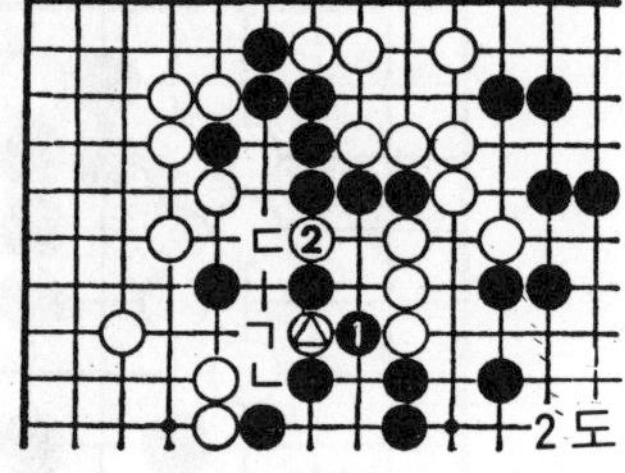

1 도 (정석) 원본의 정석은 백 **1** 로 끼우는 것이다.

이처럼 끼움수를 당하는 것은 한칸뛰기의 약점이다. 하지만 백도 수순을 올바르게 진행하지 않으면 대마(大馬)가 죽어 버린다.

2 도 (계속) 백◎에 흑ㄱ은 필연적인 응수다. 만약 흑 **1** 을 생략하고 흑ㄱ이면 백 **1**, 흑ㄴ, 백ㄷ으로 가볍게 끊기고 만다. 흑 **1** 일 때 백 **2** 로 계속해서 끼워 둔다.

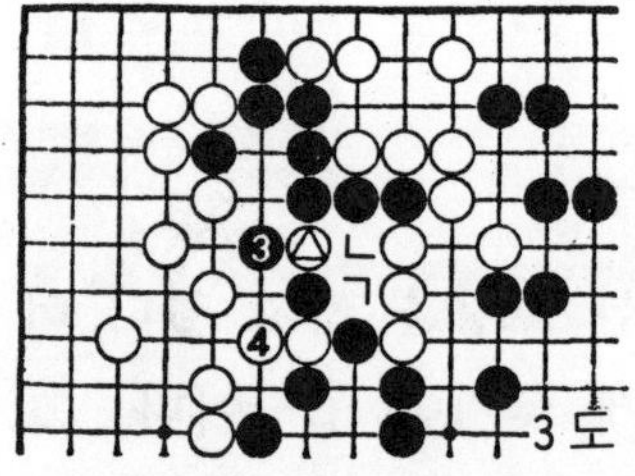

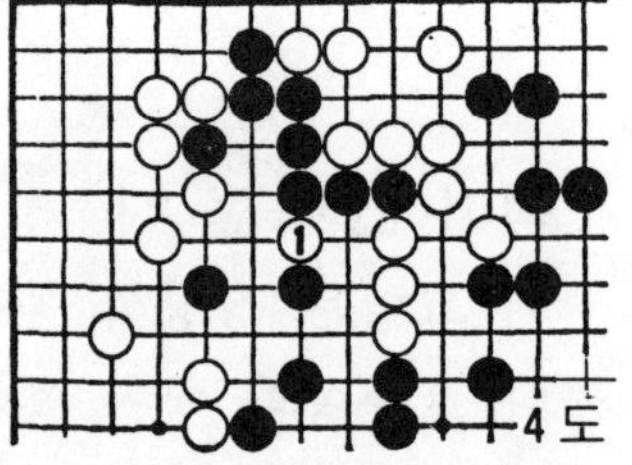

3 도 (계속) 백◎에 흑 **3** 으로 응수하면 백 **4** 로 뻗는다. 흑ㄱ, 백ㄴ이 되어 흑은 위아래의 두곳이나 결점이 생겨나므로 위쪽 흑 여덟점은 구출하지 못한다.

4 도 (정수) 처음에 백 **1** 로 끼우면 손해를 먼저 보게 되는 것이 아니므로 이것이 '정수(正手)'라고 필자는 생각한다. 이같이 정답이 2 개여서는 적합한 문제라 할 수 없다.

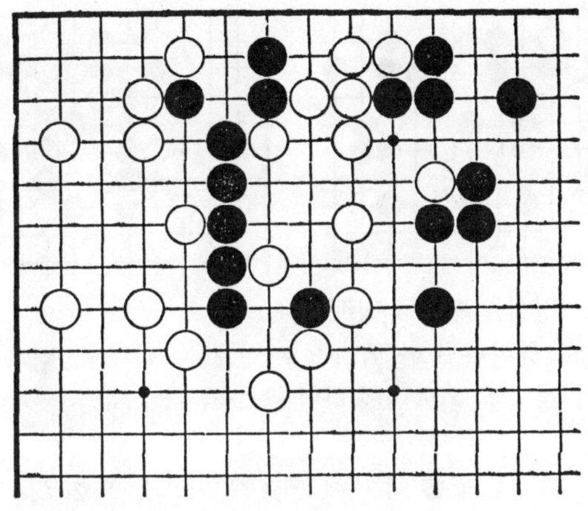

제93문

흑이 먼저 둘 때

이 그림 역시 상당히 복잡하다. 문제의 주요 안건은 좌우의 흑이 어떻게 하면 중앙의 백을 끊어서 잡을 수 있을까 하는 점이다.

여기에서는 무엇보다도 수순이 중요하다. 수순이 잘못되면 흑은 결코 성공을 거두지 못할 것이다. 차분한 착수를 진행해야 한다. 수읽기를 한 다음에 경과도를 머릿속에 그려 보면서 한 수 한 수를 신중히 착수해 나가도록 하자.

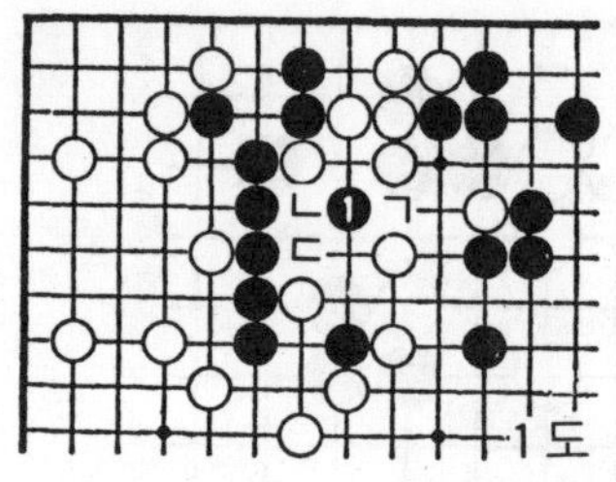

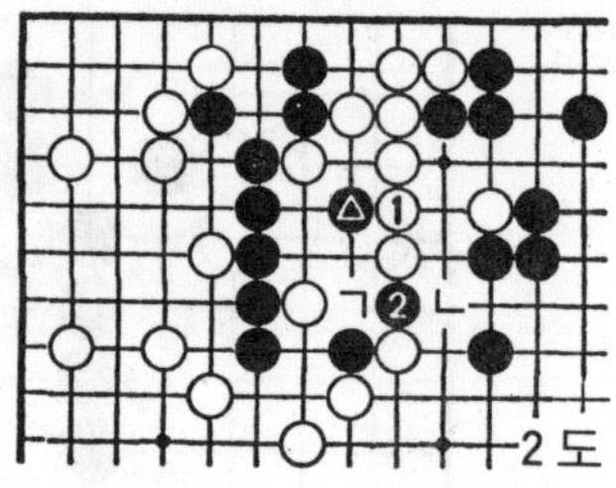

1 도 (정석) 흑 **1** 이 정석이다.

흑 **1** 로 들여다 보아 백ㄱ으로 잇도록 한다. 백이 ㄱ으로 잇지 않고 ㄴ으로 진출하면 흑ㄷ의 단수(單手)로 몰아서 충분하다.

2 도 (계속) 흑△에 대해 백 **1** 로 이으면 흑 **2** 로 끼워두는 것이 교묘한 끊음수이다. 백ㄱ이면 흑ㄴ으로 단점(斷點)이 두군데에 생겨나므로 백은 그대로 죽는다.

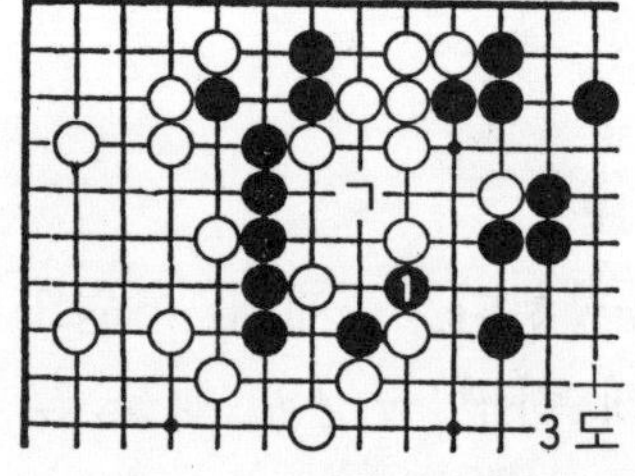

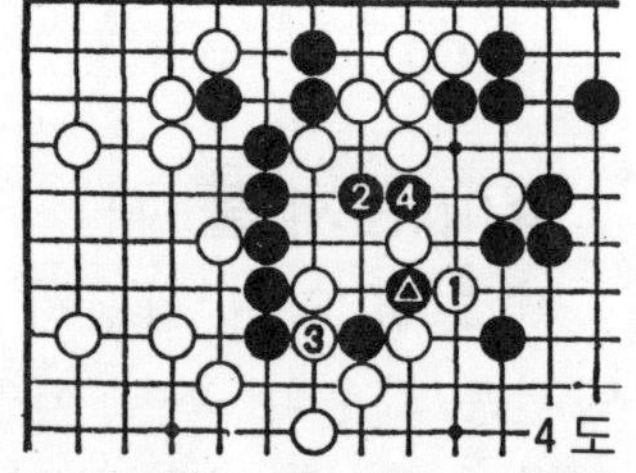

3 도 (다른 방법) 흑 **1** 로 곧장 끼우면 어떻게 될까? 이에 대해 백이 왼쪽이든, 오른쪽이든 응수했을 경우 흑ㄱ에 두어도 백을 끊을 수가 있다.

4 도 (끊는수) 흑△를 먼저 두어도 결국은 흑 **2**, **4** 가 되어서 정석이 되지만 이것은 먼저 손해를 보는 수여서 바람직하지 못하다. 원본의 정석이 더 좋은 것이다.

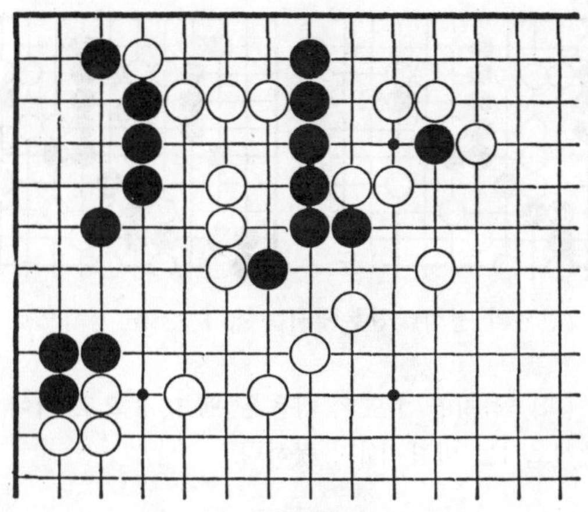

제94문

흑이 먼저 둘 때

이 문제 역시 상당히 어려운 수준급의 문제이다. 이 문제를 즉석에서 풀 수 있는 사람이라면 그는 상당한 실력의 소유자라고 할 수 있을 것이다.

여기에서도 수순이 중요하다. 수순이 잘못되면 결코 소기의 목적을 달성할 수가 없다. 제 일착, 제 이착, 제 삼착이 상당히 중요한 비중을 차지하고 있다.

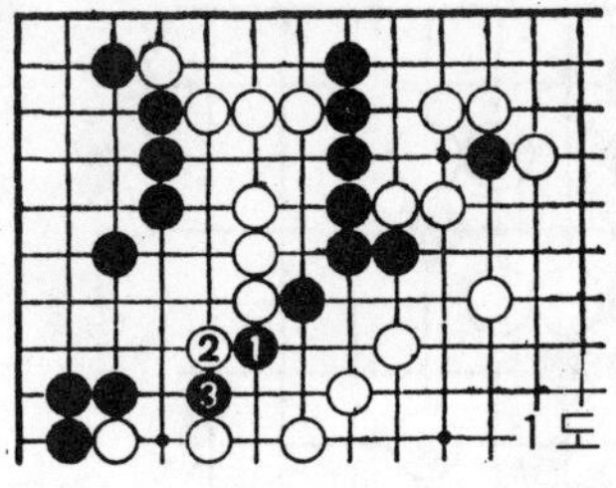

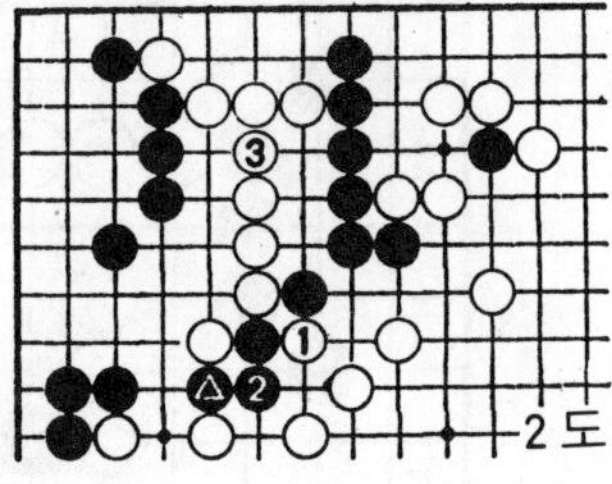

1 도 (원본의 정석) 원본에서는 흑 1, 3 을 정석으로 보고 있다.

2 도 (빅) 하지만 1 도의 다음은 백 1, 3 으로 빅이 되어 버려 문제로서는 바람직하지 못하다.

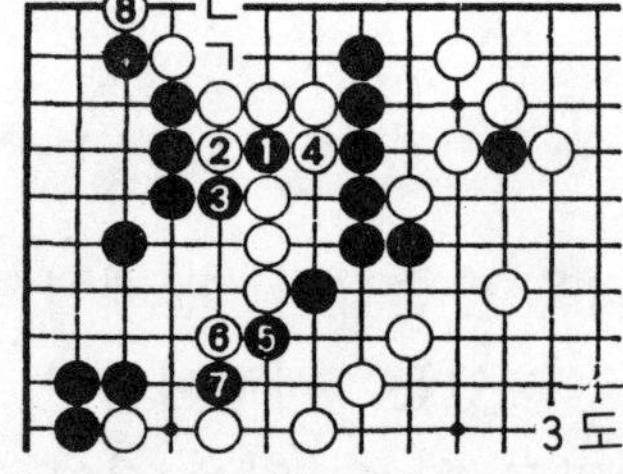

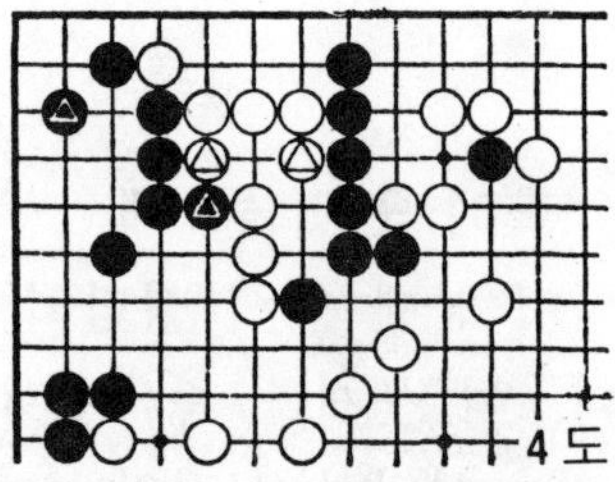

3 도 (실패) 흑 1 이하 7 까지는 백 8 의 저항이 있으며, 흑 ㄱ에는 백 ㄴ의 패로 반발당한다. 이렇게 되면 빅으로 만드는 것만 못해서 실패다.

4 도 (다른모양) 이 문제도에는 흑 ▲ 와 백 △의 넉점을 더 두어야만 흑이 먼저 두어 이긴다는 좋은 문제가 될 것이다. 이것은 백이 한수 부족한 수싸움이다.

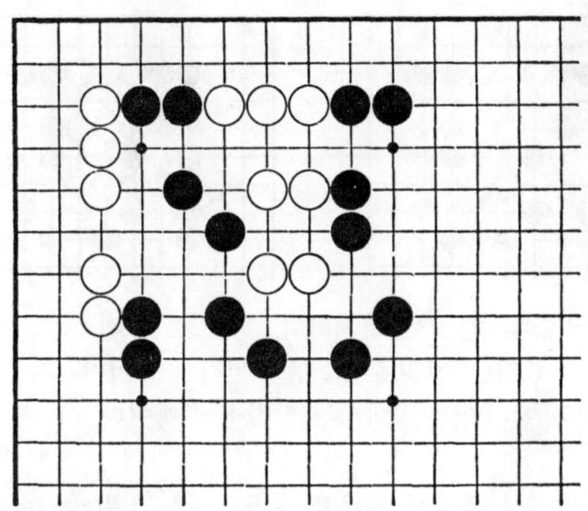

제95문

백이 먼저 둘 때

백선으로 중앙의 흑을 공략하여 성공을 거둘수가 있을까?

현재 백은 오른쪽에서 흑에 의해 차단당하고 있다. 오른쪽의 백 7 점은 흑에 의해 삶을 위협당하고 있는 것이다. 백은 어쩔 수 없이 중앙의 흑을 공격하여 삶을 도모하지 않을 수가 없는 것이다.

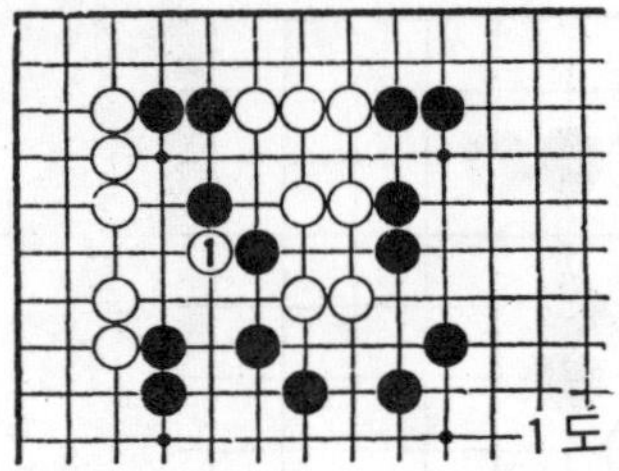

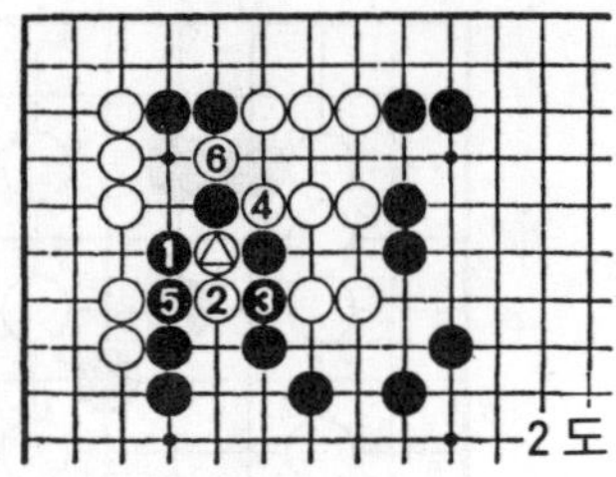

1 도 (정석) 백 1 이 정석이다.

흑의 불완전한 모양을 백 1 로 찔러서 끊어버린다.

이 수는 이러한 모양에서의 일반적인 맥이다.

2 도 (계속) 백 △ 에는 흑 1 의 한수뿐이어서 백 2, 흑 3 이 되는데 여기서 백 4 로 끊으면 흑 5 로 둘 수 밖에 없으므로 백 6 으로 끊어버린다.

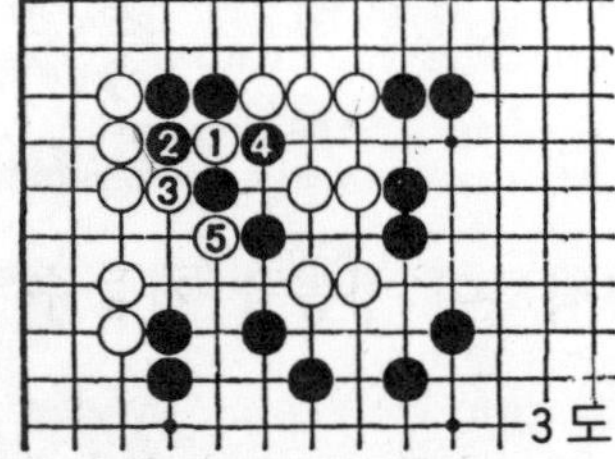

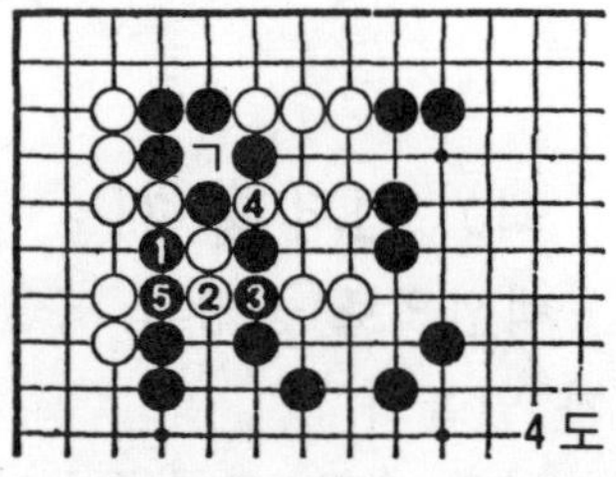

3 도 (실패) 같다고 잘못 생각해서 백 1, 3 으로 두면 흑 2, 4 는 필연적이라 하고 다음 백 5 일 때 흑에게도 저항할 수 있는 수가 있어서 성공하지 못한다.

4 도 (패싸움) 계속해서 흑 1 로 끊고 백 2, 흑 3, 백 4 이면 흑 5 로 이어 패싸움이 된다. 따라서 3 도의 백 1 은 먼저 백 5 로 붙여두어야 하는 것이다.

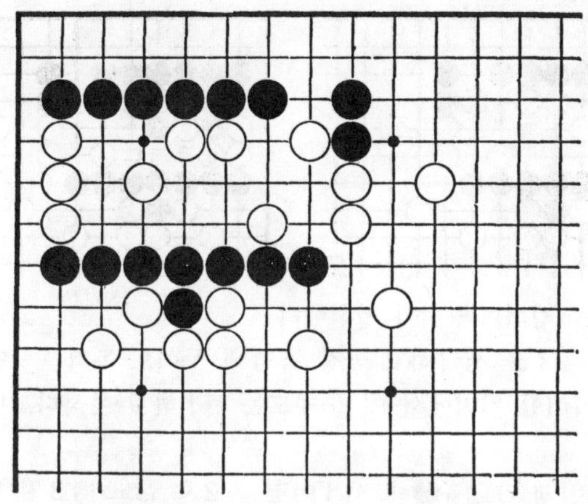

제96문

흑이 먼저 둘 때

흑선으로 가운데에 들어있는 백을 공격하여 소기의 목적을 이룰 수가 있을까?

이 문제는 상당히 어려운 수준급의 문제이다. 그러나 수읽기를 할 수 있는 사람이라면 그다지 어렵지 않게 문제의 해답을 찾을 수 있을 것이다.

신중을 기하여서 올바른 수순을 찾아 보자.

제 일착은 어디에다가 두어야 할까? 백의 급소를 찾아서 일격을 가해 보자.

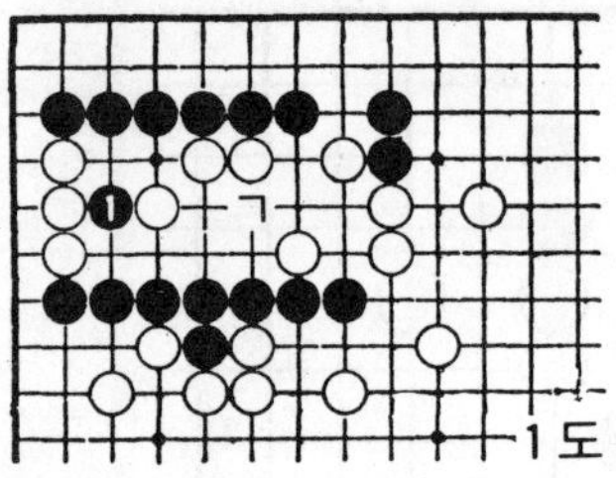

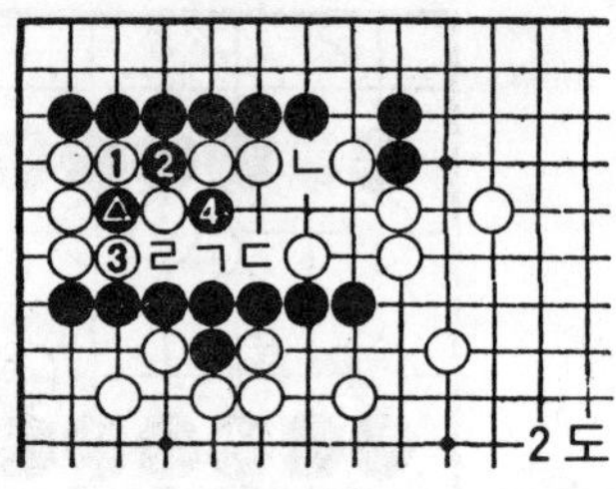

1 도 (정석) 흑 1 이 정석이다.

단, 흑 1 을 생략하고 곧장 흑ㄱ에 두어도 목적은 달성되므로 이러한 의미에서 이 문제도는 완전하지 못하다고 할 수 있다.

2 도 (계속) 흑△에 백 1 이면 흑 2 로 끊고 백 3 일 때 흑 4 로 끊어 그만이다. 이 다음 백ㄱ에 두어도 흑ㄴ, 백ㄷ, 흑ㄹ로 되어 백은 탈출하기 어렵게 된다.

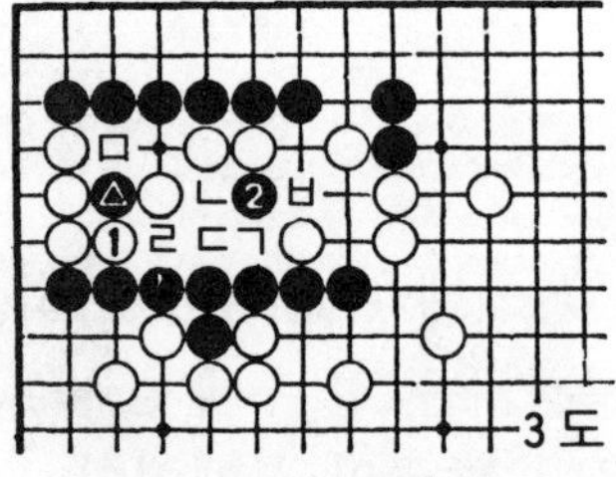

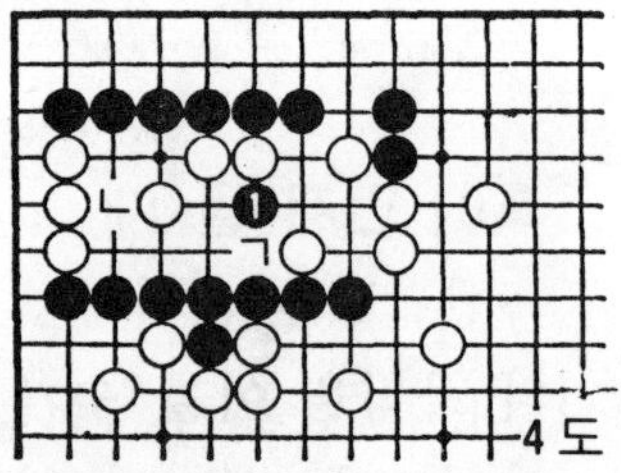

3 도 (변화) 흑△에 백 1 이면 흑 2 로 붙여둔다. 백의 모양에서는 이 2 가 약점이 되고 있다. 이하 백ㄱ, 흑ㄴ, 백ㄷ, 흑ㄹ이 된다. 백ㅁ에는 흑ㅂ이 된다.

4 도 (다른 방법) 흑 1 로 두어도 성공이다. 백ㄱ에는 흑ㄴ이다. 다만 실전에서는 먼저 손해를 보지 않는 의미에서 1 도가 올바른 것이라고 보아야 할 것이다.

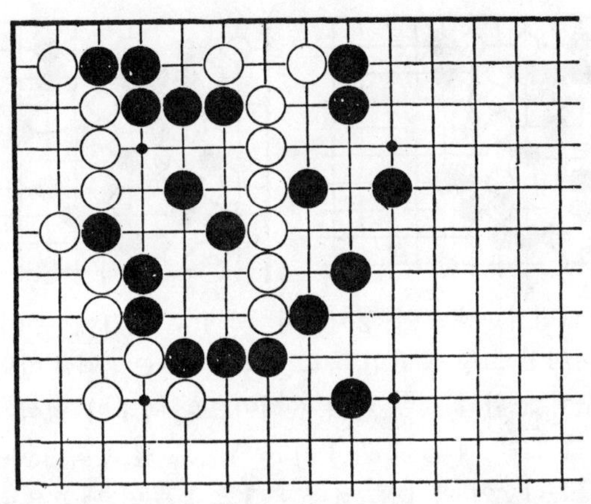

제97문

백이 먼저 둘 때

이 문제 역시 상당히 어려운 수준급의 문제이다. 해답을 구하려면 수읽기를 한 후에 올바른 수순을 찾아야 한다.

현재 백은 오른쪽에서 흑에 의해 8점이 갇혀 있다. 흑의 공격을 받고 있는 것이다. 백은 흑의 공격을 저지하면서, 아울러 흑의 급소를 공격하도록 해야 한다.

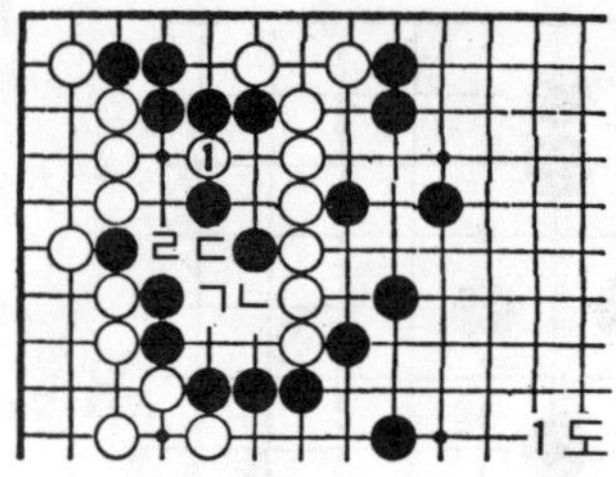
1도

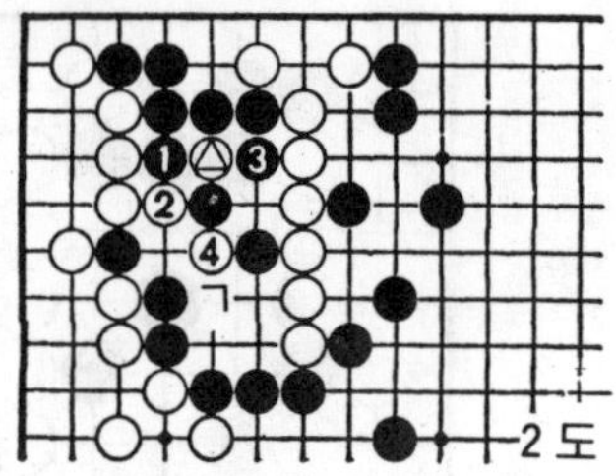
2도

1도 (정석) 백1이 정석이다. 백1로 백ㄱ에 두어도 끊기는 하지만 그렇게 되면 흑ㄴ, 백ㄷ, 흑ㄹ, 백1이되어 먼저 두수씩 교환한 것이 백의 손해이므로 백1이 정석이다.

2도 (계속) 백◬에 흑1이면 백2로 뻗고 흑3에는 백4로 끊는다. 이 흑1로 먼저 흑3으로 두면 백ㄱ으로 둔다. 백4로 백ㄱ에 두면 3도와 같은 본패가 되어버린다.

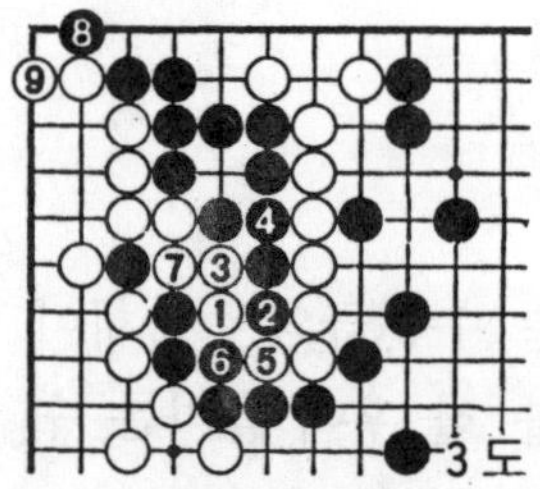
3도

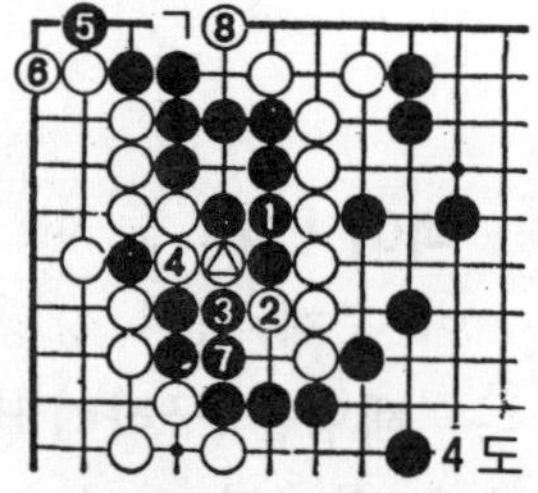
4도

3도 (패) 백1이면 이하 흑2, 백3, 흑4, 백5, 흑6, 백7, 흑8, 백9로되어 패가 되어버린다. 따라서 백1 대신 백3에 두어야 하는데 그러면 다음과 같이 된다.

4도 (3수 늘어진 패) 백◬이면 흑1, 백2, 흑3, 백4여서 그때 흑5, 백6, 흑7, 백8이 되어 흑ㄱ에 두면 패가 되지만 '3수 늘어진 패는 패를 쓰지 말라'에 따라 백이 이겼다고 볼 수 있겠다.

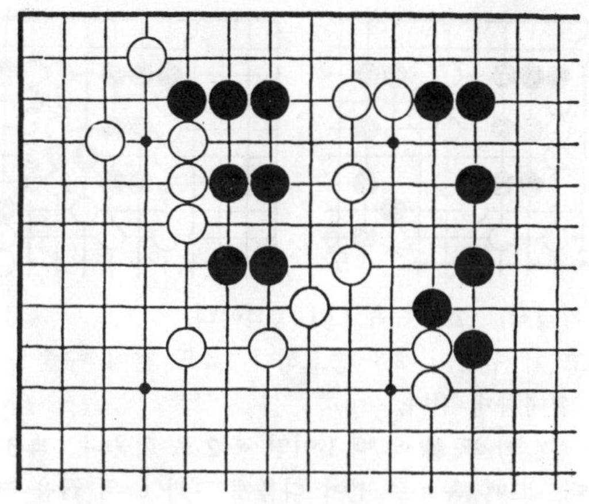

제98문

흑이 먼저 둘 때

흑선으로 중앙의 백을 공략하는 것이다. 왼쪽의 흑은 아직 완전한 삶을 확보하지도 못한 채이므로 삶을 향한 하나의 전진으로써 중앙의 백을 공격하도록 하는 것이 바람직할 것이다.

이러한 문제는 실전에 있어서도 자주 나타난다. 따라서 처음부터 끝까지 그 경과도를 익혀 두도록 하자.

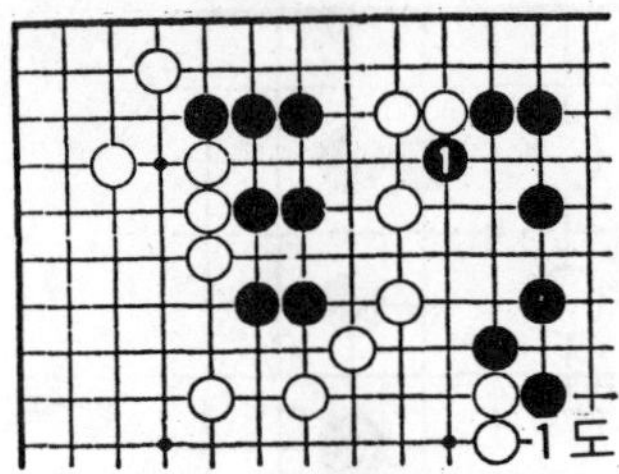

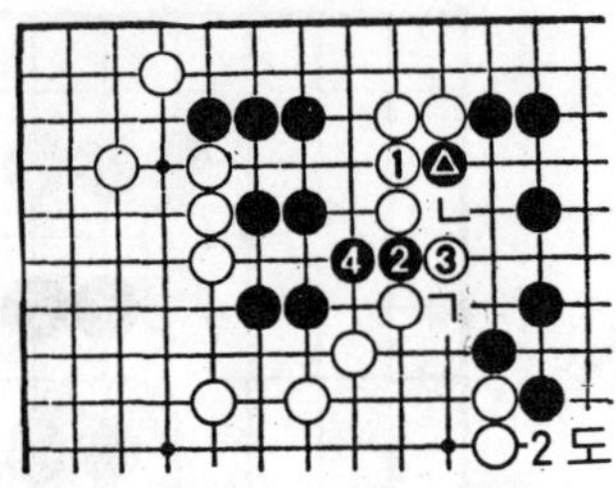

1 도 (정석) 그림의 흑 1 이 정석이다.

그리고 이 수순이 매우 중요하다. 4 도 같이 수순을 잘못 밟으면 실패하게 된다.

2 도 (계속) 흑◬에 백 1 이면 흑 2 로 끼운다. 백 3 은 이 한수이다. 그때 흑 4 로 뻗어 다음에 ㄱ과 ㄴ의 끊음수를 맞보게 되므로 백 넉점은 구출되지 못한다.

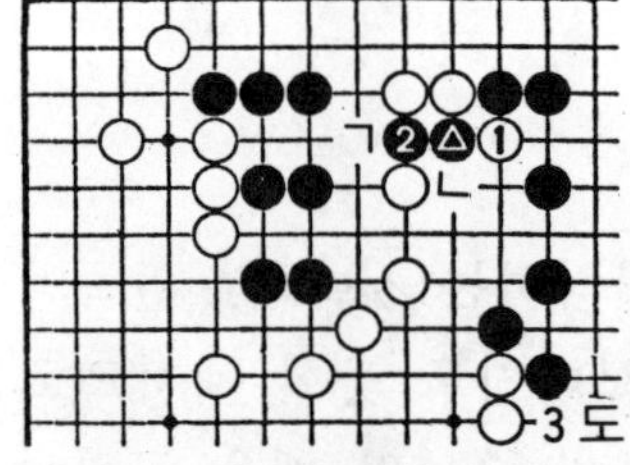

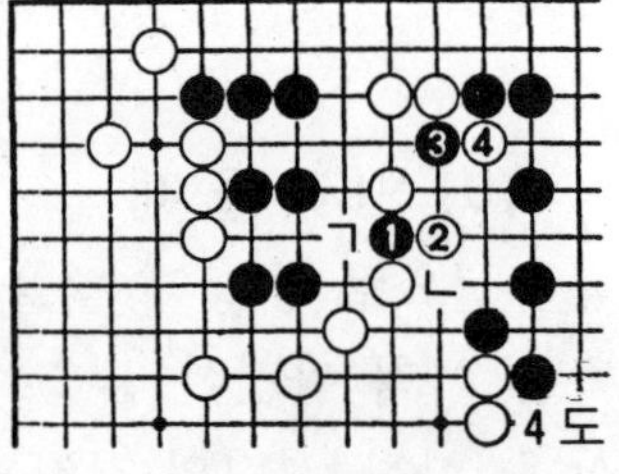

3 도 (변화) 흑◬에 대해 백 1 로 끊어서 반발 하면 흑 2 로 뻗어서 좋다. 백ㄱ이면 흑ㄴ이므로 백은 흑의 끊음수를 막지못한다.

4 도 (실패) 수순을 잘못밟아 흑 1, 백 2 를 교환한 다음에 흑 3 에 두면 백 4 로 끊겨 실패한다. 이 다음 흑ㄱ에 두어도 백ㄴ으로 흑은 실패한다.

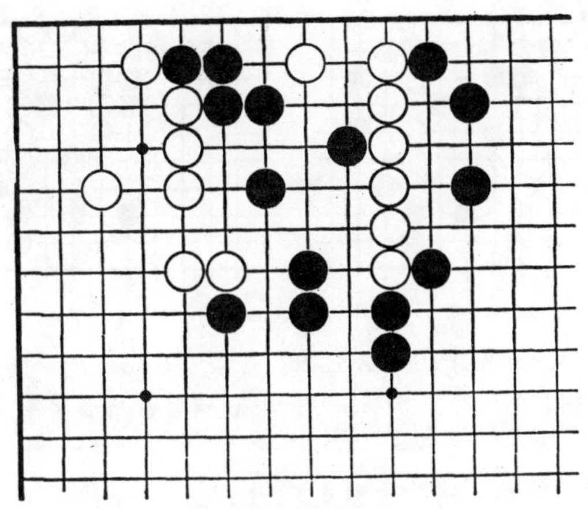

제99문

백이 먼저 둘 때

백선으로 흑에 갇힌 오른쪽의 백 7점을 살릴 수 있느냐 하는 것이다. 여기에서 백은 상대방의 돌을 잡는 방법을 이용하여 탈출을 시도하여야 한다.

여기에서는 수순이 중요하므로 수읽기를 하여 그 경과도를 그려본 후에 착수를 하도록 하는 것이 보다 바람직한 일이다.

그러면 수를 찾아 보자.

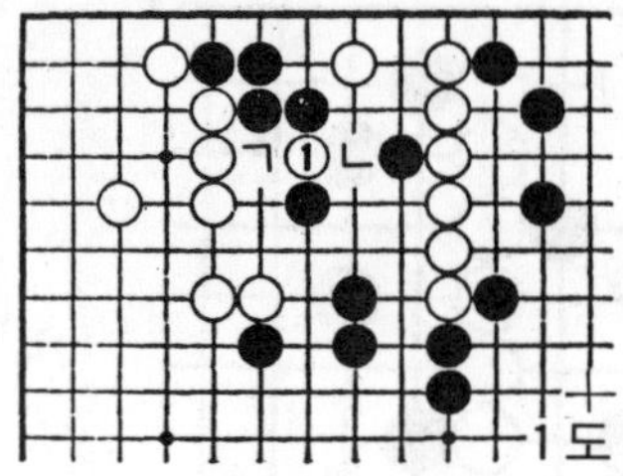
1 도

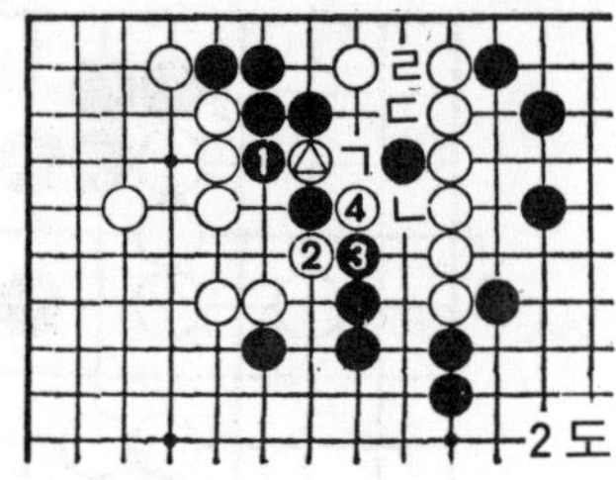
2 도

1 도 (정석) 백 1 로 끼우는 것이 정석이다.

이에 대해 흑ㄱ이면 2 도 또, 흑ㄴ이면 3 도가 된다. 그리고 흑이 어느쪽을 택해도 위쪽 흑 넉점은 구출하지 못한다.

2 도 (계속) 백 △에 흑 1 로 응수하면, 그때는 백 2 가 정석이다. 흑 3 에 대하여 백 4 로 단수한다. 이하 흑ㄱ, 백ㄴ, 흑ㄷ, 백ㄹ해도 흑의 수수(手數)가 너무 부족해 수싸움이 될 수 없다.

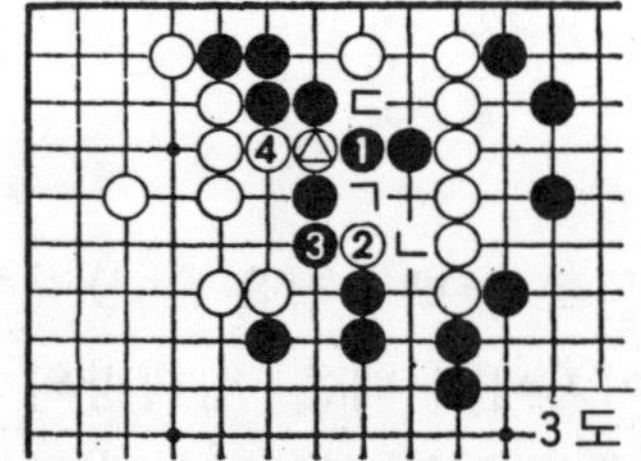
3 도

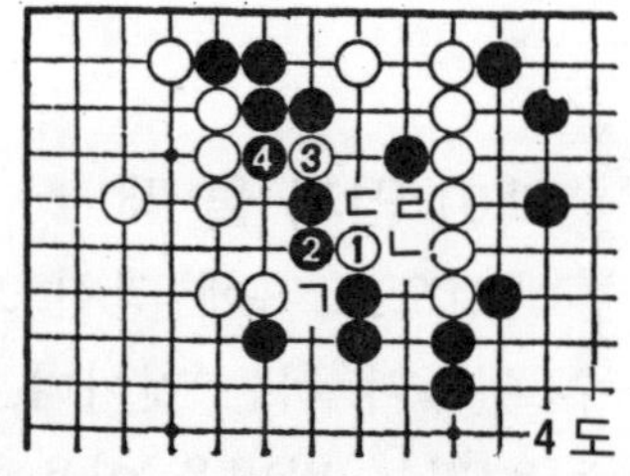
4 도

3 도 (변화) 백 △에 흑 1 로 응수하면 이때는 백 2 가 수순이다. 이에 대해 흑 3 으로 응수할 수밖에 없으며 그러면 백 4 로 이어버린다. 다음에 백ㄱ의 끊음수를 방지해서 흑ㄱ에 두면 백ㄷ으로 끊을수 있어 백의 성공이다.

4 도 (실패) 수순을 알지 못해 먼저 백 1 로 끊으면 흑 2, 백 3, 흑 4 로 되어 끊을 수가 없다. 백ㄱ에 두어도 흑ㄴ, 백ㄷ, 흑ㄹ이다.

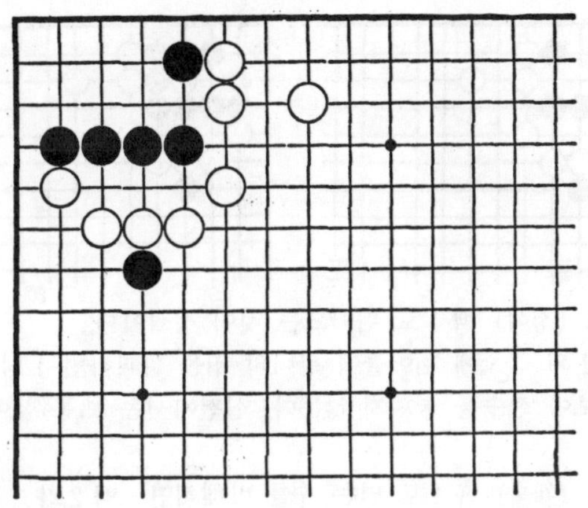

제100문

백이 먼저 둘 때

이 문제는 상당히 어렵고 까다로운 문제 가운데 하나이다.

만약 이 문제를 무난히 풀 수 있는 사람이라면 그는 상당한 실력의 소유자임에 틀림없을 것이다.

여기에서는 묘수가 필요하다. 흑의 급소를 찾아 공격을 감행하지 않으면 안된다. 그렇다면 어떻게 해야 할까?

수는 반드시 있으므로 수읽기를 하여 보자.

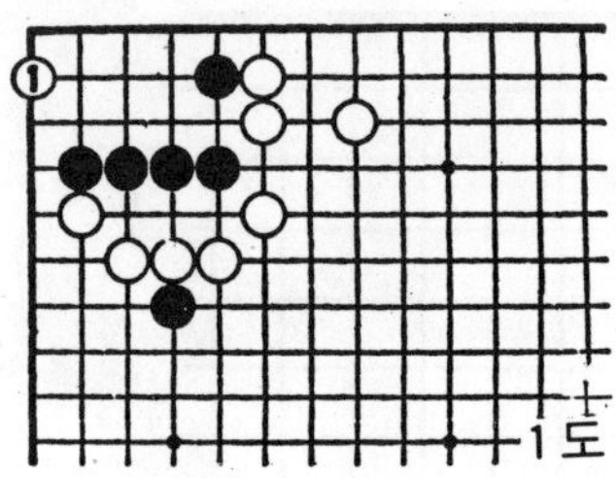

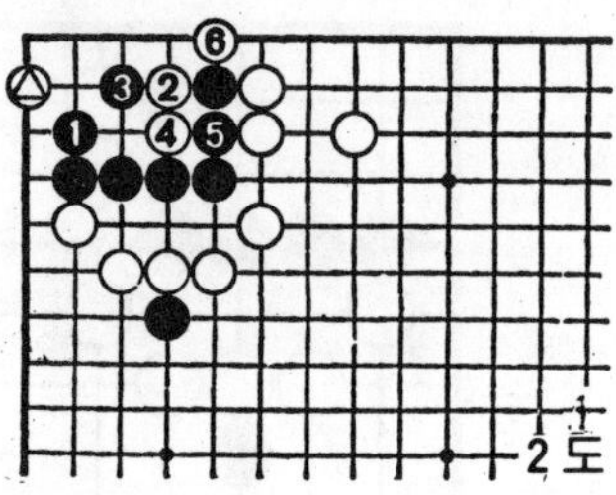

1 도 (정석) 백 **1** 로 뛰어드는 것이 정석이다.

2·1 의 급소에 뛰어들어 상대의 집을 파괴하면서 넘는 수를 엿보아 선수를 놓치지 않는다. 실전에서는 보통 찾아내기 힘들다.

2 도 (계속) 흑 **1** 로 넘는 수를 방해하면 백 **2** 가 수순의 묘다. 흑 **3**, 백 **4**, 흑 **5**, 백 **6** 까지 이르러서 보면 처음에 둔 백 △ 가 바로 흑의 급소라는 것을 알 수 있다.

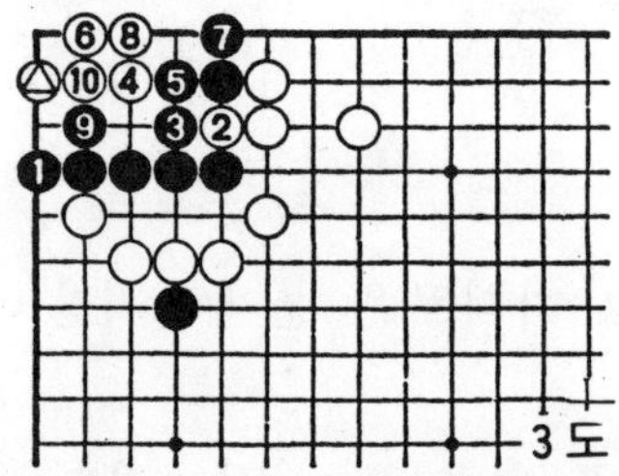

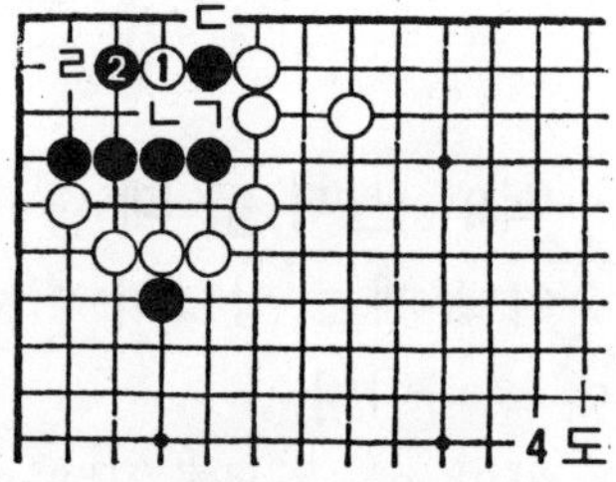

3 도 (변화) 백 △ 에 대해 흑 **1** 로 내려서면 백 **2** 로 뻗고 흑 **3**, 백 **4**, 흑 **5** 는 외곬수이다. 그때 백 **6** 의 마늘모로 붙여두어 하나의 집을 갖추는 것이 최선을 다한 수이다. '유가무가'이면서 다섯집 뛰어듦수로 유인해 낸다.

4 도 (실패) 백 **1** 로 양붙임하면 흑 **2** 로 응수당해 실패가 된다. 백ㄱ, 흑ㄴ, 백ㄷ 흑ㄹ로 가볍게 살아난다.

26. 잡으려 하지말고 위협하라

2013년 3월 15일 인쇄
2013년 3월 30일 펴냄

옮긴이/ 프로바둑연구회
펴낸이/ 최 상 일
펴낸곳/ 구.진화당(태을출판사)
서울특별시 중구 신당6동 52-107 (동아빌딩내)
등록/1973년 1월 10일(제4-10호)

*잘못된 책은 구입하신 곳에서 교환해 드립니다.

▪주문 및 연락처

우편번호 100-456
서울특별시 중구 신당6동 52-107 (동아빌딩 내)
전화 / 2237-5577 팩스 / 2233-6166

ISBN 89-493-0343-4 13690